Exklusiv für Buchkäufer!

Ihre Arbeitshilfen zum Download:

▸ www.haufe.de/arbeitshilfen

▸ **Buchcode:** UUU-C5DG

Ihre Arbeitshilfen online:

- Abmahnungsmuster
- Workflow
- Checkliste: Abmahnung

Die Abmahnung

Klaus Beckerle

Die Abmahnung

Wirksam und korrekt umsetzen - über 50 konkrete Fälle

Klaus Beckerle

12. Auflage

Haufe Gruppe
Freiburg · München

Bibliografische Information der Deutschen Nationalbibliothek
Die Deutsche Nationalbibliothek verzeichnet diese Publikation in der Deutschen Nationalbibliografie; detaillierte bibliografische Daten sind im Internet über http://dnb.dnb.de abrufbar.

Print ISBN: 978-3-648-06541-9 　　　　　　　　Bestell-Nr. 04814-0007
EPUB ISBN: 978-3-648-06542-6 　　　　　　　　Bestell-Nr. 04814-0101
EPDF ISBN: 978-3-648-06545-7 　　　　　　　　Bestell-Nr. 04814-0151

Klaus Beckerle
Die Abmahnung
12. Auflage

© 2015 Haufe-Lexware GmbH & Co. KG, Freiburg
www.haufe.de
info@haufe.de
Produktmanagement: Jutta Thyssen

Lektorat: Ulrich Leinz, 10829 Berlin
Satz: Reemers Publishing Services GmbH, 47799 Krefeld
Umschlag: RED GmbH, 82152 Krailling
Druck: Schätzl Druck, Donauwörth

Alle Angaben/Daten nach bestem Wissen, jedoch ohne Gewähr für Vollständigkeit und Richtigkeit. Alle Rechte, auch die des auszugsweisen Nachdrucks, der fotomechanischen Wiedergabe (einschließlich Mikrokopie) sowie der Auswertung durch Datenbanken oder ähnliche Einrichtungen, vorbehalten.

Inhaltsverzeichnis

Vorwort		9
So arbeiten Sie mit diesem Buch		9
Online-Arbeitshilfen		10
1	**Einleitung**	**11**
1.1	Welche gesetzlichen Grundlagen hat die Abmahnung?	11
1.2	Wie hat sich die Rechtsprechung entwickelt?	12
1.3	Wozu abmahnen?	14
1.4	Was ist eine Abmahnung?	14
2	**Grundsätze und Arbeitsmittel**	**15**
2.1	Neun Grundsätze für die arbeitsrechtliche Abmahnung	15
2.2	Arbeitsmittel: Workflow Abmahnung	17
2.3	Arbeitsmittel: Checkliste Abmahnung	20
3	**Abmahnungstatbestände**	**21**
3.1	Wann ist eine Abmahnung notwendig?	21
3.2	Die konkreten Abmahnungsfälle mit Mustern	24
3.2.1	Alkoholbedingtes Fehlverhalten	24
3.2.2	Ärztliche Untersuchung, Weigerung des Arbeitnehmers	26
3.2.3	Anzeige- und Nachweispflicht, Verletzung der …	28
3.2.4	Arbeitsniederlegungen	31
3.2.5	Arbeitsunfähigkeit, Verhalten während …	33
3.2.6	Arbeitsunfähigkeitsbescheinigung, Fälschen der …	38
3.2.7	Arbeitsverweigerung	39
3.2.8	Aufsichtspflicht, Verletzung der …	41
3.2.9	Außerdienstliches Fehlverhalten	43
3.2.10	Beleidigung	49
3.2.11	Benehmen, schlechtes	50
3.2.12	Betrug	52
3.2.13	Datenschutz, Verletzung des …	53
3.2.14	Demonstration, Teilnahme an …	54
3.2.15	Diebstahl	55
3.2.16	Führungseigenschaften, fehlende	60
3.2.17	Gewerkschaftliche Werbung	61
3.2.18	Gruppenarbeit	63
3.2.19	Internetnutzung, private	64

Inhaltsverzeichnis

3.2.20	Kleidung	68
3.2.21	Krankfeiern, Androhen des …	70
3.2.22	Lohnpfändungen	72
3.2.23	Nachweispflicht, Verletzung der …	74
3.2.24	Nebentätigkeit, unerlaubte	74
3.2.25	Nötigung	77
3.2.26	Politische Betätigung	77
3.2.27	Rauchverbot, Verstoß gegen …	81
3.2.28	Reisekostenabrechnungen, unrichtige	84
3.2.29	Schlechtleistungen	86
3.2.30	Schmiergelder, Annahme von …	89
3.2.31	Schweigepflicht, Verletzung der	90
3.2.32	Sexuelle Belästigung	91
3.2.33	Sparsamkeit, Verstoß gegen …	95
3.2.34	Stalking	96
3.2.35	Streik, Teilnahme an …	97
3.2.36	Tätlichkeiten	100
3.2.37	Telefongespräche	100
3.2.38	Treuepflicht, Verletzung der …	102
3.2.39	Unentschuldigtes Fehlen	102
3.2.40	Unpünktlichkeit	105
3.2.41	Unsittliches Verhalten	106
3.2.42	Unterschlagung	106
3.2.43	Urlaubsantritt, eigenmächtiger	106
3.2.44	Verdacht strafbarer Handlung	109
3.2.45	Verkehrsunfall	110
3.2.46	Wahrheitspflicht, Verletzung der	111
3.2.47	Wettbewerbsverbot, Verstoß gegen …	112
3.2.48	Whistleblowing	113
3.2.49	Zeiterfassung, Manipulation der …	115
3.2.50	Zusammenfassung	116
3.3	Keine Abmahnung bei fehlenden Erfolgsaussichten	117

4	**Abmahnung in Sonderfällen**	**119**
4.1	Abmahnung gegenüber Auszubildenden	119
4.2	Abmahnung vor Änderungskündigung	121
4.3	Abmahnung vor Versetzung	122
4.4	Abmahnung während der Probezeit	124
4.5	Abmahnung in Kleinbetrieben	127
4.6	Abmahnung während Kündigungsverbot	128

5	**Notwendiger Inhalt der Abmahnung**	**131**
5.1	Konkrete Bezeichnung der Rüge	132
5.2	Androhung von Konsequenzen	135
6	**Form, Berechtigung und Zugang der Abmahnung**	**139**
6.1	Bezeichnung als „Abmahnung"	140
6.2	Wer ist abmahnungsberechtigt?	141
6.3	Zugang der Abmahnung	143
6.4	Aushang am Schwarzen Brett?	145
6.5	Erwähnung im Zeugnis?	146
7	**Zeitpunkt der Abmahnung**	**147**
7.1	Wann muss spätestens abgemahnt werden?	147
7.2	Kann die Abmahnung „vorweggenommen" werden?	151
7.3	Wirkungsdauer und Tilgung	153
7.4	Zeitraum zwischen Abmahnung und Kündigung	157
8	**Verhältnis zur Kündigung**	**159**
8.1	Gleichartigkeit der Vertragsverstöße	159
8.2	Anzahl der Abmahnungen	163
8.3	Verzicht auf Kündigung durch Abmahnung	167
9	**Abmahnung und Betriebsrat (Personalrat)**	**169**
9.1	Beteiligung des Betriebsrats (Personalrats)	169
9.2	Die Rechtslage in den einzelnen Bundesländern	169
	9.2.1 Baden-Württemberg	170
	9.2.2 Bayern	170
	9.2.3 Berlin	170
	9.2.4 Brandenburg	171
	9.2.5 Bremen	171
	9.2.6 Hamburg	171
	9.2.7 Hessen	172
	9.2.8 Mecklenburg-Vorpommern	172
	9.2.9 Niedersachsen	172
	9.2.10 Nordrhein-Westfalen	173
	9.2.11 Rheinland-Pfalz	173
	9.2.12 Saarland	174
	9.2.13 Sachsen	174
	9.2.14 Sachsen-Anhalt	174

	9.2.15	Schleswig-Holstein	174
	9.2.16	Thüringen	175
	9.2.17	Information des Betriebsrats (Personalrats)	176
9.3		Abmahnung von Betriebsratsmitgliedern (Personalratsmitgliedern)	180
9.4		Abgrenzung zur Betriebsbuße	185
9.5		Beteiligung der Schwerbehindertenvertretung	189

10		**Rechte des Arbeitnehmers**	**191**
10.1		Entfernung unberechtigter Abmahnungen	191
10.2		Anhörungsrecht des Arbeitnehmers?	196
	10.2.1	Anhörung vor Erteilung der Abmahnung	196
	10.2.2	Anhörung vor Aufnahme der Abmahnung in die Personalakten	197
10.3		Klagefrist bei Abmahnung	201
10.4		Tarifliche Ausschlussfrist bei Abmahnung	202
10.5		Verwirkung des Entfernungsanspruchs	205

11	**Abmahnungsprozess**	**209**
11.1	Darlegungs- und Beweislast	209
11.2	Nachschieben von Abmahnungsgründen	210
11.3	Prüfungsumfang der Gerichte	211
11.4	Teilbarkeit der Abmahnung?	219
11.5	Unwirksame Kündigung = Abmahnung?	222
11.6	Vergleich	225
11.7	Streitwert	227
11.8	Einstweilige Verfügung	229
11.9	Zwangsvollstreckung	229
11.10	Aussetzung eines Abmahnungsrechtsstreits	230

12	**Abmahnung durch Arbeitnehmer**	**231**

Abkürzungsverzeichnis	**233**

Stichwortverzeichnis	**237**

Vorwort

Die sog. Emmely-Entscheidung des BAG vom 10. Juni 2010 hat die Rechtsprechung der Instanzgerichte nachhaltig beeinflusst. Der Arbeitgeber muss jetzt damit rechnen, dass die Arbeitsgerichte vermehrt davon ausgehen, er habe nach dem Grundsatz der Verhältnismäßigkeit trotz Vorliegens eines wichtigen Grundes „an sich" nicht fristlos oder fristgemäß kündigen dürfen, sondern zunächst eine Abmahnung erteilen müssen[1].

Die wichtigste Entscheidung des BAG zum Abmahnungsrecht nach derjenigen vom 10. Juni 2010 ist zweifellos das Urteil vom 19. Juli 2012 (siehe Kapitel 7.3). Damit ist der früher weit verbreiteten Meinung, eine Abmahnung verliere nach Ablauf eines bestimmten Zeitraums ihre Wirkung und sei deshalb aus den Personalakten zu entfernen, selbst wenn sie inhaltlich berechtigt war, endgültig eine klare Absage erteilt worden. Nur wenn das gerügte Verhalten für das Arbeitsverhältnis in jeder Hinsicht bedeutungslos geworden ist, kann der Arbeitnehmer unter Umständen eine Entfernung der Abmahnung verlangen.

Für die bei einer verhaltensbedingten Kündigung vorzunehmende Interessenabwägung kann es nämlich von entscheidender Bedeutung sein, ob zuvor ein „störungsfreier" Verlauf des Arbeitsverhältnisses gegeben war. Deshalb sollte der Arbeitgeber Abmahnungen nicht vorzeitig oder gar voreilig aus den Personalakten der gerügten Arbeitnehmer entfernen.

So arbeiten Sie mit diesem Buch

Dieses Buch hilft Ihnen, schnell eine rechtssichere Abmahnung zu erstellen. Dafür haben wir zwei Tools entwickelt:

Der **Workflow** zeigt Ihnen, wie Sie in neun Schritten zur fertigen Abmahnung kommen. Hier können Sie eintragen, wer von Ihren Kollegen wann was macht. Zugleich dient der Workflow als Protokoll, das Sie zusammen mit der Abmahnung in der Personalakte Ihres Mitarbeiters abheften können.

---

[1] Auf die Emmely-Entscheidung wird in Kapitel „Diebstahl" und in „Wirkungsdauer und Tilgung" genauer eingegangen.

Vorwort

Die **Checkliste** dient der inhaltlichen Prüfung der Abmahnung und unterstützt Sie dabei, eine rechtssichere und wirkungsvolle Abmahnung zu formulieren.

Online-Arbeitshilfen

Seit der 11. Auflage befinden sich alle Arbeitshilfen zum Buch auf unserer Internetseite. Von dort können Sie alle Abmahnungsmuster in Ihre Textverarbeitung übernehmen. Darüber hinaus finden Sie dort weitere hilfreiche Arbeitsmittel wie die Checkliste und den Workflow aus dem Buch.

Klaus Beckerle

1 Einleitung

1.1 Welche gesetzlichen Grundlagen hat die Abmahnung?

Die Abmahnung ist gesetzlich nicht geregelt. Sie wird lediglich — soweit ersichtlich — in § 12 Abs. 3 des Allgemeinen Gleichbehandlungsgesetzes (AGG) sowie in verschiedenen Landespersonalvertretungsgesetzen erwähnt (vgl. hierzu 9.1), seit der Schuldrechtsreform auch in § 314 Abs. 2 und § 323 Abs. 3 BGB.

Die Kodifizierung des Arbeitsvertragsrechts — und damit auch des Rechts der Abmahnung — ist bis heute nicht gelungen. Die größte Öffentlichkeitswirkung — jedenfalls in der Fachwelt — hatte zuletzt ein von den Professoren Henssler und Preis im Auftrag der Bertelsmann Stiftung erstellter und im August 2006 veröffentlichter Entwurf einer Kodifikation des Arbeitsvertragsrechts. Aufgrund zahlreicher Hinweise und Anregungen hierzu haben die Autoren sodann den Diskussionsentwurf eines Arbeitsvertragsgesetzes (Stand: November 2007) vorgelegt. Darin wird als § 115 Abs. 4 folgende Regelung vorgeschlagen (zitiert nach dem Abdruck in der Beilage 1/2007 zu Heft 21/2007 der NZA):

Vertragswidriges Verhalten rechtfertigt die Kündigung, wenn die Vertragsverletzung eine den Betriebszwecken dienliche Fortsetzung des Arbeitsverhältnisses nicht erwarten lässt (verhaltensbedingte Kündigung). Die Kündigung ist nur wirksam nach vorheriger Abmahnung, es sei denn, dass das Fehlverhalten schwerwiegend war oder der Arbeitnehmer ein vertragsgemäßes Verhalten ernsthaft und endgültig abgelehnt hat.

Die Präsidentin des Bundesarbeitsgerichts hat im Januar 2008 gegenüber der Presse erklärt, der Entwurf der beiden Professoren sei eine „erfolgversprechende historische Chance" (zitiert nach der FAZ vom 31. Januar 2008). Ob der Entwurf eine Chance hat, in ein Gesetzgebungsverfahren einzumünden, ließ sich damals nicht absehen (vgl. hierzu auch Wroblewski in NZA 2008, S. 622). Nachdem erneut mehrere Jahre ins Land gegangen sind, muss man nüchtern feststellen, dass angesichts der unterschiedlichen parteipolitischen, verbandspolitischen und gesellschaftlichen Interessen jedenfalls in naher Zukunft bei realistischer Einschätzung nicht mit entscheidenden Fortschritten auf dem Weg zu einer Zusammenfasssung der in zahlreichen Gesetzen verstreuten arbeitsrechtlichen Regelungen in einem Gesamtwerk gerechnet werden kann.

Einleitung

1.2 Wie hat sich die Rechtsprechung entwickelt?

Die Abmahnung ist eine Erfindung der Arbeitsgerichtsbarkeit, stellt also typisches Richterrecht dar. Als Begriff taucht sie erstmals in einer Entscheidung des BAG aus dem Jahre 1958[2] auf. Das Gericht hatte festgestellt, dass Fälle denkbar seien, in denen vor Ausspruch der Kündigung eine Anhörung des Arbeitnehmers oder „sogar eine Abmahnung" erforderlich sei. Das BAG brauchte damals nicht zu entscheiden, welche Wirkung ein Unterlassen der Abmahnung in solchen Fällen hat. Es konnte sich deshalb mit dem allgemein gehaltenen Leitsatz begnügen, es bedürfe nicht in allen Fällen der fristlosen Kündigung einer vorherigen Abmahnung des Arbeitnehmers.

Einige Jahre später, nämlich 1961[3], hat das BAG unter Hinweis auf das Schrifttum verlangt, „nach ganz allgemeiner Meinung" müsse „in Fällen leichterer Verstöße gegen Pflichten aus dem Arbeitsverhältnis" zunächst eine „hinreichend deutliche Abmahnung" ausgesprochen werden. In dem damaligen Fall ging es um die Wirksamkeit einer ordentlichen Kündigung. Das BAG hat ergänzend darauf hingewiesen, es sei ein unzulässiger Widerspruch zum früheren Verhalten des Arbeitgebers, dem Arbeitnehmer gegenüber „plötzlich" eine Kündigung auszusprechen, ohne ihm vorher Gelegenheit gegeben zu haben, seine Arbeitsweise den Anforderungen anzupassen. Diese Aussage beruhte darauf, dass der Arbeitgeber dem Kläger Anlass zu der Annahme gegeben hatte, er sei mit seinen Leistungen zufrieden.

Eine rechtliche Begründung für die Notwendigkeit einer Abmahnung vor Ausspruch einer fristlosen Kündigung wegen Störungen im Leistungsbereich hat das BAG erstmals in seiner Entscheidung vom 19.6.1967[4] gegeben.

Bereits ein halbes Jahr später[5] hat das BAG eine Parallele zum Mietrecht gezogen. Das Mietverhältnis sei ebenso wie das Arbeitsverhältnis ein Dauerschuldverhältnis. Das Mietrecht sehe bei der auf Störungen im Leistungsbereich gestützten außerordentlichen Kündigung ebenfalls eine Abmahnung vor (§§ 542, 553 BGB).

---

[2] Urt. v. 2.5.1958 – AP Nr. 16 zu § 66 BetrVG
[3] Urt. v. 28.9.1961 – AP Nr. 1 zu § 1 KSchG Personenbedingte Kündigung
[4] AP Nr. 1 zu § 124 GewO mit Anm. v. Hueck; kritisch zu § 326 BGB als Anspruchsgrundlage Bock in ArbuR 1987, 217; Falkenberg in NZA 1988, 489
[5] Urt. v. 18.1.1968 – AP Nr. 28 zu § 66 BetrVG

1 Wie hat sich die Rechtsprechung entwickelt?

Die Erforderlichkeit der Abmahnung vor einer wegen Störungen im Leistungsbereich beabsichtigten fristlosen Kündigung hat das BAG in zwei weiteren Entscheidungen von 1968[6] und 1971[7] bestätigt.

1976 hat das BAG erstmals unter Bezugnahme auf seine vorgenannte Rechtsprechung den allgemeinen Rechtssatz aufgestellt, bei Störungen im so genannten Leistungsbereich sei in der Regel eine vorherige Abmahnung erforderlich, ohne zwischen außerordentlicher und ordentlicher Kündigung zu unterscheiden.[8] In dem zugrunde liegenden Fall ging es um die Wirksamkeit einer ordentlichen Kündigung gegenüber einem Konzertmeister wegen fehlender Führungseigenschaften. Das BAG hat den maßgeblichen Grundgedanken der Abmahnung so formuliert:

„Von einem Arbeitnehmer kann nicht erwartet werden, dass er sein Verhalten ändert, wenn er annehmen darf, dass der Arbeitgeber mit seinen Leistungen zufrieden ist. Der Arbeitgeber setzt sich in Widerspruch zu seinem eigenen Verhalten, wenn er zuerst Grund zu dieser Annahme gibt und dann dem Arbeitnehmer wegen dessen mangelnder Leistungen kündigt, ohne ihm vorher Gelegenheit gegeben zu haben, seine Arbeitsweise den Anforderungen anzupassen ...".

Das BAG hat damit den rechtlichen Ausgangspunkt im Urteil vom 19.6.1967 verlassen und auf den allgemeinen Rechtsgrundsatz von Treu und Glauben (§ 242 BGB) abgestellt (venire contra factum proprium). Im Schrifttum wird zum einen der Grundsatz der Verhältnismäßigkeit (ultima-ratio-Prinzip) und zum anderen das sog. Prognoseprinzip zur Begründung dafür herangezogen, dass der verhaltensbedingten Kündigung grundsätzlich eine Abmahnung vorausgehen muss[9] Das BAG hat das sog. Prognoseprinzip übernommen[10], aber auch daran festgehalten, dass die Abmahnung zugleich Ausdruck des Verhältnismäßigkeitsgrundsatzes ist.[11]

---

[6] Urt. v. 8.8.1968 – AP Nr. 57 zu § 626 BGB
[7] Urt. v. 28.10.1971 – AP Nr. 62 zu § 626 BGB
[8] Urt. v. 29.7.1976 – AP Nr. 9 zu § 1 KSchG Verhaltensbedingte Kündigung
[9] ErfK/Müller-Glöge § 626 BGB Rn. 29; ErfK/Oetker § 1 KSchG Rn. 199 (Prognoseprinzip)
[10] Urt. v. 13.12.2007 = NZA 2008, 589 m.w.N.
[11] Urt. v. 23.6.2009 = NZA 2009, 1198

Einleitung

1.3 Wozu abmahnen?

Der Arbeitgeber wird zu einem rechtzeitigen Hinweis an den Arbeitnehmer verpflichtet, damit sich dieser später nicht darauf berufen kann, er habe einem bestimmten Verhalten keine kündigungsrelevante Bedeutung beigemessen, hätte dieses aber geändert, wenn ihm die arbeitsrechtlichen Folgen vor Augen geführt worden wären.

Beachten Sie daher bitte, dass der Arbeitnehmer von einer Kündigung seines Arbeitsverhältnisses nicht überrascht werden soll.

1.4 Was ist eine Abmahnung?

Den heute gültigen Begriff der Abmahnung hat das BAG erstmals in seiner grundlegenden Entscheidung vom 18.1.1980[12] definiert:

Eine Abmahnung liegt vor, wenn der Arbeitgeber in einer für den Arbeitnehmer hinreichend deutlich erkennbaren Art und Weise Leistungsmängel beanstandet und damit den Hinweis verbindet, dass im Wiederholungsfall der Inhalt oder der Bestand des Arbeitsverhältnisses gefährdet sei.

Die Abmahnung ist kein Rechtsgeschäft, sondern eine tatsächliche Erklärung des Arbeitgebers, die keine unmittelbaren Rechtsfolgen auslöst. Sie stellt daher keine Willenserklärung im engeren rechtlichen Sinne dar.[13] Teilweise wird auch eine geschäftsähnliche Handlung angenommen.[14] Die Abmahnung ist eine vom Arbeitgeber ausgesprochene individualrechtliche Rüge eines bestimmten Fehlverhaltens des Arbeitnehmers, verbunden mit der Androhung arbeitsrechtlicher Konsequenzen für den Wiederholungsfall.[15] Sie hat nicht nur eine Warn- und Ankündigungsfunktion.[16]

---

[12] Urt. d. BAG v. 18.1.1980 – AP Nr. 3 zu § 1 KSchG 1969 Verhaltensbedingte Kündigung; bestätigt durch Urt. v. 4.3.1981 – AP Nr. 1 zu § 77 LPVG Baden-Württemberg; ferner Urt. v. 21.11.1985 – AP Nr. 12 zu § 1 KSchG 1969

[13] Schaub in NZA 1997, 1185; APS/Dörner § 1 KSchG Rn. 347

[14] Kranz in DB 1998, 1464; Bader in ZTR 1999, 200, 202; ErfK/Müller-Glöge § 626 BGB Rn. 31

[15] ähnlich Hunold in BB 1986, 2050

[16] Urt. d. BAG v. 10.11.1988 – AP Nr. 3 zu § 1 KSchG 1969 Abmahnung; APS/Dörner § 1 KSchG Rn. 348

2 Grundsätze und Arbeitsmittel

2.1 Neun Grundsätze für die arbeitsrechtliche Abmahnung

1. Grundsatz

Die Abmahnung ist nur im Zusammenhang mit verhaltensbedingten und leistungsbedingten Kündigungen von Bedeutung. Vor personenbedingten, insbesondere krankheitsbedingten, und betriebsbedingten Kündigungen kommt eine Abmahnung nicht in Betracht.

2. Grundsatz

Gegenstand einer Abmahnung kann nur eine arbeitsvertragliche Pflichtverletzung sein. Deshalb ist z. B. eine Abmahnung wegen häufiger krankheitsbedingter Fehlzeiten unzulässig. Etwas anderes gilt etwa bei der Verletzung von Anzeige- und Nachweispflichten bei Krankheit.

3. Grundsatz

Vor einer Kündigung ist eine Abmahnung nur dann nicht notwendig, wenn es sich um schwerwiegende Pflichtverletzungen des Arbeitnehmers handelt, die eine Wiederherstellung des Vertrauensverhältnisses nicht mehr erwarten lassen (negative Verhaltensprognose) oder dem Arbeitgeber die Fortsetzung des Arbeitsverhältnisses aus anderen Gründen unzumutbar machen. Typische Fälle hierfür können strafbare Handlungen zum Nachteil des Arbeitgebers sein.

Grundsätze und Arbeitsmittel

4. Grundsatz

Eine Abmahnung bedarf zu ihrer Wirksamkeit nicht der Schriftform. Im Hinblick auf die Darlegungs- und Beweislast des Arbeitgebers im Abmahnungsprozess sollte eine Abmahnung jedoch stets schriftlich erfolgen.

5. Grundsatz

Eine Abmahnung ist nur wirksam, wenn sie zwei wesentliche Bestandteile enthält:

1. Konkrete Darstellung der arbeitsvertraglichen Pflichtverletzung
2. Androhung der Kündigung für den Fall weiterer Pflichtverletzungen

6. Grundsatz

Eine Anhörung des Arbeitnehmers vor Erteilung einer Abmahnung ist keine Wirksamkeitsvoraussetzung. Eine Anhörung des Arbeitnehmers vor Aufnahme der Abmahnung in die Personalakten ist bei entsprechender tarifvertraglicher Regelung notwendig, um keinen Entfernungsanspruch des Arbeitnehmers auszulösen.

7. Grundsatz

Eine Abmahnung ist unwirksam und muss auf Antrag aus den Personalakten entfernt werden, wenn sie auf mehreren Pflichtverletzungen beruht und diese nicht alle nachweisbar sind bzw. nicht alle zutreffen. Eine nur teilweise wirksame Abmahnung ist insgesamt unwirksam.

8. Grundsatz

Der Arbeitnehmer ist nicht verpflichtet, tarifliche Ausschlussfristen oder Klagefristen einzuhalten, wenn er die Unwirksamkeit einer Abmahnung geltend machen will. Sein Berichtigungs- bzw. Entfernungsanspruch kann allerdings verwirken.

9. Grundsatz

Die Erteilung einer Abmahnung ist im Geltungsbereich des Betriebsverfassungsgesetzes und des Bundespersonalvertretungsgesetzes mitbestimmungsfrei. Im Geltungsbereich der Landespersonalvertretungsgesetze sind unterschiedliche Regelungen zu beachten.

2.2 Arbeitsmittel: Workflow Abmahnung

Auf den folgenden Seiten finden Sie den „Workflow Abmahnung" Kopieren Sie sich den Workflow aus dem Buch oder von öffnen Sie den Workflow bei Arbeitshilfen online und tragen Sie ein, wer von Ihren Kollegen mit Ihnen bis wann was macht. Sie sollten nicht länger als zwei Wochen warten mit der Abmahnung — auch wenn es keine Frist gibt, die Sie einhalten müssen. Nutzen Sie den Workflow außerdem als Protokoll und heften Sie ihn mit der Abmahnung zusammen ab.

Grundsätze und Arbeitsmittel

Workflow: Abmahnung

Erstellung einer Abmahnung für: (Name, Vorname)   **Verantwortlich in der Personalabteilung ist:** (Name, Vorname)

Fachvorgesetzter ist: (Name, Vorname)   **Unterschriftsberechtigt ist:** (Name, Vorname)

	Bis wann? (Tragen Sie in diese Spalte konkrete Termine ein.)	Was ist zu tun?	Wer macht es? (Tragen Sie in diese Spalte die Namen der Verantwortlichen ein.)	Was ist konkret zu tun?
1		Meldung an die Personalabteilung	Vorgesetzter des Abzumahnenden	
2	(Es besteht keine gesetzliche Frist, bis wann die Abmahnung nicht mehr wirksam ausgesprochen werden kann.)	Vorprüfung des Tatbestands	Personalabteilung	Prüfen Sie vorläufig, ob es sich um einen abmahnungsrelevanten Tatbestand handelt oder nicht. Die gültige Prüfung nehmen Sie vor, wenn alle Informationen vorliegen.
3	(Empfehlung: Mahnen Sie innerhalb von 14 Tagen.)	Abzumahnenden Mitarbeiter befragen	Führungskraft Personalabteilung Fachvorgesetzter	Es besteht keine rechtliche Verpflichtung den Mitarbeiter zu befragen, es ist sinnvoll aber zur Aufklärung des Sachverhalts.

Arbeitsmittel: Workflow Abmahnung

Workflow: Abmahnung

Erstellung einer Abmahnung für: (Name, Vorname)		**Verantwortlich in der Personalabteilung ist:** (Name, Vorname)
Fachvorgesetzter ist: (Name, Vorname)		**Unterschriftsberechtigt ist:** (Name, Vorname)

4	Zeugen befragen	Personalabteilung	Wer kann die Tat bezeugen? (z. B.: häufiges Zuspätkommen: IT/Zeiterfassung; Beleidigung: Kollegen)	
5	Zusammentragen der Informationen	Personalabteilung	Zeitpunkt, Ort, Zeugen, genaue Beschreibung des Hergangs	
6	Personalakte prüfen	Personalabteilung	Wurde der Mitarbeiter schon einmal abgemahnt? Zum gleichen Tatbestand? Wann war die letzte Abmahnung?	siehe Kapitel 8.2
7	Abmahnung schriftlich erstellen	Personalabteilung	Sie können auch mündlich abmahnen — es ist nicht vorgeschrieben, dass eine Abmahnung schriftlich erfolgen muss. Aber eine schriftliche Abmahnung ist anzuraten, damit Sie im Falle eines Kündigungsschutzprozesses die Abmahnung als Beweis vorliegen können.	Siehe Muster bei den Arbeitshilfen online
8	Prüfung der Abmahnung	Personalabteilung	Verwenden Sie zur Prüfung die Checkliste Abmahnung.	Siehe Arbeitshilfen online
9	Abmahnung zustellen	Personalabteilung oder Vorgesetzter	Übergeben Sie die Abmahnung persönlich und lassen Sie sich auf einer Kopie die Übergabe bestätigen. (Bei Mitarbeitern, die der deutschen Sprache nicht mächtig sind, ist die Abmahnung zusätzlich in muttersprachlicher Übersetzung zu erstellen.)	siehe Kapitel 6.3

Grundsätze und Arbeitsmittel

2.3 Arbeitsmittel: Checkliste Abmahnung

Mit der Checkliste prüfen Sie Ihre fertige Abmahnung auf Herz und Nieren, damit sie auch den rechtlichen Anforderungen entspricht.

Wer?	Namen der Zeugen und Beteiligten	
Wo und wann?	genaue Orts-, Datums- und Zeitangabe	
Was?	<ul><li>unmissverständliche Schilderung des Vorwurfs</li><li>keine Schlagworte</li><li>keine Werturteile, sondern Tatsachen</li></ul>	
	Falsch:	„... in der letzten Zeit sind Sie häufig zu spät gekommen". (Werturteil)
	Richtig:	„...am Montag, den ... sind Sie erst um 10.00 Uhr zur Arbeit erschienen". (Tatsache)
	Falsch:	„...haben Sie Ihre Führungskraft, Herrn... beleidigt" (Werturteil)
	Richtig:	„... haben Sie Ihre Führungskraft, Herrn... einen Idioten genannt" (Tatsache)
Ausreichender Hinweis?	künftig erwartetes Verhalten und Leistungen	
Aufforderung, zukünftig das Fehlverhalten zu unterlassen?	unmissverständlicher Hinweis	
Androhung von Konsequenzen für den Wiederholungsfall?		
Liegen mehrere Vorfälle vor?	nur einen Vorfall pro Abmahnungsschreiben	

3 Abmahnungstatbestände

3.1 Wann ist eine Abmahnung notwendig?

Sowohl die Begriffsbestimmung der Abmahnung als auch deren zuvor beschriebener Sinn und Zweck machen deutlich, dass eine Abmahnung grundsätzlich nur vor dem Ausspruch einer verhaltensbedingten Kündigung im Sinne des § 1 Abs. 2 KSchG oder vor einer Kündigung aus wichtigem Grund im Sinne des § 626 Abs. 1 BGB, sofern der wichtige Grund in dem Verhalten des Arbeitnehmers liegt, in Betracht kommen kann. In seiner Person liegende oder durch dringende betriebliche Erfordernisse bedingte Gründe kann der Arbeitnehmer im Regelfall nicht beeinflussen, so dass eine Abmahnung in den entsprechenden Fällen ihre Wirkung verfehlen würde.[17]

Deshalb ist eine Abmahnung des Arbeitnehmers wegen dessen krankheitsbedingter Fehlzeiten nicht gerechtfertigt.[18] Allerdings kann nach Ansicht des Hessischen LAG[19] vor Ausspruch einer krankheitsbedingten Kündigung eine Abmahnung geboten sein, wenn die Erkrankung durch ein steuerbares Verhalten beseitigt werden kann (im entschiedenen Fall die Wiederaufnahme der unterbrochenen Medikation durch Psychopharmaka). Ob das Unterlassen der Einnahme von Medikamenten als Verletzung einer arbeitsvertraglichen Nebenpflicht gewertet werden kann, was Voraussetzung für die Zulässigkeit einer Abmahnung wäre, muss zumindest bezweifelt werden.

Auch in Fällen von unbehebbaren Leistungsmängeln infolge einer dauernden gesundheitlichen Beeinträchtigung der Leistungsfähigkeit kommt eine Abmahnung nicht in Betracht.[20]

Praktische Konsequenz: Da die Abgrenzung zwischen personen- und verhaltensbedingten Kündigungen mitunter allerdings schwierig sein kann, empfiehlt es sich für den vorsichtigen Arbeitgeber, im Zweifelsfall vorsorglich eine Abmahnung auszusprechen.

---

[17] vgl. auch von Hoyningen-Huene in RdA 1990, 193, 199
[18] so auch Urt. d. LAG Düsseldorf v. 6.3.1986 = NZA 1986, 431; ebenso Becker-Schaffner in ZTR 1999, 105, 106
[19] Urt. v. 18.3.2014 = PersR 2014, 42
[20] Urt. d. BAG v. 18.1.1980 (= Fn. 12)

Abmahnungstatbestände

Wird eine ordentliche Kündigung mit einem Sachverhalt begründet, der mehrere in § 1 Abs. 2 KSchG geregelte Gründe berührt (Kündigung wegen eines Mischtatbestandes), richtet sich der Prüfungsmaßstab in erster Linie danach, aus welchem der im Gesetz genannten Bereiche die Störung des Arbeitsverhältnisses kommt.[21] Dies ist ausschlaggebend dafür, ob eine vorherige vergebliche Abmahnung Voraussetzung für die Wirksamkeit einer solchen Kündigung ist.

Eine Abmahnung ist vor jeder verhaltensbedingten Kündigung zu prüfen. Die frühere Unterscheidung zwischen Störungen im Leistungsbereich einerseits und Störungen im Vertrauensbereich und betrieblichem Bereich andererseits ist überholt.[22]

Praktische Konsequenz: Abmahnungen sind grundsätzlich nur vor verhaltensbedingten Kündigungen erforderlich. Die Erforderlichkeit einer Abmahnung kann auch vor dem Ausspruch einer außerordentlichen verhaltensbedingten Kündigung gegeben sein.

In einer späteren Entscheidung hat das BAG — soweit ersichtlich — erstmals den Begriff „Störungen im Verhaltensbereich" verwendet und dabei nochmals den Grundsatz bestätigt, dass ein Arbeitnehmer, dem wegen eines nicht vertragsgerechten Verhaltens gekündigt werden soll, grundsätzlich zunächst abzumahnen ist. Dies gilt — so das BAG wörtlich — „insbesondere bei Störungen im Verhaltens- und Leistungsbereich".[23]

In weiteren Entscheidungen[24] hat das BAG den Standpunkt vertreten, ein Fehlverhalten im Vertrauensbereich berechtige dann nicht ohne vorherige erfolglose Abmahnung zum Ausspruch einer Kündigung, wenn der Arbeitnehmer mit vertretbaren Gründen annehmen konnte, sein Verhalten sei nicht vertragswidrig oder werde vom Arbeitgeber zumindest nicht als ein erhebliches, den Bestand des Arbeitsverhältnisses gefährdendes Fehlverhalten angesehen.

Nach dem ultima-ratio-Prinzip kann eine Abmahnung dann erforderlich sein, wenn das zu beanstandende Verhalten den Vertrauensbereich tangiert. Voraussetzung hierfür ist, dass die Abmahnung zur Beseitigung der Störung und Verhinderung weiterer Störungen geeignet ist und das pflichtwidrige Verhalten die zur Fortsetzung des Arbeitsverhältnisses erforderliche Vertrauensgrundlage noch nicht zerrüttet

---

[21] Urt. d. BAG v. 21.11.1985 (= Fn. 12)
[22] ErfK/Müller-Glöge § 626 BGB Rn. 29
[23] Urt. v. 17.2.1994 – AP Nr. 116 zu § 626 BGB
[24] Urt. v. 30.6.1983 – AP Nr. 15 zu Art. 140 GG mit Anm. v. Richardi; Beschl. v. 9.1.1986 – AP Nr. 20 zu § 626 BGB Ausschlussfrist

3 Wann ist eine Abmahnung notwendig?

oder nachhaltig gestört hat. Bei einer restlosen Zerstörung des Vertrauensverhältnisses bedarf es nach der zutreffenden Ansicht des LAG Nürnberg — anders als bei einer bloßen Störung — keiner der Kündigung vorausgehenden Abmahnung.[25] Typische Fälle von Störungen im Vertrauensbereich, die in der Regel keiner Abmahnung bedürfen, sind insbesondere strafbare Handlungen des Arbeitnehmers zum Nachteil des Arbeitgebers.

Die Unterscheidung zwischen Störungen im Leistungsbereich einerseits und Störungen im Vertrauensbereich andererseits ist durch spätere Entscheidungen des BAG[26] noch schwieriger geworden und hat praktisch kaum noch rechtliche Bedeutung.

Nach der neueren Rechtsprechung ist vor jeder Kündigung und damit auch vor einer verhaltensbedingten Kündigung, die auf einer Pflichtverletzung im Vertrauensbereich beruht, zu prüfen, ob eine Abmahnung erforderlich ist. Das BAG geht unter teilweiser Aufgabe seiner früheren Rechtsprechung[27] davon aus, dass auch bei Störungen im Vertrauensbereich jedenfalls dann vor der Kündigung eine Abmahnung erforderlich ist, wenn es um ein steuerbares Verhalten des Arbeitnehmers geht und eine Wiederherstellung des Vertrauens erwartet werden kann. Die Differenzierung nach verschiedenen Störbereichen sei nur von eingeschränktem Wert.

Das Abmahnungserfordernis ist praktisch vor jeder beabsichtigten Kündigung zu prüfen.

Die Abmahnung dient nach der aktuellen Rechtsprechung des BAG[28] der Objektivierung der negativen Prognose. Eine solche liegt vor, wenn aus der konkreten Pflichtverletzung und der daraus resultierenden Vertragsstörung geschlossen werden kann, der Arbeitnehmer werde auch zukünftig den Arbeitsvertrag nach einer Kündigungsandrohung erneut in gleicher oder ähnlicher Weise verletzen. Deshalb setzt eine Kündigung wegen einer Vertragspflichtverletzung regelmäßig eine Abmahnung voraus.

---

[25] Urt. v. 13.1.1993 = LAGE § 626 BGB Nr. 67

[26] Urt. v. 4.6.1997 – AP Nr. 137 zu § 626 BGB; Beschl. v. 10.2.1999 – AP Nr. 42 zu § 15 KSchG 1969; Beschl. v. 21.2.2002 – AP Nr. 43 zu § 72a ArbGG 1979 Divergenz; vgl. hierzu auch Zuber in NZA 1999, 1142

[27] Urt. v. 15.7.1984 – AP Nr. 14 zu § 626 BGB Verdacht strafbarer Handlung; Urt. v. 13.12.1984 – AP Nr. 81 zu § 626 BGB

[28] Urt. v. 26.6.2008 = NZA 2008, 1415; Urt. v. 23.6.2009 = NZA 2009, 1198; Urt. v. 10.6.2010 = NZA 2010, 1227; Urt. v. 9.6.2011 = NZA 2011, 1027; Urt. v. 23.1.2014 = ZTR 2014, 556

Abmahnungstatbestände

So wie eine krankheitsbedingte Kündigung im Regelfall eine negative Gesundheitsprognose und eine betriebsbedingte Kündigung gewissermaßen eine „negative Betriebsprognose" voraussetzt, erfordert eine verhaltensbedingte Kündigung, die dem Grundsatz der Verhältnismäßigkeit gerecht werden soll, eine negative Verhaltensprognose, da andernfalls eine Abmahnung das geeignete mildere Mittel des Arbeitgebers wäre, um auf die Störung der Vertragsbeziehung zu reagieren.

Die Entbehrlichkeit einer Abmahnung kann immer nur aufgrund aller Umstände des Einzelfalles, nicht aber aufgrund abstrakter, systematisierender Zuordnungen beurteilt werden. Natürlich gibt es nach wie vor Sachverhalte, bei denen der Arbeitgeber ohne vorherige Abmahnung sofort kündigen kann, etwa bei besonders schwerwiegenden Pflichtverletzungen des Arbeitnehmers (vgl. hierzu im Einzelnen die nachfolgenden Ausführungen[29]).

Das im Vorwort erwähnte Urteil des BAG vom 10. Juni 2010 wird insbesondere unter 3.2.15 und 7.3 ausführlich behandelt.

3.2 Die konkreten Abmahnungsfälle mit Mustern

Die nachfolgend in alphabetischer Reihenfolge geschilderten Abmahnungsfälle betreffen Beispiele aus der Rechtsprechung zu der Frage, ob bei der jeweiligen Fallkonstellation eine Abmahnung erforderlich ist oder nicht. Da jede Entscheidung einzelfallbezogen ist und insbesondere die Instanzgerichte zum Teil sehr unterschiedliche Beurteilungsmaßstäbe anlegen, können aus den Beispielen nur bedingt allgemeine Schlussfolgerungen gezogen werden. Diejenigen Tatbestände, in denen eine Abmahnung angebracht ist, werden durch ein entsprechendes Muster ergänzt und damit veranschaulicht.

3.2.1 Alkoholbedingtes Fehlverhalten

Literatur: v. Hoyningen-Huene, Alkoholmissbrauch und Kündigung, DB 1995, 142; Notzon, Kündigung bei Suchterkrankungen im öffentlichen Dienst, öAT 2014, 178; Schwan/Zöller, Alkohol im Betrieb als Kündigungsgrund, ZTR 1996, 62

---

[29] So kann z. B. nach der bedenklichen Auffassung des LAG Rheinland-Pfalz in seinem Urteil vom 20.5.2010 (ZTR 2010, 486) die Interessenabwägung dazu führen, dass nach dem Grundsatz der Verhältnismäßigkeit eine Abmahnung ausreichend und angemessen gewesen wäre, wenn ein Busfahrer im öffentlichen Personennahverkehr einen Omnibus fährt, obwohl er keine Fahrerlaubnis hat!

3 Die konkreten Abmahnungsfälle mit Mustern

Hierbei ist zwischen Alkoholabhängigkeit einerseits und alkoholbedingtem Fehlverhalten ohne das Vorliegen einer Alkoholabhängigkeit andererseits zu unterscheiden: Im ersten Fall handelt es sich um einen personenbedingten Grund, da Alkoholismus als Krankheit zu werten ist.[30] Alkoholabhängigkeit als solche kann deshalb bei Vorliegen der entsprechenden Voraussetzungen, die das BAG zu der krankheitsbedingten Kündigung entwickelt hat, eine personenbedingte Kündigung rechtfertigen, ohne dass der Arbeitgeber zuvor eine Abmahnung erteilen muss.

Im zweiten Fall geht es um verhaltensbedingte Gründe, die eine Abmahnung rechtfertigen und im Wiederholungsfall eine Kündigung nach sich ziehen können. Bei Alkoholmissbrauch ist nach der Rechtsprechung des BAG[31] regelmäßig eine Abmahnung erforderlich, bevor der Arbeitgeber kündigen kann. Entscheidend sei, ob eine Wiederholungsgefahr bestehe und sich das vergangene Ereignis auch zukünftig belastend auswirke. Deshalb werde erst nach einer Abmahnung die erforderliche Wahrscheinlichkeit dafür bestehen, dass sich der Arbeitnehmer auch in Zukunft nicht vertragstreu verhalten werde. Bei Alkoholmissbrauch im privaten Bereich, der in den dienstlichen Bereich hineinwirkt, kommt es danach insbesondere darauf an, ob dadurch die charakterliche Eignung des Arbeitnehmers für die von ihm arbeitsvertraglich geschuldete Tätigkeit in Frage gestellt ist. In dem vom BAG im Jahre 1997 entschiedenen Fall ging es um einen Zugfahrer bei der U-Bahn, dem deshalb gekündigt worden war, weil er bei einer privaten Trunkenheitsfahrt einen Unfall verursacht hatte, was einen Strafbefehl sowie den Entzug der Fahrerlaubnis zur Folge hatte.

Typische Fälle abmahnungsrelevanter arbeitsvertraglicher Pflichtverletzungen sind in diesem Zusammenhang insbesondere Verstöße gegen ein im Betrieb bestehendes Alkoholverbot. Ein solcher Verstoß liegt z. B. auch dann vor, wenn der Arbeitnehmer in alkoholisiertem Zustand zur Arbeit erscheint und ihm dadurch die Erbringung der vertraglich geschuldeten Tätigkeit nicht oder nicht ordnungsgemäß möglich ist.

---

[30] Urt. v. 20.3.2014 = NZA 2014, 602; Urt. v. 20.12.2012 = NZA-RR 2013, 627; vgl. aber auch Urt. d. LAG Berlin-Brandenburg v. 12.8.2014 = LAGE § 1 KSchG Personenbedingte Kündigung Nr. 28, das auch bei personenbedingter Kündigung wegen Alkoholabhängigkeit eine Abmahnung in Betracht zieht.

[31] Urt. v. 4.6.1997 – AP Nr. 137 zu § 626 BGB; Urt. d. LAG Hamm v. 23.8.1990 = LAGE § 626 BGB Nr. 52; Urt. d. LAG Nürnberg v. 11.7.1994 = LAGE § 1 KSchG Verhaltensbedingte Kündigung Nr. 41; Urt. d. LAG Hamm v. 11.11.1996 = LAGE § 1 KSchG Verhaltensbedingte Kündigung Nr. 56; Urt. d. Sächsischen LAG v. 26.5.2000 = LAGE § 626 BGB Nr. 130a; Schaub in NJW 1990, 872, 875; der Arbeitnehmer ist nach einem Urt. d. BAG v. 12.8.1999 (AP Nr. 41 zu § 1 KSchG 1969 Verhaltensbedingte Kündigung) regelmäßig nicht verpflichtet, im laufenden Arbeitsverhältnis routinemäßigen Blutuntersuchungen zur Klärung der Frage, ob er alkohol- oder drogenabhängig ist, zuzustimmen.

Abmahnungstatbestände

Abmahnung wegen alkoholbedingten Fehlverhaltens

Vorbemerkung: Alkoholbedingtes Fehlverhalten ist von alkoholbedingten (krankheitsbedingten) Fehlzeiten zu unterscheiden. Nur im ersten Fall kommt eine Abmahnung in Betracht. Das Fehlverhalten ist möglichst genau zu umschreiben. Gegebenenfalls ist dem Arbeitnehmer die Durchführung einer Entziehungskur anzuraten oder nahe zulegen.

> **MUSTERABMAHNUNG**
>
> Abmahnung   Datum
>
> Sehr geehrte/r Frau/Herr ...,
>
> Am .... mussten wir feststellen, dass Sie während der Arbeitszeit Alkohol zu sich genommen haben. Dies wurde von mehreren Kollegen beobachtet und lässt sich eindeutig nachweisen. Sie wissen, dass nach unserer Betriebsordnung / den bestehenden Unfallverhütungsvorschriften / dem Arbeitsvertrag / unserer Betriebsvereinbarung der Genuss alkoholischer Getränke während der Arbeitszeit untersagt ist. Diese Regelung dient nicht nur den betrieblichen Sicherheitsinteressen, sondern ist insbesondere auch mit Rücksicht auf unsere Kunden erfolgt. Es macht einen sehr schlechten Eindruck, wenn unsere Kunden von Mitarbeitern bedient werden, die unter Alkoholeinfluss stehen. Nach unseren Feststellungen haben Sie an dem eingangs genannten Tag so viel getrunken, dass es Ihnen nicht nur äußerlich anzumerken war (gerötete Augen), sondern dass Sie auch Sprachschwierigkeiten hatten.
> Wir weisen Sie mit allem Nachdruck darauf hin, dass wir im Interesse der Betriebsdisziplin / eines ordnungsgemäßen Betriebsablaufs dieses Fehlverhalten nicht dulden, sondern ausnahmslos beanstanden. Bei weiterem Fehlverhalten müssen Sie deshalb damit rechnen, dass wir Ihr Arbeitsverhältnis kündigen werden.
>
> Mit freundlichen Grüßen

3.2.2 Ärztliche Untersuchung, Weigerung des Arbeitnehmers

Insbesondere die Tarifverträge des öffentlichen Dienstes geben dem Arbeitgeber die Möglichkeit, Arbeitnehmer während des Bestehens des Arbeitsverhältnisses „bei begründeter Veranlassung" z. B. durch einen Betriebsarzt oder das Gesundheitsamt untersuchen zu lassen (vgl. § 3 Abs. 4 TVöD; § 3 Abs. 5 TV-L). Die Weigerung des Arbeitnehmers, einer entsprechenden Aufforderung des Arbeitgebers Folge zu leisten, stellt die Verletzung einer arbeitsvertraglichen Nebenpflicht dar, die eine

Abmahnung rechtfertigt. Dies hat das BAG zu einer inhaltsgleichen Vorschrift des Tarifvertrages für Musiker in Kulturorchestern (TVK) entschieden.[32] Ein derartiger Sachverhalt kann nach der Rechtsprechung des BAG sogar je nach den Umständen des Einzelfalls geeignet sein, eine Kündigung zu rechtfertigen.[33]

Bestehen begründete Zweifel, ob der Arbeitnehmer nur vorübergehend durch Krankheit an der Arbeitsleistung verhindert oder auf Dauer erwerbsgemindert ist, so hat er sich, wenn er schuldhaft keinen Rentenantrag stellt, auf Verlangen des Arbeitgebers nach § 33 Abs. 4 TVöD bzw. TV-L einer ärztlichen Untersuchung zu unterziehen. Gefährdet der Arbeitnehmer den Erfolg dieser Untersuchung dadurch, dass er trotz Abmahnung beharrlich sein Einverständnis zu der Beziehung der Vorbefunde der behandelnden Ärzte verweigert, so kann dies nach zutreffender Auffassung des BAG[34] je nach den Umständen des Falles auch einen wichtigen Grund zur außerordentlichen Kündigung darstellen.

Diese Rechtsprechung des BAG macht deutlich, dass der Arbeitnehmer im Krankheitsfall nicht nur Anzeige- und Nachweispflichten, sondern auch Mitwirkungspflichten hat, deren Verletzung arbeitsrechtliche Konsequenzen bis hin zur außerordentlichen Kündigung haben können.

Abmahnung wegen Weigerung, sich ärztlich untersuchen zu lassen

Vorbemerkung: Die Weigerung des Arbeitnehmers, sich trotz entsprechender Aufforderung durch den Arbeitgeber ärztlich untersuchen zu lassen, kann eine abmahnungsrelevante Pflichtverletzung sein. Sofern der Arbeitgeber dem Arbeitnehmer im Rahmen der Abmahnung eine Frist setzt, bis zu deren Ablauf er dieser Aufforderung nachkommen soll, muss sich der Arbeitgeber darüber im Klaren sein, dass er nach Fristablauf reagieren muss, wenn der Arbeitnehmer sich nicht hat untersuchen lassen.

---

[32] Urt. v. 25.6.1992 – AP Nr. 21 zu § 611 BGB Musiker; ebenso Urt. d. LAG Düsseldorf v. 8.4.1993 = ZTR 1994, S. 73

[33] Urt. v. 27.9.2012 = ZTR 2013, 265; Urt. v. 7.11.2002 = ZTR 2003, 341; Urt. v. 11.6.2008 = PersV 2008, 474; vgl. auch Urt. des LAG Berlin-Brandenburg v. 24.8.2012 = öAT 2012, 283 (zu § 3 Abs. 5 TV-L)

[34] Urt. v. 6.11.1997 – AP Nr. 142 zu § 626 BGB; vgl. auch Urt. d. Hessischen LAG v. 18.2.1999 = LAGE § 1 KSchG Verhaltensbedingte Kündigung Nr. 70

Abmahnungstatbestände

> **MUSTERABMAHNUNG**
>
> Abmahnung   Datum
>
> Sehr geehrte/r Frau/Herr ...,
>
> aufgrund Ihrer häufigen krankheitsbedingten Fehlzeiten in den zurückliegenden Monaten haben wir Sie gemäß § 3 Abs. 4 TVöD mit Schreiben vom .... aufgefordert, sich am .... bei dem Betriebsarzt .... daraufhin untersuchen zu lassen, ob Sie in der Lage sind, die arbeitsvertraglich geschuldete Tätigkeit ohne gesundheitlich bedingte Einschränkungen zu erbringen.
> Wie uns der Betriebsarzt gestern mitgeteilt hat, haben Sie den vereinbarten Termin nicht wahrgenommen und sich weder dort noch bei uns für Ihr Fernbleiben entschuldigt. Durch dieses Verhalten haben Sie eine arbeitsvertragliche Pflichtverletzung begangen, da Sie unsere berechtigte Anweisung missachtet und uns dadurch die Möglichkeit genommen haben, Aufschluss darüber zu erhalten, ob und ggf. für welche Dauer Ihr Gesundheitszustand die Erbringung Ihrer arbeitsvertraglich geschuldeten Tätigkeit aus medizinischer Sicht beeinträchtigt.
> Wir fordern Sie hiermit auf, sich bis spätestens .... bei dem Betriebsarzt vorzustellen und die erforderliche Untersuchung vornehmen zu lassen. Sollten Sie bis zum Ablauf dieser Frist wiederum unentschuldigt dieser Aufforderung nicht Folge leisten, müssen Sie mit einer Kündigung Ihres Arbeitsverhältnisses rechnen.
>
> Mit freundlichen Grüßen

3.2.3 Anzeige- und Nachweispflicht, Verletzung der ...

Die Verletzung der Anzeige- und Nachweispflicht im Falle krankheitsbedingter Arbeitsunfähigkeit betrifft eine arbeitsvertragliche Nebenpflicht des Arbeitnehmers, die sowohl gesetzlich (§ 5 EFZG) als auch in zahlreichen Fällen tarifvertraglich geregelt ist. Bevor der Arbeitgeber derartige Verstöße zum Anlass für eine verhaltensbedingte Kündigung nehmen kann, muss er den Arbeitnehmer zuvor zumindest einmal vergeblich abmahnen.[35]

In einem besonders gelagerten Fall hat das LAG Hamm bei einer Kündigung wegen wiederholter verspäteter Anzeige einer Erkrankung bzw. Folgeerkrankung

---

[35] Urt. d. BAG v. 16.9.2004 – AP Nr. 50 zu § 1 KSchG 1969 Verhaltensbedingte Kündigung; Urt. d. BAG v. 3.11.2011 = EzA § 1 KSchG Verhaltensbedingte Kündigung Nr. 79

durch den Arbeitnehmer eine vorherige Abmahnung nicht für notwendig erachtet, da der Arbeitnehmer durch einen allgemeinen Betriebsaushang wusste, dass im Krankheitsfall eine unverzügliche Anzeige und im Fall der Verlängerung unverzüglich die Folgebescheinigung vorzulegen war.[36] Diese Rechtsprechung, die auch das Problem der so genannten „vorweggenommenen Abmahnung" berührt, kann sicherlich nicht verallgemeinert werden, da die Verletzung der Anzeige- und Nachweispflichten im Fall einer Erkrankung regelmäßig dem Leistungsbereich zugerechnet werden muss.

Ein Arbeitnehmer, der im Anschluss an einen Auslandsurlaub erkrankt, ist nach einer Entscheidung des LAG Baden-Württemberg[37] verpflichtet, seinem Arbeitgeber hinsichtlich der erlittenen Arbeitsunfähigkeit die volle Wahrheit mitzuteilen. Diese Verpflichtung wird aus den erschwerten Nachweismöglichkeiten bei unredlichem Verhalten in derartigen Fällen abgeleitet. Unterlässt der Arbeitnehmer eine vollständige Mitteilung, begeht er eine schwerwiegende Vertragsverletzung im Vertrauensbereich. Diese kann den Arbeitgeber ohne vorherige Abmahnung zur fristlosen Kündigung berechtigen.

Das BAG hat ausdrücklich festgestellt, es lasse sich nicht der Rechtssatz aufstellen, die Verletzung der Pflicht zur Vorlage der Arbeitsunfähigkeitsbescheinigung könne auch nach vorheriger Abmahnung niemals einen wichtigen Kündigungsgrund abgeben.[38] So hat z. B. das LAG Köln[39] die Auffassung vertreten, die hartnäckige, trotz dreimaliger Abmahnung über längere Zeit fortgesetzte Verletzung der Pflicht, eine Arbeitsunfähigkeit oder deren Verlängerung anzuzeigen, die zu einem völligen Ausfall der Planbarkeit des Einsatzes eines Arbeitnehmers führt, könne an sich geeignet sein, eine außerordentliche Kündigung zu rechtfertigen.

Nach § 5 Abs. 1 Satz 3 EFZG sind Arbeitgeber berechtigt, vom Arbeitnehmer die Vorlage einer ärztlichen Bescheinigung früher als nach drei Kalendertagen (§ 5 Abs. 1 Satz 2 EFZG) zu verlangen.[40] Ein Verstoß gegen eine entsprechende arbeitsvertragliche Regelung kann bei erschwerenden Umständen eine fristlose Kündigung rechtfertigen. Dies kann nach einer Entscheidung des LAG Rheinland-Pfalz[41] der Fall sein, wenn der Arbeitnehmer trotz Abmahnung keine Arbeitsunfähigkeitsbescheinigung vorlegt.

---

[36] Urt. v. 16.12.1982 = BB 1983, 1601
[37] Urt. v. 10.3.1987 = NZA 1987, 422
[38] Urt. v. 15.1.1986 – AP Nr. 93 zu § 626 BGB
[39] Urt. v. 9.2.2009 = LAGE § 626 BGB 2002 Nr. 18
[40] vgl. hierzu auch BAG, Urt. v. 14.11.2012 = ZTR 2013, 207
[41] Urt. v. 19.1.2012 = ArbuR 2012, 177

Abmahnungstatbestände

Unabhängig von der vorgenannten Rechtsprechung ist die Verletzung der Anzeige- und Nachweispflicht sehr genau von unentschuldigtem Fehlen zu unterscheiden. Von letzterem kann nur dann gesprochen werden, wenn der Arbeitnehmer für bestimmte Tage weder rechtzeitig noch im Nachhinein eine Entschuldigung vorbringt bzw. ein ärztliches Attest vorlegt. Sofern der Arbeitnehmer lediglich seine Anzeige- oder Nachweispflicht verletzt, rechtfertigt er — wenn auch verspätet — sein Fernbleiben von der Arbeitsstelle. Dies stellt zwar auch ein abmahnungsrelevantes Fehlverhalten dar, kann aber nicht als unentschuldigtes Fehlen gewertet oder etwa in einer Abmahnung als solches bezeichnet werden.[42]

Abmahnung wegen Verletzung der Anzeigepflicht

Vorbemerkung: Die Verletzung der Anzeigepflicht ist von der Verletzung der Nachweispflicht (siehe das folgende Muster) zu unterscheiden. Die genaue Angabe des Datums und ggf. der Tageszeit ist für eine wirksame Abmahnung unerlässlich.

! **MUSTERABMAHNUNG**

Abmahnung   Datum

Sehr geehrte/r Frau/Herr ...,

Am Donnerstag, dem ...., sind Sie nicht zur Arbeit erschienen. An diesem Tag haben Sie uns keine Mitteilung über den Grund Ihres Fernbleibens zukommen lassen.
Als Sie am darauffolgenden Tag Ihre Arbeit wieder aufgenommen haben, haben Sie auf entsprechendes Befragen gegenüber unserem Personalleiter/Ihrem Vorgesetzten erklärt, Sie hätten sich am Vortag nicht wohlgefühlt. Diese Entschuldigung können wir nicht akzeptieren. Im Interesse eines ordnungsgemäßen Betriebsablaufs müssen wir darauf bestehen, unverzüglich von unseren Arbeitnehmern unterrichtet zu werden, wenn sie — aus welchem Grund auch immer — der Arbeit fernbleiben.
Wir raten Ihnen in Ihrem eigenen Interesse, dieses Fehlverhalten zukünftig zu unterlassen. Sollten Sie erneut Anlass zu Beanstandungen geben, müssen Sie mit einer Kündigung Ihres Arbeitsverhältnisses rechnen.

Mit freundlichen Grüßen

---

[42] vgl. hierzu auch Urt. d. LAG Frankfurt v. 22.1.1990 = LAGE § 1 KSchG Verhaltensbedingte Kündigung Nr. 30

Abmahnung wegen Verletzung der Nachweispflicht im Krankheitsfall

Vorbemerkung: Die Verletzung der Nachweispflicht (zur Anzeigepflicht siehe das vorhergehende Muster) kann den Arbeitgeber dazu berechtigen, die Fortzahlung des Arbeitsentgelts zu verweigern (vgl. § 7 EFZG bzw. die entsprechenden Tarifvorschriften). Unabhängig davon liegt eine Pflichtverletzung vor, die erst nach erfolgloser Abmahnung zur Kündigung berechtigt. Legt der Arbeitnehmer im Nachhinein eine Arbeitsunfähigkeitsbescheinigung für sämtliche zurückliegenden Fehltage vor, darf nicht wegen unentschuldigten Fehlens, sondern ggf. nur wegen Verletzung der Nachweispflicht abgemahnt werden.

MUSTERABMAHNUNG

Abmahnung   Datum

Sehr geehrte/r Frau/Herr ...,

In der Zeit vom 12.10. bis einschließlich 23.10. .... sind Sie krankheitsbedingt nicht zur Arbeit erschienen. Sie haben uns zwar am 12.10. .... telefonisch von Ihrer Erkrankung / Arbeitsunfähigkeit unterrichtet, aber entgegen § 5 des Entgeltfortzahlungsgesetzes[43] haben Sie uns die am 12.10. .... ausgestellte ärztliche Bescheinigung über Ihre Arbeitsunfähigkeit erst am 16.10. .... zukommen lassen.
Durch dieses Verhalten haben Sie gegen Ihre arbeitsvertraglichen Pflichten verstoßen. Wir weisen Sie darauf hin, dass wir dieses Fehlverhalten nicht hinnehmen können. Sollten Sie sich weitere Pflichtverletzungen zuschulden kommen lassen, müssen Sie damit rechnen, dass das Arbeitsverhältnis gekündigt werden wird.

Mit freundlichen Grüßen

3.2.4 Arbeitsniederlegungen

Unberechtigte Arbeitsniederlegungen hat das BAG als Störungen im Leistungsbereich angesehen und daran unter Hinweis auf seine frühere Rechtsprechung die Folge geknüpft, dass der Arbeitgeber im Regelfall vor Ausspruch einer Kündigung aus wichtigem Grund eine Abmahnung aussprechen müsse.[44] Diese Generalisierung

---

[43] Ggf. sind abweichende Tarifvorschriften zu beachten
[44] Urt. v. 17.12.1976 – AP Nr. 52 zu Art. 9 GG Arbeitskampf

Abmahnungstatbestände

ist in Anbetracht des zugrunde liegenden Sachverhalts bedenklich, zumal das BAG ausdrücklich festgestellt hat, der Kläger habe ohne Rechtsgrund die Arbeit niedergelegt und sich daher vertragswidrig verhalten. Der klagende Arbeitnehmer war als Handsetzer in der Anzeigensetzerei einer Tageszeitung tätig und hatte gemeinsam mit anderen Kollegen im Zusammenhang mit Verhandlungen zwischen dem Betriebsrat und der Geschäftsleitung an einem Tag zweimal die Arbeit niedergelegt.

In einem solchen Fall muss ein Arbeitnehmer ohne weiteres davon ausgehen, dass sein Verhalten vom Arbeitgeber nicht gebilligt wird. Blickt man auf den rechtlichen Ausgangspunkt der Abmahnung zurück und hält sich deren Sinn vor Augen, so leuchtet es nicht ein, dass der Arbeitnehmer, der seine Hauptpflicht aus dem Arbeitsvertrag, nämlich die Erbringung der Arbeitsleistung, ohne rechtfertigenden Grund verletzt, vom Arbeitgeber zunächst darauf hingewiesen werden muss, dass dieses eklatante Fehlverhalten bei Fortdauer oder Wiederholung zu einer Gefährdung des Arbeitsverhältnisses führen kann.

Dasselbe kann im Falle beharrlicher Arbeitsverweigerung angenommen werden. Das LAG Rheinland-Pfalz hat die ordentliche Kündigung ohne vorherige Abmahnung bei folgendem Sachverhalt für wirksam erachtet: Die Klägerin hatte während der gesamten Dauer einer Schicht ihre Arbeit nicht aufgenommen, obwohl sie von vier Vorgesetzten mehrmals entsprechend angewiesen und ermahnt worden war. Das Gericht hat zu Recht darauf hingewiesen, auch ein verständiger und wohlwollender Arbeitgeber könne ein derartiges Verhalten nicht sanktionslos hinnehmen. Die ordentliche Kündigung sei als angemessene Reaktion zu werten.[45]

Das mehrfache eigenmächtige vorzeitige Verlassen des Arbeitsplatzes nach Ablauf des Erziehungsurlaubs durch eine Arbeitnehmerin, deren Antrag auf Halbtagsbeschäftigung abgelehnt worden war, rechtfertigt nach Auffassung des Hessischen LAG[46] nach vorheriger Abmahnung sogar eine fristlose Kündigung.

Abmahnung wegen Arbeitsniederlegung

Vorbemerkung: Sofern Arbeitsniederlegungen aufgrund ihres zeitlichen Umfangs, ihrer Beharrlichkeit oder ihrer Zielsetzung nicht ohne vorherige Abmahnung eine sofortige Kündigung rechtfertigen, ist zu berücksichtigen, dass nur Pflichtverletzungen abgemahnt werden können. Wenn die Arbeitsniederlegung auf der Teilnahme an einem rechtmäßigen Streik beruht, kommt eine Abmahnung nicht in Betracht.

---

[45] Urt. v. 18.8.1989 – 6 Sa 373/89 – n. v.
[46] Urt. v. 8.7.1999 = LAGE § 626 BGB Nr. 125a

3 Die konkreten Abmahnungsfälle mit Mustern

> **MUSTERABMAHNUNG**
>
> Abmahnung   Datum
>
> Sehr geehrte/r Frau/Herr ...,
>
> am .... mussten wir feststellen, dass Sie in der Zeit von .... bis .... Uhr Ihre Arbeit niedergelegt haben, ohne hierfür einen triftigen Grund zu haben oder sich bei Ihrem Vorgesetzten oder im Personalbüro zu entschuldigen bzw. abzumelden.
> Wir weisen Sie hiermit ausdrücklich darauf hin, dass wir die Nichterfüllung Ihrer arbeitsvertraglichen Pflichten in dem vorgenannten Zeitraum nicht akzeptieren, sondern erwarten, dass Sie während Ihrer Arbeitszeit die Ihnen zugewiesenen Tätigkeiten verrichten.
> Für die ausgefallene Arbeitszeit werden wir eine entsprechende Gehaltskürzung vornehmen.
> Sollten sich derartige oder ähnliche Pflichtverletzungen wiederholen, müssen Sie mit einer Kündigung Ihres Arbeitsverhältnisses rechnen.
>
> Mit freundlichen Grüßen

3.2.5 Arbeitsunfähigkeit, Verhalten während ...

Nicht eindeutig ist die Rechtslage bei einer Kündigung wegen Arbeitsleistungen des Arbeitnehmers für einen Dritten während ärztlich attestierter Arbeitsunfähigkeit. Das LAG München[47] hält in einem solchen Fall zu Recht eine Abmahnung für entbehrlich, da eine Störung im Vertrauensbereich vorliege. Der Arbeitnehmer könne keineswegs damit rechnen, dass der Arbeitgeber sein Verhalten akzeptiert.

Allerdings hat das BAG in einer früheren Entscheidung[48] die Ansicht vertreten, Nebenbeschäftigungen während der Arbeitsunfähigkeit könnten eine Kündigung nur rechtfertigen, wenn sie aus Gründen des Wettbewerbs den Interessen des Arbeitgebers zuwiderlaufen oder durch sie der Heilungsprozess verzögert wird. Pauly[49] bezeichnet diese Rechtsprechung als „praxisfremd" und weist völlig zutreffend

---

[47] Urt. v. 9.9.1982 = DB 1983, 1931; ebenso Hunold in BB 1986, 2050, 2053; Schmid in NZA 1985, 409, 412; vgl. auch Urt. d. LAG Hamm v. 2.2.1995 = LAGE § 626 BGB Nr. 88

[48] Urt. v. 13.11.1979 – AP Nr. 5 zu § 1 KSchG 1969 Krankheit mit Anm. v. Herschel; vgl. hierzu auch Urt. d. LAG Hamm v. 28.8.1991 = LAGE § 1 KSchG Verhaltensbedingte Kündigung Nr. 34

[49] in DB 1981, 1282 ff.

darauf hin, dass hier ganz entscheidend der Vertrauensbereich angesprochen ist. Auf jeden Fall ist bei einem derartigen Sachverhalt eine Abmahnung als Mindestreaktion gerechtfertigt. Bei besonders eklatanter Verletzung der Treuepflicht durch den Arbeitnehmer kann auch eine sofortige Kündigung des Arbeitsverhältnisses in Betracht kommen, ohne dass es einer vorherigen Abmahnung bedarf.

Dies hat das BAG in späteren Entscheidungen bestätigt.[50] In diesem Fall hatte der Arbeitgeber einem Arbeitnehmer fristlos gekündigt, der während einer ärztlich attestierten Arbeitsunfähigkeit mehrmals nachts jeweils sechs Stunden bei einer anderen Firma gearbeitet hatte. Das BAG hat zwar nicht abschließend über die Kündigung entschieden, aber den Rechtsstreit auf die Revision des Arbeitgebers an die Vorinstanz zurückverwiesen. Das LAG habe die Wirksamkeit der Kündigung nicht von vornherein an der fehlenden Abmahnung scheitern lassen dürfen. Wer trotz Krankschreibung den Heilungsprozess dadurch gefährde, dass er während seiner Krankheit schichtweise einer Vollbeschäftigung nachgehe, und das auch noch nachts, verstoße nicht nur gegen Leistungspflichten, sondern zerstöre das Vertrauen des Arbeitgebers in seine Redlichkeit.

Ein derart grober Pflichtverstoß, der eine sofortige Kündigung ohne vorherige Abmahnung rechtfertige, sei dann anzunehmen, wenn der Kläger die Zeit seiner Arbeitsunfähigkeit dadurch verlängert habe, dass er trotz seiner Krankheit die Nachtschichten bei der anderen Firma geleistet hat. Kein Arbeitgeber, der Lohnfortzahlung zu leisten habe, werde es dulden, dass der Arbeitnehmer zur Verbesserung seines Einkommens während der Arbeitsunfähigkeit nebenher in Nachtschicht bei einem anderen Arbeitgeber arbeitet und damit die Dauer seiner Arbeitsunfähigkeit, für die sein „eigentlicher" Arbeitgeber Lohnfortzahlung zu leisten hat, verlängert. Ein Arbeitnehmer, der so handele, könne — so das BAG — nicht damit rechnen, dass sein Fehlverhalten lediglich mit einer Abmahnung geahndet wird.

TIPP

Wer durch die Mitteilung einer Arbeitsunfähigkeit und durch die Vorlage entsprechender ärztlicher Bescheinigungen die Entgeltfortzahlungspflicht des Arbeitgebers auslöst, darf das hierdurch begründete Vertrauen des Arbeitgebers auf das tatsächliche Vorliegen einer Erkrankung bei dem Arbeitnehmer nicht missbrauchen.

---

[50] Urt. v. 26.8.1993 – AP Nr. 112 zu § 626 BGB; Urt. v. 3.4.2008 = NZA 2008, 807, wonach eine außerordentliche Kündigung gerechtfertigt sein kann, wenn ein Arbeitnehmer, während er krankgeschrieben ist, einer anderweitigen Arbeit nachgeht; vgl. auch Urt. d. LAG Hamm v. 28.5.1998 = LAGE § 1 KSchG Verhaltensbedingte Kündigung Nr. 69; Urt. d. LAG Köln v. 9.10.1998 = LAGE § 1 KSchG Verhaltensbedingte Kündigung Nr. 73; vgl. auch Urt. d. LAG München v. 3. 11.2000 = LAGE § 626 BGB Nr. 131 mit krit. Anm. v. Buchner

3 Die konkreten Abmahnungsfälle mit Mustern

Wer die (angeblich) krankheitsbedingte Freistellung von seiner Arbeitspflicht unter Fortzahlung des Gehaltes dazu benutzt oder — besser gesagt — missbraucht, um anderweitig Einkünfte zu erzielen, nimmt im Zweifel negative Auswirkungen auf den Krankheitsverlauf bzw. Gesundungsprozess durch die Tätigkeit in Kauf.

Diesen Gesichtspunkt hat auch das LAG München in dem o.g. Urteil(38) hervorgehoben und zu Recht ausgeführt: *„Es stellt jedenfalls einen für den Arbeitgeber nicht mehr erträglichen Missbrauch der Krankschreibungsmöglichkeit dar, solche Arbeitsleistungen nebenher zu erbringen, die durch die Krankschreibung erst ermöglicht wurden. Die Verbitterung eines Arbeitgebers, der selbst in großen Personalschwierigkeiten steckt, über ein solches Verhalten eines Arbeitnehmers ist nur zu verständlich."*

Das LAG Köln vertritt demgegenüber den Standpunkt, eine zulässige Nebentätigkeit dürfe in aller Regel auch während einer Arbeitsunfähigkeit ausgeübt werden. Selbst wenn die Nebentätigkeit nach Art und Ausmaß geeignet sei, die Genesung zu verzögern, liege darin in aller Regel noch kein wichtiger Grund für eine außerordentliche Kündigung. Werde durch die Ausübung einer Nebentätigkeit die im Arbeitsverhältnis vertraglich geschuldete Leistung beeinträchtigt, bedürfe es vor einer hierauf gestützten Kündigung in aller Regel einer Abmahnung.[51]

Diese auf dem Hintergrund der zuvor gemachten Ausführungen nur schwer nachvollziehbaren Feststellungen des LAG Köln können allenfalls unter Berücksichtigung des dem Urteil zugrunde liegenden Sachverhalts verständlich erscheinen. Der wegen langjähriger Betriebszugehörigkeit „unkündbare" Kläger war im Zeitpunkt der Kündigung als Betriebsratsmitglied nur mit Zustimmung des Betriebsrates aus wichtigem Grund außerordentlich kündbar.

Praktische Konsequenz: Je nach Art und Umfang der Nebentätigkeit während Arbeitsunfähigkeit sollte zunächst der Beweiswert des ärztlichen Attests in Frage gestellt werden. Bei Vortäuschen einer Krankheit oder nachweislicher Verzögerung des Genesungsprozesses aufgrund der Nebentätigkeit kann eine Kündigung ohne vorherige Abmahnung erfolgen.

In der Praxis wird nicht selten das Verhalten von Arbeitnehmern während ärztlich attestierter Arbeitsunfähigkeit beanstandet. Soweit hierbei Arbeitsleistungen gerügt werden, ist auf die vorstehenden Ausführungen zu verweisen. Auch sonstige Verhaltensweisen während der Krankschreibung (z. B. Gaststättenbesuch, Urlaubsreise, sportliche Betätigung) lösen häufig den Unmut von Arbeitgebern und damit die Frage aus, ob hieraus arbeitsrechtliche Konsequenzen gezogen werden können.

---

[51] Urt. v. 7. 1. 1993 = LAGE § 626 BGB Nr. 69

Abmahnungstatbestände

Nach allgemeiner Auffassung ist ein krankgeschriebener Arbeitnehmer verpflichtet, sich so zu verhalten, dass er möglichst bald wieder gesund wird, und alles zu unterlassen, was seine Genesung verzögern könnte. Diese Verpflichtung ergibt sich aus der Treuepflicht des Arbeitnehmers.[52]

Das LAG Niedersachsen vertritt darüber hinaus die Auffassung, dass neben der Treuepflicht auch die Verletzung von Anstandspflichten mit ihrer Auswirkung auf den Vertrauensbereich des Arbeitsverhältnisses zu berücksichtigen sei.[53] Das LAG führt wörtlich aus:

„Die Anstandspflicht gebietet dem arbeitsunfähig erkrankten Arbeitnehmer, Betätigungen oder liebgewordene Gewohnheiten zu unterlassen, wenn diese den Anschein wecken oder bestärken, mit der Krankheit sei es nur halb so schlimm. Der Arbeitnehmer verstößt gegen die Anstandspflicht, wenn er die Betätigungen im privaten Bereich ungeniert fortsetzt, so als sei nichts geschehen. Er verletzt die Anstandspflicht, wenn er durch private Betätigungen den Eindruck erweckt, er sei nicht bedauerlicherweise krank, sondern er mache krank, er feiere krank. Durch ein solches Verhalten setzt sich der Arbeitnehmer in Widerspruch zu der von ihm angezeigten Arbeitsunfähigkeit. Mit Betätigungen, die den Anschein des Krankfeierns hervorrufen, handelt der arbeitsunfähig geschriebene Arbeitnehmer unanständig gegenüber dem Arbeitgeber, der die Vergütung fortzahlt. Er handelt auch unkollegial gegenüber den Arbeitskollegen, die nicht selten die Arbeit des erkrankten Arbeitnehmers mit erledigen, dessen Krankheitsvergütung miterarbeiten und sich unter solchen Umständen als die Dummen vorkommen müssen. Kommt durch das private Verhalten ein solcher Anschein im Blickwinkel des Arbeitgebers oder unter den Wahrnehmungsmöglichkeiten der Arbeitskollegen auf, kann dadurch das Vertrauen des Arbeitgebers in die Lauterkeit und Rechtschaffenheit des Arbeitnehmers erschüttert werden. In einem solchen Falle ist weder zu prüfen, ob der Arbeitnehmer tatsächlich arbeitsunfähig erkrankt ist, noch, ob das Verhalten des Arbeitnehmers den Heilungsprozess verzögert und damit die Krankheitsdauer verlängert hat."

Das Gericht hat mit dieser Begründung eine ordentliche Kündigung bestätigt, die deswegen ausgesprochen worden war, weil der Kläger während seiner Arbeitsunfähigkeit den Fahrschulunterricht fortgesetzt und an der Führerscheinprüfung teilgenommen hatte. Der Arbeitgeber sei auch nicht zu einer Abmahnung verpflichtet gewesen, da es sich vorliegend um eine Kündigung wegen Beeinträchtigung der Vertrauensgrundlage handele.

---

[52] vgl. Urt. d. BAG v. 13.11.1979 – AP Nr. 5 zu § 1 KSchG 1969 Krankheit m.w.N. (dort Bl. 725)
[53] Urt. v. 11.8.1977 = DB 1978, 749

3 Die konkreten Abmahnungsfälle mit Mustern

Das LAG Frankfurt hat bei einem ähnlichen Sachverhalt eine Kündigung für gerechtfertigt erklärt und eine vorherige Abmahnung nicht für erforderlich gehalten.[54] Es hat ausgeführt:

„Nimmt ein Arbeitnehmer während einer zur Dienst- oder Arbeitsunfähigkeit führenden Erkrankung an einer außerdienstlichen Veranstaltung teil, die bei vernünftiger Betrachtung aus der Sicht eines verständig abwägenden Arbeitgebers an die körperliche und geistige Leistungsfähigkeit des Arbeitnehmers ähnliche oder vergleichbare Anforderungen stellt wie dessen vertragliche Arbeitspflicht, so liegt darin regelmäßig zumindest dann ein erheblicher Vertragsverstoß, wenn die außerdienstliche Veranstaltung in einem engen und konkreten Bezug zum Arbeitsverhältnis steht, die Teilnahme nur dem beruflichen Fortkommen des Arbeitnehmers dienen soll und der Arbeitgeber den Veranstaltungsbesuch vorher ausdrücklich untersagt hatte."

Praktische Konsequenz: Treuwidriges oder gesundheitsschädliches Verhalten des Arbeitnehmers während ärztlich attestierter Arbeitsunfähigkeit ist abmahnungsrelevant und kann in gravierenden Fällen sogar kündigungsrelevant sein.

Abmahnung wegen des Verhaltens während ärztlich attestierter Arbeitsunfähigkeit

Vorbemerkung: In derartigen Fällen muss sich der Arbeitgeber besonders genau überlegen, wie er arbeitsrechtlich reagieren will. Hat er begründete Anhaltspunkte dafür, dass die Arbeitsunfähigkeit nur vorgetäuscht ist, um sich auf Kosten des Arbeitgebers bzw. der Krankenkasse anderweitig betätigen zu können, sollte nicht abgemahnt werden. In diesem Fall empfiehlt sich die Einstellung der Entgeltfortzahlung und / oder die Einschaltung des Medizinischen Dienstes der Krankenkasse. Eine Abmahnung kann in Betracht kommen, wenn der Arbeitnehmer durch sein Verhalten während der Krankschreibung den Genesungsprozess beeinträchtigt.

> **MUSTERABMAHNUNG**
>
> Abmahnung   Datum
>
> Sehr geehrte/r Frau/Herr ...,
>
> Sie sind nach dem uns vorliegenden ärztlichen Attest in der Zeit vom 11. März bis einschließlich 22. März infolge Krankheit arbeitsunfähig. Am 20. März sind

---
[54] Urt. v. 10.9.1981 = BB 1982, 1857

Sie in der Zeit zwischen 14.00 und 16.00 Uhr dabei beobachtet worden, wie Sie einem Bekannten bei einem Wohnungsumzug geholfen haben. Sie haben nicht nur den LKW gefahren, sondern auch beim Ausladen und Tragen der Möbel mitgeholfen.

Diese Verhaltensweise ist mit der ärztlich bescheinigten Arbeitsunfähigkeit unvereinbar. Wenn Sie nach Auffassung Ihres behandelnden Arztes aus gesundheitlichen Gründen nicht dazu in der Lage sind, die von Ihnen arbeitsvertraglich geschuldete Tätigkeit als Gabelstaplerfahrer zu erbringen, ohne den Genesungsprozess zu verzögern, muss nach unserer Auffassung dasselbe auch für Ihre Mithilfe bei einem Wohnungsumzug gelten.

Sie haben dadurch Ihre vertragliche Treuepflicht verletzt, wonach Sie gehalten sind, während einer Arbeitsunfähigkeit alles zu unterlassen, was den Genesungsprozess gefährden oder verzögern könnte. Wir sind nicht bereit, dieses Verhalten zu akzeptieren. Sollten Sie erneut gegen Ihre vertraglichen Pflichten aus dem Arbeitsverhältnis verstoßen, müssen Sie mit einer Kündigung rechnen.

Mit freundlichen Grüßen

3.2.6 Arbeitsunfähigkeitsbescheinigung, Fälschen der ...

Das Fälschen eines ärztlichen Attests rechtfertigt nach zutreffender Ansicht des LAG Bremen[55] ohne vorherige Abmahnung eine außerordentliche Kündigung des Arbeitsverhältnisses. Dabei handelt es sich nämlich nicht nur um ein auch strafrechtlich relevantes Verhalten, sondern um eine besonders schwerwiegende Beeinträchtigung des Vertrauensverhältnisses zwischen Arbeitgeber und Arbeitnehmer. Wer sich als Arbeitnehmer so verhält, will sich Leistungen des Arbeitgebers erschleichen (nämlich Entgeltfortzahlung im Krankheitsfall), die ihm nicht zustehen. Eine Abmahnung kann in derartigen Fällen eine Wiederherstellung des Vertrauens nicht erwarten lassen.

Es kommt allerdings nach der Rechtsprechung des BAG[56] nicht darauf an, ob ein Fehlverhalten strafrechtlich z. B. als Urkundenfälschung zu bewerten ist. Für die kündigungsrechtliche Bewertung ist nicht die strafrechtliche Beurteilung maßgebend, sondern die Schwere der Vertragspflichtverletzung. Liegt ein wichtiger Grund im Sinne von § 626 Abs. 1 BGB vor, bedarf es der weiteren Prüfung, ob dem Arbeitgeber die Fortsetzung des Arbeitsverhältnisses unter Berücksichtigung der

---

[55] Urt. v. 15.2.1985 = BB 1985, 1129
[56] Urt. v. 12.5.2010 = NZA 2010, 1348

konkreten Umstände des Einzelfalls und der Abwägung der beiderseitigen Interessen jedenfalls bis zum Ablauf der Kündigungsfrist zumutbar ist oder nicht.

Eine außerordentliche Kündigung kommt nur in Betracht, wenn mildere Mittel als Reaktion auf die eingetretene Vertragsstörung ausscheiden. Mildere Mittel sind insbesondere die Abmahnung und die ordentliche Kündigung.

Im Übrigen kann es nach der Rechtsprechung des BAG einen verhaltensbedingten Kündigungsgrund darstellen, wenn der Arbeitnehmer unter Vorlage eines Attests der Arbeit fernbleibt und Entgeltfortzahlung in Anspruch nimmt, obwohl die Krankheit vorgetäuscht ist.[57]

3.2.7 Arbeitsverweigerung

Arbeitsverweigerungen betreffen die Hauptpflicht des Arbeitnehmers aufgrund seines Arbeitsvertrages. Wer sich berechtigten Anordnungen seines Arbeitgebers widersetzt und sich weigert, diese auszuführen, begeht demnach eine arbeitsvertragliche Pflichtverletzung, die abgemahnt werden kann. Dasselbe gilt in den Fällen, in denen der Arbeitnehmer das Direktionsrecht des Arbeitgebers oder seiner unmittelbaren Vorgesetzten missachtet und die entsprechenden Tätigkeiten, die er ausüben soll, nicht oder nicht wie angeordnet verrichtet. Dies kann auch bei der Ablehnung zulässigerweise angeordneter Überstunden der Fall sein.[58]

Lehnt eine als sog. Zweitkraft in einem Kindergarten tätige Kinderpflegerin Anweisungen sowohl ihrer Gruppenleiterin als auch der Kindergartenleiterin mit der Begründung ab, diese entsprächen nicht ihrem persönlichen pädagogischen Konzept, so stellt dieses Verhalten nach einer Entscheidung des LAG Köln[59] bei Vorliegen einer einschlägigen Abmahnung eine zur Kündigung berechtigende Arbeitsverweigerung dar.

Auch eine auf einer Gewissensentscheidung beruhende Vertragsverletzung eines Arbeitnehmers ist einer Abmahnung zugänglich.[60] In einem vom Hessischen LAG entschiedenen Fall ging es um einen Postzusteller, der sich weigerte, eine Wahlwerbung einer rechtsradikalen Partei mit ausländerfeindlichem Inhalt als Postwurf-

---

[57] Urt. v. 23.6.2009 – ZTR 2010, 98
[58] Urt. d. LAG Köln v. 27.4.1999 = LAGE § 626 BGB Nr. 126
[59] Urt. v. 8.2.2006 =ZTR 2006, 606
[60] Urt. d. BAG v. 24.5.1989 – AP Nr. 1 zu § 611 BGB Gewissensfreiheit; vgl. zu einer Kündigung wegen Arbeitsverweigerung aus Glaubensgründen auch Urt. d. BAG v. 24.2.2011 = NZA 2011, 1087

Abmahnungstatbestände

sendung zuzustellen. Das Gericht hat die von dem beklagten Arbeitgeber erteilte Abmahnung für unberechtigt erklärt, jedoch allerdings deshalb, weil er sich zu seinem eigenen vorangegangenen Verhalten in Widerspruch gesetzt und deshalb gegen Treu und Glauben (§ 242 BGB) verstoßen hatte.

Bei einer sog. beharrlichen Arbeitsverweigerung kommt nach der Rechtsprechung des BAG[61] grundsätzlich eine außerordentliche, fristlose Kündigung in Betracht. Darunter sind die Fälle zu verstehen, in denen beim Arbeitnehmer ein besonders nachhaltiger Wille vorliegt. Der Arbeitnehmer muss die ihm übertragene Arbeit bewusst und nachhaltig nicht leisten wollen. Hierbei genügt es nicht, wenn der Arbeitnehmer eine Weisung unbeachtet lässt. Voraussetzung ist eine intensive Weigerung des Arbeitnehmers. Dabei ist — so das BAG — u. a. zu würdigen, ob damit zu rechnen ist, der Arbeitnehmer werde auch in Zukunft seiner Arbeitspflicht nicht nachkommen (Prognoseprinzip).[62] Nach dem ultima-ratio-Prinzip schließt dies aber im Einzelfall nicht aus, dass nur eine ordentliche Kündigung gerechtfertigt ist.

Die beharrliche Weigerung, einer billigem Ermessen entsprechenden Einteilung zu Rufbereitschaftsdiensten Folge zu leisten, kann nach einschlägiger Abmahnung eine außerordentliche Kündigung rechtfertigen.[63] Der Entscheidung lag § 6 Abs. 5 TVöD zugrunde. Danach sind Beschäftigte im Rahmen begründeter betrieblicher Notwendigkeiten u. a. zur Leistung von Rufbereitschaft verpflichtet.

Abmahnung wegen Arbeitsverweigerung

Vorbemerkung: Wenn wegen Arbeitsverweigerung abgemahnt werden soll, ist besonders darauf zu achten, die nicht befolgte Anweisung des Arbeitgebers bzw. Vorgesetzten möglichst genau zu umschreiben. Außerdem muss zweifelsfrei sein, dass die Ausführung der Arbeitsanweisung zu den arbeitsvertraglich geschuldeten Tätigkeiten des Arbeitnehmers gehört und diesem nicht aus besonderen Gründen unzumutbar ist. In Fällen beharrlicher Arbeitsverweigerung kann eine Abmahnung entbehrlich sein.

---

[61] Urt. v. 5.4.2001 – AP Nr. 32 zu § 99 BetrVG 1972 Einstellung; Urt. v. 24.2.2011 (= Fn. 60) m.w.N.; Urt. v. 29.8.2013 = NZA 2014, 533

[62] zum Prognoseprinzip vgl. auch Adam in NZA 1998, 284

[63] Urt. d. LAG Köln v. 16.4.2008 = ZTR 2009, 77

3 Die konkreten Abmahnungsfälle mit Mustern

> **MUSTERABMAHNUNG**
>
> Abmahnung   Datum
>
> Sehr geehrte/r Frau/Herr ...,
>
> am ...... sind Sie vom Rektor des Humboldt-Gymnasiums, Herrn Müller, angewiesen worden, im Musiksaal der Schule wegen der bevorstehenden Elternversammlung die Stellwände für Informationen aufzustellen. Nachdem auch am Folgetag der Arbeitsauftrag noch nicht erledigt war, hat Sie Herr Müller am .... um .... Uhr nochmals eindringlich aufgefordert, die entsprechenden Arbeiten umgehend zu erledigen. Erst aufgrund einer erneuten Nachfrage etwa drei Stunden später haben Sie im Anschluss daran die Stellwände aufgestellt. Wir machen Sie hiermit darauf aufmerksam, dass wir ein derartiges Verhalten nicht länger dulden. Sofern Sie von Herrn Müller einen Arbeitsauftrag erhalten, ist es Ihre Pflicht, diesen umgehend zu erledigen. Spätestens nach der ersten Erinnerung am Vormittag des .... hätten Sie unverzüglich tätig werden müssen. Sollten Sie erneut solche Anweisungen missachten oder in ähnlicher Weise Ihre arbeitsvertraglichen Pflichten verletzen, sehen wir uns gezwungen, eine Kündigung Ihres Arbeitsverhältnisses in Erwägung zu ziehen.
>
> Mit freundlichen Grüßen

3.2.8 Aufsichtspflicht, Verletzung der ...

Die Verletzung der Aufsichtspflicht rechtfertigt nicht ohne vorherige Abmahnung ohne weiteres eine Kündigung.

Dies gilt selbst bei grober Nachlässigkeit jedenfalls dann, wenn keine Anhaltspunkte dafür vorliegen, dass der Arbeitnehmer durch sein Verhalten seinem Arbeitgeber oder Dritten bewusst einen Nachteil oder Schaden zufügen wollte. Das LAG Köln[64] hatte über einen Fall zu entscheiden, in dem der Arbeitnehmer die von ihm in den Medizinischen Einrichtungen der Universität zu verteilende Eingangspost etwa 10 Minuten unbeaufsichtigt gelassen hatte und damit deren Entwendung ermöglichte. Die Post wurde nachmittags von einem anderen Arbeitnehmer zufällig hinter einem Gebüsch gefunden. Der Arbeitgeber hat daraufhin dem Arbeitnehmer ordentlich gekündigt. Das LAG hat die Kündigung wegen fehlender Abmahnung für unwirksam erachtet.

---

[64] Urt. v. 10.6.1994 = LAGE § 611 BGB Abmahnung Nr. 37

Abmahnungstatbestände

Abmahnung wegen Verletzung der Aufsichtspflicht

Vorbemerkung: Die Verletzung der Aufsichtspflicht rechtfertigt nur dann ohne vorherige Abmahnung eine Kündigung, wenn der Arbeitnehmer vorsätzlich oder zumindest grob fahrlässig gehandelt und dem Arbeitgeber dadurch einen Schaden zugefügt hat.

MUSTERABMAHNUNG

Abmahnung   Datum

Sehr geehrter Herr ...,

nach der Dienstanweisung für Schulhausmeister, die Ihnen mit Schreiben vom .... ausgehändigt worden ist, sind Sie als Hausmeister für die Überwachung des Reinigungspersonals und deren Tätigkeiten verantwortlich.

Vor wenigen Tagen ist uns von der Schulleitung mitgeteilt worden, dass seit mehreren Wochen zwei der vier Reinigungskräfte, nämlich Frau Heinz und Frau Fischer, regelmäßig vorzeitig Ihre Arbeitsstelle verlassen, nämlich statt um 18.00 Uhr bereits zwischen 16.30 und 17.00 Uhr. Auf entsprechende Rückfrage haben Sie uns erklärt, dass Sie sich in der fraglichen Zeit stets in Ihrer Wohnung aufgehalten haben und jeweils erst um 18.00 Uhr in das Schulgebäude gegangen sind, um nach dem Weggang der Reinigungskräfte abzuschließen.

Diese Verhaltensweise ist mit der o.g. Dienstanweisung nicht zu vereinbaren. Ihnen hätte auffallen müssen, dass gegen 18.00 Uhr lediglich noch zwei der insgesamt vier Reinigungskräfte anwesend waren. Dies hätte Ihnen Anlass geben müssen, bereits früher als von Ihnen praktiziert das Schulgebäude aufzusuchen und zu kontrollieren, ob alle Reinigungskräfte ihre Aufgaben bis zum festgelegten Arbeitsende erledigen. Aufgrund Ihrer Nachlässigkeit ist es zu Minderleistungen von zwei Reinigungskräften gekommen, die Sie bei ordnungsgemäßer Wahrnehmung Ihrer Aufsichtspflicht hätten verhindern können.

Wir erwarten von Ihnen, dass Sie ab sofort Ihre Aufsichtspflicht erfüllen und dafür Sorge tragen, dass alle Reinigungskräfte während der vorgeschriebenen Arbeitszeit ihre Tätigkeiten verrichten. Sollten wir erneut feststellen müssen, dass Sie Ihre Aufsichtspflicht verletzen, müssen Sie mit einer Kündigung Ihres Arbeitsverhältnisses rechnen.

Mit freundlichen Grüßen

3.2.9 Außerdienstliches Fehlverhalten

Literatur: Mitterer, Arbeitgeberseitige Kündigung wegen außerdienstlichen strafrechtsrelevanten Verhaltens des Arbeitnehmers, NZA-RR 2011, 449; Pawlak/Geißler, Außerdienstliche Straftaten im öffentlichen Dienst kein Kündigungsgrund mehr?, öAT 2010, 150

Aus dem Arbeitsverhältnis resultieren für beide Vertragspartner so genannte Hauptpflichten und zahlreiche Nebenpflichten. Diese können sich u. U. auch auf das außerdienstliche Verhalten des Arbeitnehmers beziehen. Da prinzipiell nur arbeitsvertragliche Pflichtverletzungen abgemahnt werden können, ist stets zu prüfen, ob das außerdienstliche Verhalten des Arbeitnehmers das Arbeitsverhältnis konkret berührt und damit den Betrieb bzw. die Verwaltung beeinträchtigt. Nur in diesen Fällen kann außerdienstliches Fehlverhalten zum Gegenstand einer Abmahnung gemacht werden.

So kann z. B. nach Auffassung des LAG Hamm[65] dem Leiter einer Bankfiliale nicht wegen zahlreicher Spielbankbesuche und des dortigen Spielens fristlos gekündigt werden, wenn diese Besuche ohne konkrete Auswirkung auf das Arbeitsverhältnis geblieben sind. Auch eine Abmahnung kommt in derartigen Fällen nur in Betracht, wenn dem Arbeitnehmer die Verletzung einer arbeitsvertraglichen Haupt- oder Nebenpflicht zum Vorwurf gemacht werden kann.

Besonderheiten können sich im öffentlichen Dienst ergeben. Nach einer früher geltenden Tarifregelung hatte sich der Angestellte so zu verhalten, wie es von Angehörigen des öffentlichen Dienstes erwartet wird (§ 8 Abs. 1 Satz 1 BAT). Diese Vorschrift betrifft nicht nur das Verhalten in der Dienststelle bzw. im Betrieb, sondern das gesamte Verhalten des Angestellten. Deshalb konnte außerdienstliches Fehlverhalten eines Angestellten des öffentlichen Dienstes je nach Fallgestaltung anders zu gewichten sein als das entsprechende Verhalten von Arbeitnehmern in der Privatwirtschaft.[66]

Ein Angestellter des öffentlichen Dienstes musste sein außerdienstliches Verhalten nach der Rechtsprechung des BAG[67] so einrichten, dass das Ansehen des öffentlichen Arbeitgebers nicht beeinträchtigt wird. Begeht ein im öffentlichen Dienst Beschäftigter ein vorsätzliches Tötungsdelikt, so ist es seinem Arbeitgeber in der Regel unzumutbar, ihn weiter zu beschäftigen, ohne dass eine konkret messbare

---

[65] Urt. v. 14.1.1998 = LAGE § 626 BGB Nr. 119
[66] Urt. d. LAG Nürnberg v. 10.7.2000 = NZA-RR 2001, 27
[67] Urt. v. 8.6.2000 – AP Nr. 163 zu § 626 BGB

Abmahnungstatbestände

Ansehensschädigung nachgewiesen werden müsste. In einem solchen Fall kann der öffentliche Arbeitgeber regelmäßig nicht auf den Ausspruch einer Abmahnung verwiesen werden. Dem Arbeitnehmer muss klar sein, dass die Begehung eines vorsätzlichen Tötungsdelikts als massive Rechtsverletzung seine Weiterbeschäftigung im öffentlichen Dienst in Frage stellen kann.

Diese Rechtsprechung hat das BAG[68] aufgrund der Tarifreform des öffentlichen Dienstes korrigiert. Seit dem 1. Oktober 2005 gilt für die Beschäftigten des Bundes und der kommunalen Verwaltungen und Betriebe der Tarifvertrag für den öffentlichen Dienst (TVöD). Dieser enthält keine § 8 Abs. 1 Satz 1 BAT entsprechende Nachfolgeregelung. Dasselbe gilt für den Tarifvertrag für den öffentlichen Dienst der Länder (TV-L), der am 1. November 2006 in Kraft getreten ist. Die Beschäftigten müssen sich lediglich dort, wo auch hoheitliche Tätigkeiten wahrgenommen werden (so im TVöD geregelt), bzw. ohne Einschränkungen (so im TV-L geregelt) durch ihr gesamtes Verhalten (also auch das außerdienstliche) zur freiheitlich demokratischen Grundordnung im Sinne des Grundgesetzes bekennen. Damit gelten seit dem 1. Oktober 2005 für nicht hoheitlich tätige Beschäftigte des öffentlichen Dienstes nach § 41 Satz 1 BT-V keine weitergehenden vertraglichen Nebenpflichten als für die Beschäftigten der Privatwirtschaft. Das BAG hatte über folgenden Fall zu entscheiden:

Der Kläger ist seit Januar 2002 im Bauhof der beklagten Stadt als Arbeiter beschäftigt. Auf das Arbeitsverhältnis fand zunächst der BMT-G und seit dem 1. Oktober 2005 der TVöD Anwendung.

Ende 2005 befand sich der Kläger gut einen Monat wegen des Vorwurfs mehrfacher Verstöße gegen das Betäubungsmittelgesetz in Untersuchungshaft. Im März 2006 kündigte die Beklagte daraufhin das Arbeitsverhältnis fristgemäß. Im Mai 2006 wurde der Kläger wegen unerlaubten Handeltreibens mit Betäubungsmitteln in 20 Fällen zu einer Freiheitsstrafe von drei Jahren und drei Monaten verurteilt. Daraufhin kündigte die beklagte Stadt das Arbeitsverhältnis im August 2006 fristlos.

Der Kläger hat gegen beide Kündigungen Klage erhoben. Das BAG hat entschieden, dass das Arbeitsverhältnis des Klägers jedenfalls durch die fristgemäße Kündigung vom März 2006 nicht beendet worden ist. Die Beklagte hatte diese Kündigung, die allein Gegenstand des Rechtsstreits war, ausschließlich damit begründet, der Kläger habe wegen des Verdachts des mehrfachen Verstoßes gegen das Betäubungsmittelgesetz in Untersuchungshaft gesessen und diese Verstöße eingeräumt.

---

[68] Urt. v. 10.9.2009 = NZA 2010, 220

3 Die konkreten Abmahnungsfälle mit Mustern

Nach der Auffassung des BAG hat der Kläger dadurch weder vertragliche Hauptpflichten noch vertragliche Nebenpflichten verletzt. Nach § 8 Abs. 1 Satz 1 BAT haben zwar Angestellte auch ihr außerdienstliches Verhalten so einzurichten, dass das Ansehen des öffentlichen Arbeitgebers nicht beeinträchtigt wird. Eine außerdienstlich begangene Straftat von einigem Gewicht vermag auf dieser tariflichen Grundlage die verhaltensbedingte Kündigung eines Angehörigen des öffentlichen Dienstes zu rechtfertigen.

Diese Regelungen sind jedoch nicht in den TVöD übernommen worden. Über § 41 BT-V hinausgehende Anforderungen an die private Lebensführung stellt der TVöD nicht mehr, auch nicht an anderer Stelle. § 3 TVöD betrifft nur dienstliche Pflichten. Mit der Neuregelung haben sich die Tarifvertragsparteien — so das BAG — insoweit von ihrer bisherigen Orientierung am Beamtenrecht entfernt und das Arbeitsverhältnis im öffentlichen Dienst als eine „normale Leistungsaustauschbeziehung" ausgestaltet.

Nach der Auffassung des BAG weist das Verhalten des Klägers, das die beklagte Stadt zum Anlass der ordentlichen Kündigung genommen hat, keinen Bezug zum Arbeitsverhältnis auf. Das Vorbringen des Arbeitgebers beschränkte sich in diesem Zusammenhang auf die Tatsache, dass der Kläger wegen des Verdachts des mehrfachen Verstoßes gegen das Betäubungsmittelgesetz in Untersuchungshaft gesessen und er diese Verstöße eingeräumt hat.

Die ordentliche Kündigung sei auch nicht als personenbedingte Kündigung gerechtfertigt. Die Begehung von Straftaten könne zwar Zweifel an der Zuverlässigkeit und Vertrauenswürdigkeit eines Arbeitnehmers begründen. Ob damit ein kündigungsrelevanter personenbedingter Grund vorliegt, hänge von der Art des Delikts und den konkreten Arbeitspflichten des Arbeitnehmers und seiner Stellung im Betrieb ab.

Danach sei — so das BAG — der Kläger zur weiteren Erfüllung seiner Arbeitsaufgaben nicht ungeeignet. Bei der Erledigung seiner Aufgaben als gewerblicher Arbeitnehmer im Bauhof verbinden sich nach der Ansicht des BAG mit seiner Person — anders als in der Regel bei einem hoheitlich tätigen Beschäftigten — keine besonderen Erwartungen der Öffentlichkeit an ein rechtlich korrektes außerdienstliches Verhalten.

Die Entscheidung des BAG auf der Grundlage des TVöD macht deutlich, dass Straftaten im außerdienstlichen Bereich nicht ohne Weiteres — wie vielfach angenommen — eine Kündigung des Arbeitsverhältnisses rechtfertigen. Ob dies der Fall ist, ist vielmehr anhand aller Umstände des Einzelfalles zu prüfen.

Abmahnungstatbestände

In einer weiteren Entscheidung hat das BAG bestätigt, dass die Regelungen des TVöD für die Beschäftigten des öffentlichen Dienstes keine über die in § 41 BT-V genannten Pflichten hinausgehenden Anforderungen an die private Lebensführung stellen.[69] Damit besteht für sie nicht mehr die besondere Pflicht, ihr gesamtes privates Verhalten so einzurichten, dass das Ansehen des öffentlichen Arbeitgebers nicht beeinträchtigt wird.

Allerdings — und dies ist eine wichtige Aussage des BAG — gilt § 241 Abs. 2 BGB auch für die Beschäftigten des öffentlichen Dienstes. Nach dieser Vorschrift kann das Schuldverhältnis nach seinem Inhalt jeden Teil zur Rücksicht auf die Rechte, Rechtsgüter und Interessen des anderen Teils verpflichten. Daraus folgert das BAG, dass die Beschäftigten des öffentlichen Dienstes auch außerhalb der Arbeitszeit verpflichtet sind, auf die berechtigten Interessen des Arbeitgebers Rücksicht zu nehmen.

Ein außerdienstliches Verhalten des Arbeitnehmers kann jedoch die berechtigten Interessen des Arbeitgebers oder anderer Arbeitnehmer grundsätzlich nur beeinträchtigen, wenn es einen Bezug zur dienstlichen Tätigkeit hat, wenn etwa der Arbeitnehmer die Straftat unter Nutzung von Betriebsmitteln oder betrieblichen Einrichtungen begeht. Ein solcher Bezug kann auch dadurch entstehen, dass sich der Arbeitgeber oder andere Arbeitnehmer staatlichen Ermittlungen ausgesetzt sehen oder in der Öffentlichkeit mit der Straftat in Verbindung gebracht werden.

In dem konkreten Fall war der Kläger auf der Grundlage des TVöD als Straßenbauarbeiter bei der beklagten Stadt beschäftigt. Im Februar 2008 befand er sich wegen des Vorwurfs der Zuhälterei und des Menschenhandels in Untersuchungshaft. Nach Erhebung der Anklage wegen Zuhälterei, vorsätzlicher Körperverletzung, erpresserischen Menschenraubs, Erpressung, schweren Menschenhandels und sexueller Nötigung hörte die beklagte Stadt den Kläger am 8.4.2008 zu diesen Vorwürfen an. Der Kläger bestritt deren Berechtigung. Mit rechtskräftigem Urteil vom 21.4.2008 verurteilte das Landgericht den Kläger wegen gemeinschaftlicher Zuhälterei und Körperverletzung zu einer Gesamtfreiheitsstrafe von einem Jahr und zehn Monaten auf Bewährung.

Diese Verurteilung basierte u. a. auf der Feststellung, dass der Kläger mit seinem Gehalt, das er bei der Beklagten erzielte, nicht zufrieden war und einen zusätzli-

---

[69] Urt. v. 28.10.2010 = ZTR 2011, 110; vgl. auch Urt. d. BAG v. 12.5.2011 = NZA 2011, 739 zu Aktivitäten eines Beschäftigten des öffentlichen Dienstes für die NPD; Urt. d. LAG Berlin-Brandenburg v. 13.10.2009 = öAT 2010, 45 zu einem mit Aufgaben der Verkehrsüberwachung betrauten Beschäftigten einer Polizeibehörde, der bei Fahrten mit seinem Motorradclub ein Symbol verwendet, das teilweise für Gesetzlosigkeit und Gewaltbereitschaft steht

chen Verdienst benötigte, um seine Familie zu ernähren. Deshalb hatte er zusammen mit einem weiteren Täter den Entschluss gefasst, im Wege der Zuhälterei Geld zu verdienen.

Im April 2008 waren an mehreren Tagen Presseberichte über den Prozess und die Verurteilung des Klägers erschienen, in denen auch über dessen Tatmotiv berichtet worden war. Daraufhin hörte die beklagte Stadt den bei ihr gebildeten Personalrat zur beabsichtigten Kündigung des Klägers an. Der Personalrat erhob keine Bedenken. Anfang Mai 2008 kündigte die Beklagte das Arbeitsverhältnis fristgerecht.

Die hiergegen erhobene Klage blieb in allen Instanzen erfolglos. Der Kläger hat — so das BAG — seine vertragliche Pflicht zur Rücksichtnahme auf die Interessen der Beklagten erheblich verletzt. Ungeachtet des Charakters der von ihm begangenen Straftat bestehe der erforderliche Zusammenhang mit dem Arbeitsverhältnis. Der Kläger habe die Beklagte mit seiner Tat in Beziehung gebracht. Durch seine — auch in der Presse wiedergegebenen — Äußerungen im Strafverfahren habe er eine Verbindung zwischen seiner angeblich zu geringen Vergütung durch die Beklagte und seinem Tatmotiv hergestellt. Auf diese Weise habe er die Beklagte für sein strafbares Tun „mitverantwortlich" gemacht. Er habe damit deren Integritätsinteresse erheblich verletzt.

In einem weiteren Fall hat das BAG[70] ebenfalls unter Hinweis auf § 241 Abs. 2 BGB die Wirksamkeit einer außerordentlichen Kündigung wegen außerdienstlicher Straftaten gegenüber einem aufgrund des TVK ordentlich nicht mehr kündbaren Orchestermusikers einer städtischen Gesellschaft bestätigt. Der Kläger hatte an Kindern von Kollegen Sexualstraftaten begangen. Das BAG hat zutreffend entschieden, die außerdienstlich begangenen Straftaten hätten einen Bezug zum Arbeitsverhältnis. Einer vorherigen Abmahnung habe es nicht bedurft. Angesichts der Schwere der Pflichtverletzungen sei deren — auch nur erstmalige — Hinnahme durch den Arbeitgeber offensichtlich ausgeschlossen.

Außerdienstlich begangene Straftaten eines im öffentlichen Dienst mit hoheitlichen Aufgaben Beschäftigten können nach der aktuellen Rechtsprechung des BAG[71] auch dann zu einem Eignungsmangel führen, wenn es an einem unmittelbaren Bezug zum Arbeitsverhältnis fehlt. Dies kann eine personenbedingte Kündigung zur Folge haben.

---

[70] Urt. v. 27.1.2011 = NZA 2011, 798
[71] Urt. v. 10.4.2014 = öAT 2014, 230; Urt. v. 20.6.2013 = NZA 2013, 1345

Abmahnungstatbestände

Ähnliche Grundsätze gelten für Arbeitnehmer im kirchlichen Dienst. Auch in diesen Fällen können außerdienstliche Verhaltensweisen, die den Wertvorstellungen der Kirche zuwiderlaufen, arbeitsrechtlich anders zu beurteilen sein. Tritt z. B. eine im Bereich der Evangelischen Kirche beschäftigte Sozialpädagogin, die in einer Beratungsstelle für Erziehungs-, Ehe- und Lebensfragen unmittelbar an der Verwirklichung der karitativen Aufgabe dieser von der Kirche getragenen Einrichtung mitwirkt, aus der Kirche aus, verstößt sie damit nach Auffassung des LAG Rheinland-Pfalz[72] in so schwerwiegender Weise gegen ihre Loyalitätsobliegenheit, dass ein wichtiger Grund für eine außerordentliche Kündigung vorliegt. Da ein Kirchenaustritt nicht nur den Leistungs-, sondern auch den Vertrauensbereich berührt, bedurfte es — so das LAG — vor Ausspruch der Kündigung keiner Abmahnung. Selbst bei einem Wiedereintritt in die Kirche müsste der Arbeitgeber befürchten, dass die Arbeitnehmerin nicht in freier Selbstbestimmung, sondern nur unter Druck erneut Mitglied der Kirche geworden ist.

Das BAG[73] ist der Ansicht, dass Ehebruch nach kirchlichem Selbstverständnis von Mormonen einen außerordentlichen Kündigungsgrund darstellt. Eine vorherige Abmahnung sei entbehrlich. Dies sei nämlich immer dann der Fall, wenn es sich um eine besonders grobe Pflichtverletzung handele und dem Arbeitnehmer die Pflichtwidrigkeit seines Verhaltens ohne weiteres erkennbar war und er mit der Billigung seines Verhaltens durch den Arbeitgeber nicht rechnen konnte.

Abmahnung wegen außerdienstlichen Fehlverhaltens

Vorbemerkung: Eine Abmahnung wegen außerdienstlichen Fehlverhaltens kommt nur in Betracht, wenn dem Arbeitnehmer aufgrund der Auswirkungen dieses Verhaltens auf das Arbeitsverhältnis auch eine arbeitsvertragliche Pflichtverletzung zum Vorwurf gemacht werden kann.

! MUSTERABMAHNUNG

Abmahnung   Datum

Sehr geehrte/r Frau/Herr ...,

am .... haben wir erfahren, dass Sie regelmäßig die Spielbank in .... besuchen und sich dort auch am Glücksspiel beteiligen. So sind Sie am (Tage

---

[72] Urt. v. 9.1.1997 = LAGE § 611 BGB Kirchliche Arbeitnehmer Nr. 8
[73] Urt. v. 24.4.1997 – AP Nr. 27 zu § 611 BGB Kirchendienst

mit Datum einsetzen) am Roulette-Spieltisch beim Spielen gesehen worden. Dieses außerdienstliche Verhalten ist mit Ihrer herausgehobenen Funktion als Abteilungsleiter eines Finanzamtes nicht vereinbar. Ihre Beteiligung am Glücksspiel stellt Ihre Eignung für die Ihnen übertragene Aufgabe sowie die für dieses Amt erforderliche Integrität in Frage und ist darüber hinaus geeignet, das Ansehen des Finanzamtes in der Öffentlichkeit zu beschädigen.

Wir fordern Sie hiermit auf, den Besuch von Spielbanken zu unterlassen. Sollten Sie dieser Aufforderung nicht Folge leisten, müssen Sie mit einer Kündigung Ihres Arbeitsverhältnisses rechnen.

Mit freundlichen Grüßen

3.2.10 Beleidigung

Nach der ständigen Rechtsprechung des BAG können grobe Beleidigungen des Arbeitgebers und/oder seiner Vertreter oder Repräsentanten einerseits oder von Arbeitskollegen andererseits, die nach Form und Inhalt eine erhebliche Ehrverletzung für den bzw. die Betroffenen bedeuten, eine außerordentliche Kündigung „an sich" rechtfertigen.[74]

In diesem Zusammenhang ist eine Entscheidung des BAG zu erwähnen, die sich mit der Kündigung eines Lehrers befasst. Dieser hatte während des Schulunterrichts einen „Judenwitz" mit menschenverachtendem Charakter erzählt. Das BAG hat — im Gegensatz zur Auffassung des LAG — wegen der irreparablen Zerstörung des Vertrauensverhältnisses aufgrund dieses Fehlverhaltens eine vorherige Abmahnung für entbehrlich gehalten.[75]

Da es jedoch keine absoluten Kündigungsgründe gibt, müssen auch hier die Umstände des Einzelfalles gewürdigt werden. Nicht jede Beleidigung rechtfertigt automatisch ohne Abmahnung eine fristlose Kündigung. Vielmehr ist im Rahmen

---

[74] Urt. v. 10.12.2009 = NZA 2010, 698 m.w.N.; Urt. v. 7.7.2011 = NZA 2011, 1412; Urt. v. 27.9.2012 – AP Nr. 240 zu § 626 BGB; vgl. auch Urt. d. LAG Rheinland-Pfalz v. 18.8.2011 = NZA-RR 2012, 16; Urt. d. LAG Hamm v. 10.10.2012 = LAGE § 22 BBiG 2005 Nr. 4

[75] Urt. v. 5.11.1992 = ArbuR 1993, 124; vgl. auch Urt. d. BAG v. 24.11.2005 = AP Nr. 198 zu § 626 BGB, nach dessen Sachverhalt der Arbeitnehmer die betrieblichen Verhältnisse und Vorgehensweisen des Arbeitgebers mit dem nationalsozialistischen Terrorsystem oder mit den in den Konzentrationslagern begangenen Verbrechen verglichen hatte; Urt. d. LAG Rheinland-Pfalz v. 10.6.1997 = LAGE § 1 KSchG Verhaltensbedingte Kündigung Nr. 62 zu einer ausländerfeindlichen und menschenverachtenden Äußerung gegenüber einem ausländischen Kollegen; Urt. d. LAG Köln v. 14.12.1998 = LAGE § 626 BGB Nr. 124 zur Speicherung und Verbreitung sexistischer und rassistischer Witze

einer Gesamtwürdigung das Interesse des Arbeitgebers an der sofortigen Beendigung des Arbeitsverhältnisses gegen das Interesse des Beschäftigten an dessen Fortbestand abzuwägen. Es hat eine Bewertung des Einzelfalls unter Beachtung des Verhältnismäßigkeitsgrundsatzes zu erfolgen. Die Umstände, anhand derer zu beurteilen ist, ob dem Arbeitgeber die Weiterbeschäftigung zumutbar ist oder nicht, lassen sich nicht abschließend festlegen. Zu berücksichtigen sind aber regelmäßig das Gewicht und die Auswirkungen einer Vertragspflichtverletzung, der Grad des Verschuldens des Arbeitnehmers, eine mögliche Wiederholungsgefahr sowie die Dauer des Arbeitsverhältnisses und dessen „störungsfreier" Verlauf.[76]

3.2.11 Benehmen, schlechtes

Ein mit dem allgemeinen Umgangston nicht zu vereinbarendes schlechtes Benehmen (z. B. dem Vorgesetzten ins Wort fallen, Wutausbrüche) stellt nach Auffassung des LAG Düsseldorf[77] noch keine Verletzung der arbeitsvertraglichen Verpflichtung eines Angestellten des öffentlichen Dienstes nach § 8 Abs. 1 Satz 1 BAT dar. Durch diese Bestimmung wird — so das LAG — das von jedem Mitmenschen zu erwartende Mindestmaß an gutem Benehmen nicht zur arbeitsvertraglichen Verpflichtung erhoben. Deshalb bestehe insoweit auch kein Abmahnungsrecht des Arbeitgebers.

Diese Rechtsprechung ist als Einzelfall zu werten und darf nicht verallgemeinert werden. Wenn das unhöfliche Verhalten beleidigenden Charakter annimmt und dadurch eine deutliche Missachtung des Arbeitgebers oder des Vorgesetzten zum Ausdruck gebracht wird, liegt durchaus eine arbeitsvertragliche Pflichtverletzung vor, die mit einer Abmahnung gerügt werden kann. Aus der jedem Arbeitnehmer obliegenden Treuepflicht ergibt sich nämlich die Pflicht zu loyalem und korrektem Verhalten im Rahmen der allgemeinen Anstandsregeln.[78]

Ein Pressefotograf einer Nachrichtenagentur ist zu einem angemessenen Auftreten in der Öffentlichkeit verpflichtet. Er darf den Ruf und die Beziehungen des Arbeitgebers zu Kunden und Informanten nicht durch unkorrektes Verhalten beschädigen. Ein Kündigung deswegen kommt jedoch nach Ansicht des BAG[79] in der Regel nur in Betracht, wenn dem Arbeitnehmer durch eine vergebliche Abmahnung deutlich gemacht worden ist, welches Verhalten der Arbeitgeber von ihm konkret

---

[76] Urt. d. BAG. v. 27.9.2012 (= Fn. 74); vgl. auch Urt. d. LAG Rheinland-Pfalz v. 18.8.2011 = NZA-RR 2012, 16; Urt. d. LAG Köln v. 7.5.2014 = NZA-RR 2015, 20

[77] Urt. v. 22.3.1988 = ZTR 1989, 309; vgl. auch Urt. v. 19.12.1995 = LAGE § 626 BGB Nr. 91

[78] vgl. hierzu Urt. d. ArbG Kaiserslautern v. 16. 1.1990 = ARSt. 1990, 101

[79] Urt. v. 23.6.2009 = NZA 2009, 1168 (L); vgl. hierzu auch Conze in öAT 2010, 153, 154

erwartet. In dem entschiedenen Fall hatte der Pressefotograf, der den Ort eines Eisenbahnunglücks aufgesucht hatte, gegenüber der Polizei trotz Aufforderung seinen Presseausweis nicht vorgezeigt. Daraufhin wurde ihm ein Platzverweis erteilt.

Nach Ansicht des LAG Schleswig-Holstein[80] ist eine Abmahnung nicht unverhältnismäßig, wenn sich der Arbeitnehmer im Rahmen der Kommunikation mit Kunden, insbesondere bei schriftlicher Korrespondenz, unhöflich verhält. Dies ist zutreffend, wenn — wie in dem entschiedenen Fall — der Arbeitnehmer nicht spontan reagieren muss, sondern sogar noch Zeit hat, sich eine Antwort zu überlegen und ggf. seine Formulierungen zu überprüfen und zu berichtigen. In einem solchen Fall kann das Verhalten nicht als entschuldbarer „Ausrutscher" gewertet werden.

Abmahnung wegen ungehörigen Benehmens

Vorbemerkung: Sofern das Verhalten des Arbeitnehmers nicht bereits ohne Abmahnung eine Kündigung rechtfertigt, ist vor allem darauf zu achten, den Vorwurf nicht nur in pauschaler Form zu erheben, sondern in der Abmahnung möglichst genau zu umschreiben.

MUSTERABMAHNUNG

Abmahnung   Datum

Sehr geehrte/r Frau/Herr ...,

am .... sind Sie von Ihrem Vorgesetzten, Herrn Schäfer, um .... Uhr zu einer Rücksprache gebeten worden. Im Verlauf dieses Gesprächs hat Ihnen Herr Schäfer Vorhaltungen wegen der nicht fristgerechten Bearbeitung verschiedener Kundenaufträge gemacht. Auf seine Frage, weshalb die Aufträge nicht fristgerecht erledigt worden seien, haben Sie ungehalten reagiert und in lautstarkem Tonfall etwa wörtlich geäußert: „Sie haben ja keine Ahnung, was in unserer Abteilung los ist." Daraufhin sind Sie aufgestanden, haben das Zimmer von Herrn Schäfer verlassen und seine Zimmertür zugeknallt.
Wir weisen Sie hiermit ausdrücklich darauf hin, dass wir ein derartiges Verhalten nicht hinnehmen. Herr Schäfer hat als Ihr Vorgesetzter sowohl das Recht, Sie zu einer Rücksprache zu bestellen, als auch die Befugnis, Ihnen Vorhaltungen zu machen, wenn Sie Ihre Aufgaben nicht ordnungsgemäß erfüllen. Ihr

---

[80] Urt. v. 20.5.2014 – 2 Sa 17/14 -

Abmahnungstatbestände

Verhalten stellt eine Missachtung der Person von Herrn Schäfer und damit zugleich auch ein nicht akzeptables Verhalten gegenüber Ihrem Arbeitgeber dar. Sollten Sie sich erneut eine derartige oder ähnliche Pflichtverletzung zuschulden kommen lassen, müssen Sie damit rechnen, dass der Inhalt oder Bestand Ihres Arbeitsverhältnisses gefährdet ist.

Mit freundlichen Grüßen

3.2.12 Betrug

Im Falle eines auch strafrechtlich relevanten Betrugs (§ 263 StGB) zum Nachteil des Arbeitgebers liegt eine so schwerwiegende Störung des Vertrauensbereichs vor, dass dem Arbeitgeber eine vorherige Abmahnung nicht zugemutet werden kann. Er ist vielmehr in solchen Fällen ohne weiteres zur Kündigung des Arbeitsverhältnisses berechtigt, da das Vertrauensverhältnis in erheblicher Weise beeinträchtigt, wenn nicht sogar zerstört wird. Für den Arbeitnehmer ist sein pflichtwidriges Verhalten ohne weiteres erkennbar, und er kann nicht damit rechnen, dass der Arbeitgeber sein Fehlverhalten billigt.[81]

Eine Steuerhinterziehung in erheblicher Höhe ist bei einem Angestellten einer Finanzbehörde als wichtiger Grund zur fristlosen Kündigung an sich selbst dann geeignet, wenn der Angestellte die Hinterziehung selbst angezeigt hat. Dies hat das BAG[82] entschieden und zugleich festgestellt, es habe vor dem Ausspruch der außerordentlichen Kündigung keiner Abmahnung bedurft.

Einem Chefarzt, der über mehrere Jahre hinweg vertragswidrig mehr als 600.000 DM Nebeneinnahmen nicht angezeigt und damit mehr als 160.000 DM Nutzungsentgelt für Nebentätigkeiten nicht an das Krankenhaus abgeführt hat, kann außerordentlich ohne vorherige Abmahnung gekündigt werden. Dies hat das LAG Köln[83] entschieden.

Im Anschluss an die sog. Emmely-Entscheidung[84] hat das BAG bestätigt, dass zum Nachteil des Arbeitgebers begangene Vermögensdelikte typischerweise als wich-

---

[81] vgl. Urt. d. LAG Frankfurt v. 5.7.1988 = LAGE § 1 KSchG Verhaltensbedingte Kündigung Nr. 20, das in einem besonderen Ausnahmefall eine ordentliche Kündigung für unwirksam gehalten hat; vgl. außerdem Urt. d. LAG Düsseldorf v. 5.6.1998 = LAGE § 626 BGB Nr. 119
[82] Urt. v. 21.6.2001 – AP Nr. 5 zu § 54 BAT
[83] Urt. v. 20.11.1990 – 9 Sa 452/90 – n.v.
[84] Urt. v. 10.6.2010 = NZA 2010, 1227

tiger Grund für eine außerordentliche Kündigung in Betracht kommen. Dies gilt unabhängig von der Höhe des dem Arbeitgeber entstandenen Schadens.[85] In dem Fall ging es um die bestimmungswidrige Einlösung von Rabatt-Coupons im Wert von 36 Euro. Das BAG hat die Wirksamkeit der im April 2007 gegenüber der seit 1994 beschäftigten Klägerin, einer Verkäuferin und Kassiererin, ausgesprochene außerordentliche Kündigung bestätigt. Eine Abmahnung oder ordentliche Kündigung als mildere Reaktionsmöglichkeit sei nach den Umständen des Falles dem Arbeitgeber nicht zumutbar gewesen. Die Klägerin habe die Gutscheine in Bereicherungsabsicht zweckwidrig verwendet. Dieses Urteil desselben Senats (Zweiter Senat) bestätigt letztlich, dass mit der sog. Emmely-Entscheidung keine Trendwende in der Rechtsprechung des BAG eingeleitet worden ist.

Die Manipulation von Akten durch den Arbeitnehmer zu dem Zweck, Pflichtverstöße zu verschleiern und eine korrekte Aufgabenerfüllung vorzutäuschen, kann auch ohne Abmahnung geeignet sein, die ordentliche Kündigung eines langjährigen Arbeitsverhältnisses zu rechtfertigen.[86]

3.2.13 Datenschutz, Verletzung des ...

Literatur: Schrader/Dohnke, Abmahnung und Datenschutz, NZA-RR 2012, 617

Die vorsätzliche Missachtung des Datenschutzes kann je nach den Umständen des Einzelfalles eine Kündigung ohne vorherige Abmahnung rechtfertigen. Das Arbeitsgericht Marburg[87] hat hierzu die Ansicht vertreten, der unerlaubte Einblick in die Personal- und Gehaltsdaten Dritter stelle einen schwerwiegenden Vertrauensbruch und Eingriff in geschützte Daten dar. Außerdem könne dadurch der Betriebsfrieden beträchtlich gestört werden. Deshalb sei ohne vorherige Abmahnung eine ordentliche Kündigung gerechtfertigt.

Dieser Auffassung ist zuzustimmen. Wer die Persönlichkeitssphäre Dritter bewusst missachtet, muss sich darüber im Klaren sein, dass dieses Fehlverhalten nicht nur von dem betroffenen Dritten, sondern auch vom Arbeitgeber nicht hingenommen werden kann. Eine Abmahnung ist in solchen Fällen regelmäßig nicht geeignet, das verloren gegangene Vertrauen wieder herzustellen.

---

[85] Urt. v. 16.12.2010 = NZA 2011, 571
[86] Urt. d. BAG v. 23.1.2014 = ZTR 2014, 556
[87] Urt. v. 27.5.1994 = ARSt. 1995, 8

Abmahnungstatbestände

3.2.14 Demonstration, Teilnahme an …

Für zulässig hat das BAG die Abmahnung gegenüber einer Lehrerin gehalten, die wegen ihrer Teilnahme an einer Demonstration Unterricht hatte ausfallen lassen.[88] Ein angestellter Lehrer habe kein Recht, Unterricht ausfallen zu lassen, um an einer gewerkschaftlichen Demonstration teilzunehmen, mit der auf soziale Missstände hingewiesen werden sollte und die nicht der Durchsetzung tariflicher Forderungen diente.

Auch das LAG Schleswig-Holstein[89] hat entschieden, der Arbeitgeber könne die Teilnahme an politischen Demonstrationen während der Arbeitszeit verbieten. Nehme der Arbeitnehmer trotzdem teil, könne er rechtswirksam abgemahnt werden. Grundrechte stünden dem nicht entgegen. Der Arbeitnehmer verstoße in schwerwiegender Weise gegen seine arbeitsvertragliche Hauptleistungspflicht, wenn er entgegen dem ausdrücklich geäußerten Willen seines Arbeitgebers den Arbeitsplatz verlasse.

Abmahnung wegen Teilnahme an einer Demonstration

Vorbemerkung: Eine Abmahnung kommt nur in Betracht, wenn die Teilnahme an einer Demonstration als arbeitsvertragliche Pflichtverletzung gewertet werden kann. Etwas anderes gilt z. B. bei der Teilnahme an einem rechtmäßigen Warnstreik.

! MUSTERABMAHNUNG

Abmahnung   Datum

Sehr geehrte/r Frau/Herr …,

am ……. haben Sie während Ihrer Arbeitszeit von ……. bis ……. Uhr an einer Demonstration gegen die Schließung der Firma Müller AG teilgenommen, obwohl Ihr Vorgesetzter, nachdem er von Ihrer Absicht erfahren hatte, Sie ausdrücklich darauf hingewiesen hat, dass trotz aller Solidarität mit den Arbeitnehmern der Firma Müller AG die Arbeitsniederlegung zum Zweck der Teilnahme an der Demonstration von ihm nicht gebilligt wird, und er Sie aufgefordert hat, Ihre Arbeit fortzusetzen.

---

[88] Beschl. v. 23.10.1984 – AP Nr. 82 zu Art. 9 GG Arbeitskampf
[89] Urt. v. 18.1.1995 – AP Nr. 17 zu § 611 BGB Abmahnung

Sie haben sich über diese Aufforderung Ihres Vorgesetzten hinweggesetzt und damit in erheblicher Weise Ihre Hauptleistungspflicht verletzt. Dieses Fehlverhalten können wir nicht unbeanstandet lassen.

Wir weisen Sie ausdrücklich darauf hin, dass wir nur mit Rücksicht auf Ihre langjährige Betriebszugehörigkeit davon Abstand genommen haben, Ihnen zu kündigen. Dies ändert jedoch nichts daran, dass wir Ihr Fehlverhalten hiermit ausdrücklich rügen. Sie müssen sich darüber im Klaren sein, dass Sie bei einer weiteren arbeitsvertraglichen Pflichtverletzung mit der Kündigung Ihres Arbeitsverhältnisses rechnen müssen.

Mit freundlichen Grüßen

3.2.15 Diebstahl

Literatur: Hunold, Rechtsprechung zur Kündigung wegen Vertrauensbruchs nach „Emmely", NZA-RR 2011, 561; Klueß, Geringwertige Vermögensdelikte — Keine zwangsläufige Entlassung, NZA 2009, 337; Pawlak/Geißler, Bagatellkündigungen im öffentlichen Dienst — Rechtsprechungsänderung durch „Emmely"?, öAT 2011, 270; Walker, Die Kündigung wegen eines Bagatelldelikts, Geklärte und ungeklärte Fragen nach der „Emmely"-Entscheidung des BAG, NZA 2011, 1

Diebstahl zum Nachteil des Arbeitgebers oder von Arbeitskollegen rechtfertigt ohne vorherige Abmahnung eine Kündigung des Arbeitsverhältnisses, wobei es von den Umständen des Einzelfalles abhängig ist, ob die Kündigung als außerordentliche oder nur als ordentliche erfolgversprechend ist.

Auch die rechtswidrige und schuldhafte Entwendung einer im Eigentum des Arbeitgebers stehenden Sache von geringem Wert durch den Arbeitnehmer ist nach der ständigen Rechtsprechung des BAG[90] an sich geeignet, einen wichtigen Grund zur außerordentlichen Kündigung abzugeben. Ob ein solches Verhalten ausreicht, eine außerordentliche Kündigung zu rechtfertigen, hängt von der unter Berücksichtigung der konkreten Umstände des Einzelfalles vorzunehmenden Interessenabwägung ab. Eine vorherige Abmahnung ist ausnahmsweise nur dann erfor-

---

[90] Urt. v. 17.5.1984 – AP Nr. 14 zu § 626 BGB Verdacht strafbarer Handlung; Urt. v. 13.12.1984 – AP Nr. 81 zu § 626 BGB; Urt. v. 12.8.1999 – AP Nr. 28 zu § 626 BGB Verdacht strafbarer Handlung; Urt. v. 11.12.2003 – AP Nr. 179 zu § 626 BGB; Urt. v. 13.12.2007 = NZA 2008, 1008; Urt. d. LAG Rheinland-Pfalz v. 25.1.2008 – 9 Sa 662/07; Urt. d. LAG Rheinland-Pfalz v. 30.1.2009 = NZA-RR 2009, 303; Urt. d. LAG Schleswig-Holstein v. 29.9.2010 = NZA-RR 2011, 126; Urt. d. LAG Baden-Württemberg v. 30.9.2010 = NZA-RR 2011, 76; Urt. d. LAG Berlin-Brandenburg v. 10.2.2012 = NZA 6/2012 S. XI; Urt. d. LAG Rheinland-Pfalz v. 3.5.2012 = NZA-RR 2012, 520

Abmahnungstatbestände

derlich, wenn der Arbeitnehmer mit vertretbaren Gründen, etwa aufgrund einer unklaren Regelung oder Anweisung, annehmen konnte, sein Verhalten sei nicht vertragswidrig oder werde vom Arbeitgeber zumindest nicht als ein erhebliches, den Bestand des Arbeitsverhältnisses gefährdendes Fehlverhalten angesehen. Diese Ausnahme liegt jedoch nicht vor, wenn sich der Arbeitnehmer selbst des Unrechts seiner Tat bewusst gewesen ist.

Diese Rechtsprechung hat das BAG mit der sog. Emmely-Entscheidung[91] ausdrücklich bestätigt und fortgeführt. Wegen der großen Beachtung sowohl in den Medien als auch im Fachschrifttum soll ausführlicher als sonst üblich auf diese Entscheidung eingegangen werden. Es handelt sich um den Fall einer Verkäuferin mit Kassentätigkeit, die zwei ihr nicht gehörende Leergutbons im Wert von insgesamt 1,30 Euro bei einem Einkauf zum eigenen Vorteil eingelöst hatte. Ihr war deswegen außerordentlich und hilfsweise ordentlich gekündigt worden. Das BAG hat beide Kündigungen für unwirksam erklärt.

Nach dem ersten Leitsatz der Entscheidung hält der Zweite Senat an seiner Rechtsprechung fest, wonach rechtswidrige und vorsätzliche Handlungen des Arbeitnehmers, die sich unmittelbar gegen das Vermögen des Arbeitgebers richten, auch dann ein wichtiger Grund zur außerordentlichen Kündigung sein können, wenn die Pflichtverletzung Sachen von nur geringem Wert betrifft oder nur zu einem geringfügigen, möglicherweise gar keinem Schaden geführt hat.

Das BAG hat ausdrücklich betont, die entgegenstehende Ansicht, Pflichtverletzungen im Vermögensbereich bei Geringfügigkeit aus dem Anwendungsbereich des § 626 Abs. 1 BGB herauszunehmen, überzeuge nicht. Ein Arbeitnehmer, der die Integrität von Eigentum und Vermögen seines Arbeitgebers vorsätzlich und rechtswidrig verletzt, zeigt nach der zutreffenden Ansicht des BAG ein Verhalten, das geeignet ist, die Zumutbarkeit seiner Weiterbeschäftigung in Frage zu stellen. Die durch ein solches Verhalten ausgelöste Erschütterung der für die Vertragsbeziehung notwendigen Vertrauensgrundlage tritt unabhängig davon ein, welche konkreten wirtschaftlichen Schäden mit ihr verbunden sind. Aus diesem Grund sei die Festlegung einer nach dem Wert bestimmten Relevanzschwelle mit § 626 Abs. 1 BGB nicht zu vereinbaren (a.A. noch Klueß in NZA 2009, 337 in Anlehnung an § 248a StGB).

Das BAG sieht darin auch keinen Widerspruch zu der in § 248a StGB getroffenen Wertung. Nach dieser Bestimmung werden Diebstahl und Unterschlagung geringwertiger Sachen nur auf Antrag oder bei besonderem öffentlichen Interesse ver-

---
[91] Urt. v. 10.6.2010 = NZA 2010, 1227

folgt. Der Vorschrift liegt eine Einschätzung des Gesetzgebers darüber zugrunde, ab welcher Grenze staatliche Sanktionen für Rechtsverstöße in diesem Bereich zwingend geboten sind.

Ein solcher Ansatz ist — so das BAG — dem Schuldrecht fremd. Hier geht es um störungsfreien Leistungsaustausch. Die Berechtigung einer verhaltensbedingten Kündigung ist nicht daran zu messen, ob diese — vergleichbar einer staatlichen Maßnahme — als Sanktion für den fraglichen Vertragsverstoß angemessen ist. Statt des Sanktionsprinzips gilt das Prognoseprinzip. Eine verhaltensbedingte Kündigung ist gerechtfertigt, wenn eine störungsfreie Vertragserfüllung in Zukunft nicht mehr zu erwarten ist und künftigen Pflichtverstößen demnach nur durch die Beendigung der Vertragsbeziehung begegnet werden kann.

Das BAG hat im vorliegenden Fall eine erhebliche, die Schwelle zum wichtigen Grund überschreitende Pflichtverletzung der Klägerin angenommen. Gleichwohl sei die von der Beklagten erklärte fristlose Kündigung bei Beachtung aller Umstände des vorliegenden Falls und nach Abwägung der widerstreitenden Interessen nicht gerechtfertigt. Als Reaktion der Beklagten auf das Fehlverhalten der Klägerin hätte nach der Ansicht des BAG eine Abmahnung ausgereicht.

Das BAG hebt in einem zweiten Leitsatz den Grundsatz hervor, dass das Gesetz auch im Zusammenhang mit strafbaren Handlungen des Arbeitnehmers keine absoluten Kündigungsgründe kennt. Es bedarf stets einer umfassenden, auf den Einzelfall bezogenen Prüfung und Interessenabwägung dahingehend, ob dem Kündigenden die Fortsetzung des Arbeitsverhältnisses trotz der eingetretenen Vertrauensstörung — zumindest bis zum Ablauf der Kündigungsfrist — zumutbar ist oder nicht. Dies ist nichts Neues.

Bei der Prüfung, ob dem Arbeitgeber eine Weiterbeschäftigung des Arbeitnehmers trotz Vorliegens einer erheblichen Pflichtverletzung zumutbar ist, hat eine Bewertung des Einzelfalls unter Beachtung des Grundsatzes der Verhältnismäßigkeit zu erfolgen. Hierbei sind regelmäßig das Gewicht und die Auswirkungen einer Vertragspflichtverletzung (etwa im Hinblick auf das Maß eines durch sie bewirkten Vertrauensverlusts und ihre wirtschaftlichen Folgen), der Grad des Verschuldens des Arbeitnehmers, eine mögliche Wiederholungsgefahr sowie die Dauer des Arbeitsverhältnisses und dessen störungsfreier Verlauf zu berücksichtigen.

Als mildere Reaktionen gegenüber der außerordentlichen Kündigung sind insbesondere die Abmahnung und die ordentliche Kündigung anzusehen. Die Notwendigkeit der Prüfung, ob eine ordentliche Kündigung als Reaktion ausgereicht hätte, folgt schon aus dem Wortlaut des § 626 Abs. 1 BGB. Das weitergehende Prüfungs-

Abmahnungstatbestände

erfordernis, ob nicht schon eine Abmahnung ausreichend gewesen wäre, folgt aus dem Verhältnismäßigkeitsgrundsatz und trägt zugleich dem Prognoseprinzip bei der verhaltensbedingten Kündigung Rechnung. Das Erfordernis gilt auch bei Störungen im Vertrauensbereich. Es ist nicht stets und von vornherein ausgeschlossen, verlorenes Vertrauen durch künftige Vertragstreue zurückzugewinnen.

Im vorliegenden Fall sei eine Abmahnung nicht entbehrlich gewesen. Das Verhalten der Klägerin sei zwar eine objektiv schwerwiegende, das Vertrauensverhältnis der Parteien erheblich belastende Pflichtverletzung, die den Kernbereich ihrer Arbeitsaufgaben berührt. Das LAG habe jedoch den für die Klägerin sprechenden Besonderheiten nicht hinreichend Rechnung getragen. Sie hatte an der Kasse in unmittelbarer Anwesenheit ihrer Vorgesetzten bei einer nicht befreundeten Kollegin nicht abgezeichnete Leergutbons im Wert von insgesamt 1,30 Euro eingelöst. Dass sie mangels Abzeichnung nach den betrieblichen Regelungen keinen Anspruch auf eine Gutschrift hatte, war für die Kassenmitarbeiterin und die Vorgesetzte offenkundig und nicht zu übersehen. Das wusste auch die Klägerin und zeigt, dass sie ihr Verhalten fälschlicherweise als notfalls tolerabel oder jedenfalls korrigierbar eingeschätzt haben mag und sich eines gravierenden Unrechts offenbar nicht bewusst war.

Für die Zumutbarkeit der Beschäftigung kann es von erheblicher Bedeutung sein, ob der Arbeitnehmer bereits geraume Zeit in einer Vertrauensstellung beschäftigt war, ohne vergleichbare Pflichtverletzungen begangen zu haben. Das gilt auch bei Pflichtverstößen im unmittelbaren Vermögensbereich. Eine für lange Jahre ungestörte Vertrauensbeziehung zweier Vertragspartner wird — so das BAG — nicht notwendig schon durch eine erstmalige Vertrauensenttäuschung vollständig und unwiederbringlich zerstört. Die Klägerin habe durch eine beanstandungsfreie Tätigkeit als Verkäuferin und Kassiererin über 30 Jahre hinweg Loyalität zur Beklagten gezeigt.

Wenn allerdings „eine erhebliche, die Schwelle zum wichtigen Grund überschreitende Pflichtverletzung" vorliegt — und genau davon ist das BAG ausgegangen —, leuchtet es nicht ein, warum im Rahmen der Interessenabwägung und der Zumutbarkeitsprüfung nur mit dem Kündigungsvorfall vergleichbare Pflichtverletzungen eine Rolle spielen sollen. Ein „störungsfreier Verlauf" — so die Formulierung des BAG — liegt eben nicht vor, wenn der Arbeitnehmer vor der Kündigung wegen anderer, nicht mit der Kündigung in Zusammenhang stehender Pflichtverletzungen abgemahnt worden ist.

3 Die konkreten Abmahnungsfälle mit Mustern

Richtig ist, dass das Vorliegen eines wichtigen Grundes für sich allein nicht zur Rechtfertigung einer außerordentlichen Kündigung ausreicht. Dies ändert nichts daran, dass aufgrund der Emmely-Entscheidung die „Prozessergebnis-Prognose" für den Arbeitgeber aufgrund des im Abmahnungsrecht neuerdings geltenden „Prognoseprinzips" erheblich unsicherer geworden ist. Dies macht die ein halbes Jahr später von demselben Senat getroffene Entscheidung[92] deutlich: Das BAG hat die Wirksamkeit einer außerordentlichen Kündigung trotz langjähriger Beschäftigung der Klägerin (allerdings „nur" 13 Jahre) und trotz der Erstmaligkeit des Vorfalls (missbräuchliche Verwendung von Gutscheinen für Personaleinkauf in Höhe von 36 Euro) bestätigt. Eine Abmahnung sei entbehrlich, und auch die Einhaltung der ordentlichen Kündigungsfrist sei dem Arbeitgeber nicht zumutbar. Auch diese Klägerin war Verkäuferin und Kassiererin.

Im Fall „Emmely" hat das BAG demgegenüber nicht nur die außerordentliche Kündigung für unwirksam erklärt, sondern auch die von dem Arbeitgeber hilfsweise ausgesprochene ordentliche Kündigung. Diese sei sozial ungerechtfertigt. Sie sei auf denselben Lebenssachverhalt gestützt wie die außerordentliche Kündigung, und der Beklagten sei es aus den dargelegten Gründen zumutbar gewesen, auf das mildere Mittel der Abmahnung zurückzugreifen. Diese Begründung ist auffallend kurz.

Zusammenfassend ist gleichwohl festzuhalten, dass das Urteil des BAG nicht als Aufgabe seiner früheren Rechtsprechung[93], sondern als dessen Fortführung zu werten ist. Die Auffassung von Conze (öAT 2010, 153), dieses Urteil stelle „ein deutliches Abrücken des BAG von seiner bisherigen Kündigungsrechtsprechung betr. Bagatelldelikte" dar, teilt der Verfasser nicht. Der Verhältnismäßigkeitsgrundsatz muss auch bei Störungen im Vertrauensbereich gelten.

Der althergebrachte und vom BAG nochmals verdeutlichte Grundsatz, dass es keine absoluten Kündigungsgründe gibt, muss den Arbeitgeber in allen Fällen veranlassen, unter Verhältnismäßigkeitsgesichtspunkten zu prüfen, ob ihm eine mildere Maßnahme als die fristlose Kündigung möglich ist.

Das lange „ungestörte" Vertrauensverhältnis — so das BAG in der Emmely-Entscheidung — wirft zwangsläufig die Frage nach der Wirkungsdauer von Abmahnungen auf, die vor dem Hintergrund dieser Entscheidung eine neue Dimension erhält.

---

[92] Urt. v. 16.12.2010 = NZA 2011, 571

[93] ebenso Pawlak/Geißler in öAT 2011, 270, die zutreffend auf das nachfolgende Urt. desselben Senats v. 16.12.2010 hinweisen; vgl. hierzu weiter oben und Kapitel „Betrug"

Abmahnungstatbestände

3.2.16 Führungseigenschaften, fehlende

Wenn der Arbeitgeber bei Vorgesetzten Führungsschwäche bzw. fehlende Führungseigenschaften feststellt, die die Arbeitsabläufe und/oder die betriebliche Zusammenarbeit beeinträchtigen, muss er zunächst eine Abmahnung aussprechen, bevor er deswegen kündigen kann.[94] Dabei ist allerdings zu beachten, dass gerade in solchen Fällen die Formulierung einer Abmahnung sehr schwierig ist. Da eine Abmahnung eine arbeitsvertragliche Pflichtverletzung voraussetzt, die gerügt werden soll, muss geprüft werden, welche konkreten Versäumnisse dem Vorgesetzten vorzuwerfen sind. Allgemeine Aussagen reichen nicht aus, um eine Abmahnung zu begründen.

Bei fehlenden Führungseigenschaften eines ersten Konzertmeisters im Symphonieorchester hat das BAG eine Abmahnung nicht etwa mangels Erfolglosigkeit als entbehrlich angesehen.[95] Führungsmängel können nach Meinung des BAG die verschiedensten Ursachen haben und gerade im künstlerischen Bereich auch auf einer Fehleinschätzung der Erfordernisse und Erwartungen beruhen.

Abmahnung wegen fehlender Führungseigenschaften

Vorbemerkung: Eine Abmahnung wegen fehlender Führungseigenschaften ist problematisch. Da Gegenstand einer Abmahnung nur arbeitsvertragliche Pflichtverletzungen sein dürfen, muss darauf geachtet werden, das Fehlverhalten nicht nur genau zu umschreiben, sondern auch in Beziehung zu den arbeitsvertraglichen Pflichten zu setzen.

! MUSTERABMAHNUNG

Abmahnung   Datum

Sehr geehrter Herr ...,

als Chefarzt sind Sie für die Leitung der Chirurgischen Fachabteilung unseres Hauses verantwortlich. In letzter Zeit häufen sich Beschwerden Ihrer nachgeordneten Ärzte sowie von Ärzten aus anderen Fachabteilungen über die mangelnde Führung Ihrer Abteilung.

---

[94] Urt. d. BAG v. 29.7.1976 – AP Nr. 9 zu § 1 KSchG Verhaltensbedingte Kündigung; vgl. hierzu auch Urt. d. LAG Köln v. 23.5.2002 = DB 2003, 451; Urt. d. LAG Schleswig-Holstein v. 27.11.2008 = LAGE § 1 KSchG Personenbedingte Kündigung Nr. 23
[95] Urt. v. 29.7.1976 (= Fn. 94)

Konkret wird Ihnen zum Vorwurf gemacht, dass Sie am .... eine fachärztliche Konsultation mit der Begründung abgelehnt haben, Sie hätten jetzt keine Zeit, obwohl Ihr Kollege Dr. Franz Sie ausdrücklich auf die Dringlichkeit der Angelegenheit hingewiesen hatte und für ihn nicht erkennbar war, welche zu diesem Zeitpunkt angeblich wichtigere Aufgabe von Ihnen zu erledigen war.

Außerdem hat es am .... Irritationen wegen des Bereitschaftsdienstes gegeben, weil Sie sowohl gegenüber Herrn Dr. Müller als auch gegenüber Herrn Dr. Paul erklärt hatten, sie müssten für den kurzfristig erkrankten Kollegen Dr. Johann einspringen.

Nicht zuletzt haben Sie am .... während der nachmittäglichen Visite im Zimmer der Patientin P. dem zuständigen Stationsarzt Dr. Paul im Beisein mehrerer Kollegen und Pflegekräfte Vorhaltungen gemacht, er habe die Patientin nicht ordnungsgemäß untersucht und ihr ein falsches Medikament verordnet.

Wir weisen Sie hiermit ausdrücklich darauf hin, dass wir dieses Verhalten nicht billigen können. Sie sind nicht nur für die ordnungsgemäße Organisation des Bereitschaftsdienstes verantwortlich, sondern auch dazu verpflichtet, die fachliche Anleitung der Ihnen nachgeordneten Ärzte so durchzuführen, dass niemand in Anwesenheit Dritter herabgesetzt wird und dadurch sein Ansehen nicht nur bei den Kollegen, sondern auch bei Patienten in Mitleidenschaft gezogen wird. Im Übrigen erwarten wir, dass Sie der Bitte nach fachärztlicher Konsultation nachkommen, wenn nicht wirklich dringendere anderweitige Verpflichtungen dem entgegenstehen.

Sollte Ihr Verhalten erneut Anlass zu Beanstandungen geben, müssen Sie mit einer Gefährdung von Inhalt oder Bestand Ihres Arbeitsverhältnisses rechnen.

Mit freundlichen Grüßen

3.2.17 Gewerkschaftliche Werbung

Ob gewerkschaftliche Werbung im Betrieb abmahnungsrelevant sein kann, bedarf einer sorgfältigen Prüfung. Der Schutz des Art. 9 GG beschränkt sich nämlich nach der Rechtsprechung des Bundesverfassungsgerichts[96] nicht auf diejenigen Tätigkeiten, die für die Erhaltung und Sicherung des Bestandes der Koalition unerlässlich sind; er umfasst vielmehr alle koalitionsspezifischen Verhaltensweisen. Dazu gehört z. B. auch die Mitgliederwerbung. Im Einzelfall sind daher der Schutz des Arbeitnehmers nach Art. 9 Abs. 3 GG einerseits und die wirtschaftliche Betätigungsfreiheit des Arbeitgebers nach Art. 2 Abs. 1 GG andererseits gegeneinander

---

[96] Beschl. v. 14.11.1995 – AP Nr. 80 zu Art. 9 GG. Das BVerfG hat damit das Urt. d. BAG v. 13.11.1991 (AP Nr. 7 zu § 611 BGB Abmahnung) aufgehoben.

abzuwägen. Nur bei Störungen des Betriebsablaufs und des Betriebsfriedens kann daher eine arbeitsvertragliche Pflichtverletzung und damit eine Abmahnung in Betracht kommen.

Abmahnung wegen gewerkschaftlicher Werbung

Vorbemerkung: Bei einer Abmahnung wegen gewerkschaftlicher Werbung im Betrieb ist im Hinblick auf Art. 9 Abs. 3 GG besondere Vorsicht geboten. Dies gilt erst recht, wenn ein Betriebsrats- oder Personalratsmitglied abgemahnt werden soll.

MUSTERABMAHNUNG

Abmahnung   Datum

Sehr geehrte/r Frau/Herr ...,

Ihr nachfolgend dargestelltes Verhalten gibt uns Veranlassung, Sie auf die ordnungsgemäße Erfüllung Ihrer arbeitsvertraglichen Pflichten hinzuweisen.
Am .... haben Sie in der Zeit von .... bis .... Uhr — also während der Arbeitszeit und außerhalb der Frühstückspause / Mittagspause / Schichtpause — Informationsbroschüren der Gewerkschaft X verteilt und bei dieser Gelegenheit mehrere Minuten andauernde Gespräche mit einzelnen Mitarbeitern geführt, so dass diese Ihre Arbeit für den entsprechenden Zeitraum unterbrechen mussten. Außerdem haben sich die Mitarbeiter Fischer, Meier und Müller darüber beschwert, dass Sie die Werbungsgespräche für die Gewerkschaft X fortgesetzt haben, obwohl alle drei Mitarbeiter Ihnen gegenüber ausdrücklich erklärt haben, an einer Mitgliedschaft sowie an dem Informationsmaterial kein Interesse zu haben.
Wir brauchen gewerkschaftliche Werbung im Betrieb nur insoweit zu dulden, als hierdurch der Betriebsablauf und der Betriebsfrieden nicht gestört werden. Sie haben diese Grenzen nicht beachtet und damit eine arbeitsvertragliche Pflichtverletzung begangen.
Wir erwarten von Ihnen, dass Sie künftig die vorstehend genannten Vorgaben einhalten. Sollten Sie erneut Anlass zu Beanstandungen geben, müssen Sie mit einer Kündigung Ihres Arbeitsverhältnisses rechnen.

Mit freundlichen Grüßen

3.2.18 Gruppenarbeit

Wenn bei einer aus zwei Personen bestehenden Eigengruppe die Arbeitsleistung nicht getrennt erbracht werden kann, scheidet eine Einzelkündigung aus verhaltensbedingten Gründen aus; einer Eigengruppe kann dann nur gemeinsam gekündigt werden. Vor einer verhaltensbedingten Kündigung gegenüber einer solchen Eigengruppe ist nicht nur das Gruppenmitglied abzumahnen, das einen Vertragsverstoß begangen hat. Auch gegenüber dem anderen Gruppenmitglied ist eine Abmahnung auszusprechen. Dies hat das LAG Sachsen-Anhalt[97] im Falle von Herbergseltern entschieden, wobei allein der Herbergsmutter finanzielle Unregelmäßigkeiten zum Vorwurf gemacht werden konnten.

Abmahnung wegen Pflichtverletzung eines Gruppenmitglieds bei Gruppenarbeit

Vorbemerkung: Bei der Abmahnung gegenüber einem Gruppenmitglied, das die Pflichtverletzung nicht begangen hat, ist darauf zu achten, die Abmahnung besonders sorgfältig und zurückhaltend zu formulieren. Da bislang lediglich eine Gerichtsentscheidung zu dieser Thematik vorliegt, ist fraglich, ob eine Abmahnung, die keine arbeitsvertragliche Pflichtverletzung zum Inhalt hat, Bestand haben kann.

! MUSTERABMAHNUNG

Abmahnung   Datum

Sehr geehrte Frau ...,

Ihr Ehemann hat nachweislich entgegen einer bestehenden Dienstanweisung Gelder aus der Vereinskasse entnommen, ohne hierfür einen entsprechenden Beleg auszustellen. Er hat die Gelder zwar nicht für private Zwecke verwendet, aber gleichwohl durch sein Verhalten die Kontrolle der Kasse erschwert bzw. unmöglich gemacht. Wir haben ihn ausdrücklich darauf hingewiesen, dass wir nur aufgrund seiner (und Ihrer) langjährigen Tätigkeit für unser Haus von einer sofortigen Kündigung Abstand genommen haben.
Wie Sie wissen, sind die von Ihnen gemeinsam auszuübenden Tätigkeiten nur insgesamt zu vergeben, so dass eine getrennte Besetzung beider Stellen allein schon mit Rücksicht auf die gemeinsame Hausmeisterwohnung nicht möglich

---
[97] Urt. v. 8.3.2000 = LAGE § 611 BGB Abmahnung Nr. 48

ist. Die Beendigung des Arbeitsverhältnisses Ihres Ehemannes hätte deshalb unweigerlich auch das Ende Ihres Arbeitsverhältnisses zur Folge. Wir weisen Sie deshalb mit Nachdruck darauf hin, dass auch der Bestand Ihres Arbeitsverhältnisses gefährdet ist, wenn Ihr Ehemann erneut Anlass zu einer Beanstandung seines Verhaltens geben sollte.

Mit freundlichen Grüßen

3.2.19 Internetnutzung, private

Literatur: Barton, Betriebliche Übung und private Nutzung des Internetarbeitsplatzes, NZA 2006, 460; Howald, Kündigung bei privater Nutzung von Handy und Internet, ÖAT 2014, 49; Kramer, Kündigung wegen privater Internetnutzung, NZA 2006, 194; Kramer, BAG zur Kündigung wegen privater Internetnutzung, NZA 2007, 1338

Das BAG hat schon mehrere grundlegende Entscheidungen zu der kündigungsrechtlichen Relevanz der privaten Internetnutzung durch den Arbeitnehmer während der Arbeitszeit getroffen.[98] Danach können sich insoweit vertragliche Pflichtverletzungen aus verschiedenen Umständen ergeben:

- durch eine Nutzung entgegen einem ausdrücklichen Verbot des Arbeitgebers;
- durch das Nichterbringen der arbeitsvertraglich geschuldeten Arbeitsleistung während des „Surfens" im Internet zu privaten Zwecken;
- durch das Herunterladen erheblicher Datenmengen aus dem Internet auf betriebliche Datensysteme, insbesondere wenn damit die Gefahr möglicher Vireninfizierung oder anderer Störungen des Betriebssystems verbunden sein kann oder Daten herunter geladen werden, bei deren Rückverfolgung es zu möglichen Rufschädigungen des Arbeitgebers kommen kann, beispielsweise weil es sich um strafbare oder pornografische Darstellungen handelt;
- durch die mit der privaten Nutzung entstehenden zusätzlichen Kosten infolge der unberechtigten Inanspruchnahme von Betriebsmitteln durch den Arbeitnehmer.

Das BAG hat sich später zu der Klarstellung veranlasst gesehen, dass auch ein nach seinem zeitlichen Umfang erheblicher Verstoß gegen ein ausdrückliches Verbot der

---

[98] Urt. v. 7.7.2005 – AP Nr. 192 zu § 626 BGB; Urt. v. 12.1.2006 – AP Nr. 54 zu § 1 KSchG 1969 Verhaltensbedingte Kündigung; Urt. v. 27.4.2006 – AP Nr. 202 zu § 626 BGB; Urt. v. 31.5.2007 – AP Nr. 57 zu § 1 KSchG 1969 Verhaltensbedingte Kündigung; Urt. v. 19.4.2012 = NZA 2013, 27

3 Die konkreten Abmahnungsfälle mit Mustern

privaten Nutzung des dienstlichen Internetanschlusses sowie das Herunterladen von pornografischem Bildmaterial keinen absoluten Kündigungsgrund schaffen.[99]

Nach der Rechtsprechung des BAG sind jedoch auch Fälle denkbar, in denen der Arbeitgeber den Arbeitnehmer vor Ausspruch einer Kündigung nicht abmahnen muss. Aus der Rechtsprechung der Instanzgerichte sind lediglich beispielhaft folgende Fälle zu nennen:

Nach der Ansicht des Arbeitsgerichts Hannover[100] bedarf es weder einer vorherigen Abmahnung noch einer ausdrücklichen Regelung, wenn ein Arbeitnehmer während der Arbeitszeit pornographisches Bildmaterial aus dem Internet lädt, das er auf Datenträgern des Arbeitgebers speichert, und wenn er den Internetzugang zum Einrichten einer Web-Page sexuellen Inhalts nutzt. In diesem Fall sei eine außerordentliche Kündigung gerechtfertigt.

In die ähnliche Richtung geht eine Entscheidung des Arbeitsgericht Frankfurt/Main.[101] Danach ist ein Arbeitnehmer ohne ausdrückliche Genehmigung des Arbeitgebers nicht befugt, über einen betrieblichen Internetzugang in größerem Umfang im Internet zu surfen und dabei Webseiten mit pornografischem Inhalt aufzusuchen und herunterzuladen. Handelt es sich nicht nur um einen Einzelfall, sondern um ein systematisches Vorgehen über einen längeren Zeitraum, rechtfertigt dies auch ohne Abmahnung eine verhaltensbedingte Kündigung.

Nutzt der Arbeitnehmer das Internet entgegen des ausdrücklichen Verbots des Arbeitgebers für private Zwecke, so stellt dies nach Auffassung des Arbeitsgerichts Wesel[102] eine Pflichtverletzung dar, die eine Kündigung rechtfertigen kann. Wurde die private Nutzung vom Arbeitgeber genehmigt, kommt eine Kündigung danach nur in Betracht, wenn die Nutzung in einem Ausmaß erfolgt, von der der Arbeitnehmer nicht annehmen durfte, sie sei noch von dem Einverständnis des Arbeitgebers gedeckt. Einer Abmahnung bedarf es in solchen Fällen nur dann nicht, wenn ein solches Ausmaß erreicht ist, dass von einer groben Pflichtverletzung auszugehen ist.

---

[99] Urt. v. 19.4.2012 = Fn. 98; wonach in dem konkreten Fall dem Arbeitgeber nach Auffassung des BAG eine Abmahnung zumutbar gewesen wäre
[100] Urt. v. 1.12.2000 = NJW 2001, 3500
[101] Urt. v. 2.1.2002 = DB 2002, 1273
[102] Urt. v. 21.3.2001 = NZA 2001, 786; vgl. zu dieser Thematik auch Beckschulze/Henkel in DB 2001, 1491, 1496 f. m.w.N.

Abmahnungstatbestände

Ein Verstoß gegen das vom Arbeitgeber ausgesprochene Verbot des privaten E-Mail-Verkehrs, das dem Virenschutz dienen soll, rechtfertigt nach der Ansicht des Hessischen LAG[103] grundsätzlich erst nach einer erfolglosen Abmahnung eine Kündigung. Bei der zunehmenden Regelungsdichte, die das moderne Arbeitsleben kennzeichnet, komme es immer wieder zu bewussten Verstößen. Deshalb müsse von einem Arbeitgeber, der einen bewussten Regelverstoß der geschilderten Art ohne Abmahnung zum Anlass für eine Kündigung nehmen will, zumindest verlangt werden, dass er die Bedeutung und Ernsthaftigkeit des Verbots unmissverständlich hervorhebt.

Die private E-Mail-Nutzung am Arbeitsplatz trotz ausdrücklichen Verbots ist nach der Ansicht des LAG Rheinland-Pfalz[104] grundsätzlich geeignet, eine außerordentliche Kündigung auch ohne vorherige Abmahnung zu rechtfertigen. Erklärt ein Arbeitgeber allerdings in einem Rundschreiben, dass bei Verstößen gegen dieses Verbot eine Abmahnung und nur im Wiederholungsfall unter Umständen eine Kündigung erfolgt, ist beim Fehlen einer Abmahnung die Drohung mit einer außerordentlichen Kündigung widerrechtlich.

Exzessiver privater E-Mail-Verkehr während der Arbeitszeit (täglich mehrere Stunden in einem Zeitraum von bis zu sieben Wochen) kann allerdings auch ohne vorhergehende Abmahnung eine außerordentliche Kündigung rechtfertigen.[105]

Die fristlose Kündigung eines Personalratsmitglieds ohne vorherige Abmahnung ist nach Ansicht des OVG Lüneburg[106] nur bei einer exzessiven privaten Nutzung des Internets während der Arbeitszeit möglich. Auffälligkeiten von einer Stunde täglich an insgesamt zwölf Tagen während eines Überprüfungszeitraums von sieben Wochen reichen dafür — so das LAG — nicht aus.

Das BAG[107] hat eine außerordentliche Kündigung für unwirksam erklärt, die der Arbeitgeber deshalb ausgesprochen hatte, weil der Kläger private Dateien auf einem Firmen-Laptop gespeichert hatte. Im Streitfall sei darin keine so schwerwiegende Pflichtverletzung zu sehen, dass eine Hinnahme durch den Arbeitgeber offensichtlich ausgeschlossen und deshalb kein milderes Mittel als die außerordentliche Kündigung zumutbar gewesen wäre.

---

[103] Urt. v. 13.12.2001 = DB 2002, 901
[104] Urt. v. 23.4.2009 = ZTR 2009, 662
[105] so zutreffend LAG Niedersachsen, Urt. v. 31.5.2010 – ZTR 2010, 542; vgl. auch Urt. d. LAG Schleswig-Holstein v. 6.5.2014 = NZA-RR 2014, 417 zu einer ordentlichen Kündigung ohne Abmahnung.
[106] Beschl. v. 14.9.2011 = öAT 2011, 263
[107] Urt. v. 24.3.2011 = NZA 2011, 1029

3 Die konkreten Abmahnungsfälle mit Mustern

Abmahnung wegen privater Internetnutzung

Vorbemerkung: Für die Frage, ob der ordentlichen Kündigung überhaupt eine Abmahnung vorausgehen muss oder ggf. sogar unmittelbar eine außerordentliche Kündigung in Erwägung zu ziehen ist, kommt es entscheidend darauf an, ob die private Internetnutzung vom Arbeitgeber gänzlich oder nur eingeschränkt untersagt ist, in welcher Form, zu welchem Zweck und in welchem zeitlichen (und damit auch finanziellen) Ausmaß der Arbeitnehmer den Internetzugang nutzt und inwieweit der Arbeitnehmer durch sein Fehlverhalten seine Pflicht zur Erbringung von Arbeitsleistungen verletzt.

! MUSTERABMAHNUNG

Abmahnung   Datum

Sehr geehrte/r Frau/Herr ...,

nach der Betriebsvereinbarung vom .... über die Nutzung des dienstlichen Internetzugangs ist die Nutzung zu privaten Zwecken während der Arbeitszeit untersagt. Gleichwohl mussten wir feststellen, dass Sie am 4. April in der Zeit von 11.00 bis 11.20 Uhr, also während Ihrer Arbeitszeit, im Internet zum Thema „Städtereisen" Informationen heruntergeladen und ausgedruckt haben.

Da dies nach unserer Kenntnis der erste Verstoß gegen die Betriebsvereinbarung war, sehen wir diesmal noch von einer Kündigung ab. Wir können es jedoch nicht hinnehmen, dass sich Arbeitnehmer während der Arbeitszeit auf unsere Kosten Informationen für private Zwecke beschaffen und darüber hinaus während des entsprechenden Zeitraums die an sich geschuldete Arbeitsleistung, für die sie bezahlt werden, unterbrechen.

Wir machen Sie deshalb ausdrücklich darauf aufmerksam, dass wir bei weiteren Pflichtverletzungen nicht zögern werden, weitergehende arbeitsrechtliche Konsequenzen als lediglich eine Abmahnung zu ergreifen.

Mit freundlichen Grüßen

Abmahnungstatbestände

3.2.20 Kleidung

Literatur: Bock, Der Islam in der aktuellen Entscheidungspraxis der Arbeitsgerichte, NZA 2011, 1201

Eine Abmahnung kommt nur dann in Betracht, wenn das Tragen bzw. Nichttragen bestimmter Kleidung eine arbeitsvertragliche Pflichtverletzung darstellt. Insoweit kommt es auf vorhandene Regelungen im Betrieb und deren Zulässigkeit sowie insbesondere auch auf die Branchenüblichkeit an.

Wenn der Arbeitnehmer vorgeschriebene Dienst- oder Schutzkleidung nicht trägt, begeht er eine Pflichtverletzung, die Gegenstand einer Abmahnung sein kann.

So kann z. B. die beharrliche Weigerung, die vorgeschriebene Dienstkleidung zu tragen, eine verhaltensbedingte Kündigung rechtfertigen, allerdings erst nach einschlägigen Abmahnungen.[108]

Anders ist die Rechtslage zu beurteilen, wenn es unabhängig von diesen Fällen um die Kleidung im Allgemeinen geht oder etwa um das Tragen von Schmuck.

Das Tragen eines islamischen Kopftuchs allein rechtfertigt nach einer Entscheidung des BAG[109] regelmäßig noch nicht die ordentliche Kündigung einer Verkäuferin in einem Kaufhaus aus personen- oder verhaltensbedingten Gründen und auch keine Abmahnung.

Etwas anderes gilt allerdings für religiöse Kopfbedeckungen (z. B. Kopftuch) in Schulen, wenn das jeweilige Schulgesetz religiöse Bekundungen in der Schule verbietet. So hat z. B. das BAG[110] die Wirksamkeit einer Abmahnung bestätigt, die das beklagte Land deshalb ausgesprochen hatte, weil die Klägerin, eine an einer Gesamtschule beschäftigte Sozialpädagogin, entgegen dem Schulgesetz Nordrhein-Westfalen zunächst ein islamisches Kopftuch und — nach einer entsprechenden Aufforderung des Landes, dieses abzulegen — sodann eine Mütze mit Strickbund trug, die ihr Haar, den Haaransatz und ihre Ohren komplett bedeckte.

---

[108] Urt. d. ArbG Cottbus v. 20.3.2012 – LAGE § 1 KSchG Verhaltensbedingte Kündigung Nr. 109
[109] Urt. v. 10.10.2002 – AP Nr. 44 zu § 1 KSchG 1969 Verhaltensbedingte Kündigung
[110] Urt. v. 20.8.2009 = ZTR 2010, 205

3 Die konkreten Abmahnungsfälle mit Mustern

In einer späteren Entscheidung hat das BAG[111] diese Rechtsprechung bestätigt und in dem konkreten Fall sogar die Wirksamkeit einer ordentlichen Kündigung bestätigt. Die Klägerin ist türkischer Abstammung, bekennt sich zum islamischen Glauben und war als Lehrerin in Nordrhein-Westfalen tätig. Sie erteilte muttersprachlichen Unterricht in türkischer Sprache. An dem Unterricht nahmen ausschließlich muslimische Schüler teil. Im November 2006 wurde sie von dem beklagten Land wegen Verstoßes gegen das Schulgesetz (Tragen eines Kopftuchs) abgemahnt. Gleichzeitig wurde ihr die Kündigung angedroht, falls sie nicht künftig dauerhaft ohne Kopftuch in der Schule erscheine. Die Klägerin kam dieser Aufforderung nicht nach. Daraufhin kündigte das Land im Februar 2007 ordentlich. Die Klage blieb in allen Instanzen ohne Erfolg.

Auch soweit Landesgesetze religiöse Bekundungen in Kindertagesbetreuungseinrichtungen durch Fachkräfte (z. B. Erzieher/innen) verbieten, kann eine Abmahnung wegen des Tragens eines Kopftuchs gerechtfertigt sein.[112]

Das LAG Schleswig-Holstein[113] hat in einem Fall die Abmahnung eines Nachtwachenpflegehelfers wegen des Tragens von Schmuck im Gesicht, an Ohren und Händen bei der Ausübung des Pflegedienstes entgegen der Anweisung der Fachklinik für berechtigt gehalten. Das Persönlichkeitsrecht des Klägers stehe dem nicht entgegen, da die Anordnung im Interesse der vom Kläger übernommenen pflegerischen Aufgabe für die komplikationslose Betreuung der ihm anvertrauten Patienten geboten sei.

Abmahnung wegen unangemessener Kleidung

Vorbemerkung: Bei einer Abmahnung wegen des Tragens bzw. Nichttragens einer bestimmten Kleidung kommt eine Abmahnung nur in Betracht, wenn berechtigte Interessen des Arbeitgebers vorliegen, die das Persönlichkeitsrecht des Arbeitnehmers überwiegen. Außerdem setzt eine arbeitsvertragliche Pflichtverletzung die Missachtung einer vorherigen Anweisung des Arbeitgebers oder einer im Betrieb bestehenden Regelung voraus.

---

[111] Urt. v. 10.12.2009 = ZTR 2010, 328
[112] Urt. d. BAG v. 12.8.2010 = NZA-RR 2011, 162
[113] Urt. v. 26.10.1995 = LAGE § 611 BGB Abmahnung Nr. 44

Abmahnungstatbestände

> **MUSTERABMAHNUNG**
>
> Abmahnung   Datum
>
> Sehr geehrter Herr ...,
>
> wie Sie wissen, ist nach unserer Dienstanweisung von .... das Tragen von Schmuck im Gesicht, an den Ohren und an den Händen während der Arbeitszeit aus unfallversicherungsrechtlichen Gründen sowie mit Rücksicht auf unsere Patienten und deren Angehörige untersagt.
> Gestern ist uns mitgeteilt worden, dass Sie am .... Ihren Dienst aufgenommen haben, ohne zuvor Ihre beiden Ohrringe sowie einen Siegelring an der rechten Hand abzunehmen. Im Verlauf des Vormittags haben Sie die Patientin P umgebettet und dabei mit Ihrem Siegelring der Patientin eine Schürfwunde am Rücken zugefügt. Außerdem haben die Schwester und der Neffe dieser Patientin Anstoß an Ihrem auffälligen Ohrschmuck genommen und sich deshalb bei der Pflegedienstleitung beschwert.
> Wir rügen hiermit ausdrücklich die Missachtung der in unserem Haus bestehenden Regelung und erwarten von Ihnen, dass Sie sich künftig dementsprechend verhalten. Sollte Ihr Verhalten erneut Anlass zu Beanstandungen oder Beschwerden geben, werden wir eine Kündigung Ihres Arbeitsverhältnisses in Erwägung ziehen.
>
> Mit freundlichen Grüßen

3.2.21 Krankfeiern, Androhen des ...

Es kommt nicht selten vor, dass Arbeitnehmer ankündigen, sich krankschreiben zu lassen, um dadurch Druck auf den Arbeitgeber auszuüben und diesen zu einer Entscheidung zu veranlassen, die den Wünschen des Arbeitnehmers entspricht.

Erklärt z. B. ein Arbeitnehmer, er werde krank, wenn der Arbeitgeber ihm den im bisherigen Umfang bewilligten Urlaub nicht verlängere, obwohl er im Zeitpunkt dieser Ankündigung nicht krank war und sich auch noch nicht krank fühlen konnte, so ist ein solches Verhalten nach völlig zutreffender Ansicht des BAG ohne Rücksicht darauf, ob der Arbeitnehmer später tatsächlich erkrankt, an sich geeignet, einen wichtigen Grund zur außerordentlichen Kündigung abzugeben.[114]

---

[114] Urt. v. 12.3.2009 = NZA 2009, 779 m.w.N.; vgl. auch Urt. d. LAG Köln v. 14.9.2000 = LAGE § 626 BGB Nr. 130b; vgl. auch APS/Dörner § 626 BGB Rn. 86; zum Beweiswert einer Arbeitsunfähigkeitsbe-

3 Die konkreten Abmahnungsfälle mit Mustern

Das LAG Mecklenburg-Vorpommern[115] weist zu Recht darauf hin, die Pflichtwidrigkeit der Ankündigung einer Krankschreibung bei objektiv nicht bestehender Erkrankung im Zeitpunkt der Ankündigung liege in erster Linie darin, dass der Arbeitnehmer mit einer solchen Erklärung zum Ausdruck bringt, er sei notfalls bereit, seine Rechte aus dem Entgeltfortzahlungsgesetz zu missbrauchen, um sich einen unberechtigten Vorteil zu verschaffen.

Ein wichtiger Grund für eine außerordentliche Kündigung liegt erst recht dann vor, wenn der Arbeitgeber für den Fall, dass der Arbeitnehmer seine Drohung wahr macht, arbeitsrechtliche Konsequenzen in Aussicht stellt. Macht der Arbeitnehmer trotz Abmahnung seine Androhung wahr und legt eine Arbeitsunfähigkeitsbescheinigung vor, dann ist deren Beweiswert nach zutreffender Ansicht des LAG Köln[116] erschüttert. Der Beweiswert kann allenfalls dadurch wiederhergestellt werden, dass der Arbeitnehmer objektive Tatsachen vorträgt, die geeignet sind, den Verdacht einer Täuschung des krankschreibenden Arztes zu beseitigen.

Wenn der Arbeitgeber in einem solchen Fall abmahnt und dem Arbeitnehmer eine Kündigung androht, wenn dieser seine Androhung wahrmacht und sich krankmeldet, handelt es sich partiell um eine „vorweggenommene Abmahnung", die aber schon deshalb zulässig sein muss, weil der Arbeitnehmer seinerseits ein Fehlverhalten ankündigt, dessen Eintritt der Arbeitgeber nicht abzuwarten braucht. Abgesehen davon liegt bereits in der Androhung des Krankfeierns ein schwerer Verstoß gegen die Treuepflicht des Arbeitnehmers, der für sich allein nicht nur abmahnungsrelevant, sondern auch als wichtiger Grund für eine außerordentliche Kündigung geeignet ist.

Das Androhen des Krankfeierns stellt eine so schwerwiegende Störung des Vertrauensverhältnisses dar, dass der Arbeitgeber dieses Verhalten nicht abzumahnen braucht, sondern ohne weiteres kündigen kann.

Reagiert der Arbeitgeber allerdings zunächst nur mit einer Abmahnung, dann darf er, wenn der Arbeitnehmer daraufhin seine Androhung nicht wahrmacht, dessen ursprüngliche Androhung nicht mehr zum Anlass für eine Kündigung nehmen. Trotz dieser für sich genommen schon erheblichen Pflichtverletzung hat die Abmahnung ihre Wirkung nicht verfehlt, und der Arbeitgeber hat damit zu erkennen gegeben, auf eine Kündigung verzichten zu wollen, wenn der Arbeitnehmer noch „einlenkt".

---

scheinigung bei Ankündigung der Krankschreibung: Urt. d. LAG Mecklenburg-Vorpommern v. 24.3.2010 = öAT 2010, 166

[115] Urt. v. 13.12.2011 = NZA-RR 2012, 185
[116] Urt. v. 17.4.2002 = ArbuR 2002, 356

Abmahnungstatbestände

Macht der Arbeitnehmer allerdings trotz Abmahnung seine Androhung des Krankfeierns wahr, kann im Regelfall nach dem sog. Prognoseprinzip des BAG von einer negativen Verhaltensprognose ausgegangen werden. Aus der konkreten Vertragspflichtverletzung und der daraus resultierenden Vertragsstörung kann nämlich geschlossen werden, der Arbeitnehmer werde auch zukünftig den Arbeitsvertrag nach einer Kündigungsandrohung erneut in gleicher oder ähnlicher Weise verletzen.

3.2.22 Lohnpfändungen

Bei einer Kündigung wegen zahlreicher Lohnpfändungen hat das BAG[117] entgegen einer in der Rechtsprechung der Instanzgerichte sowie im Schrifttum vertretenen Ansicht[118] eine vorherige Abmahnung nicht für erforderlich gehalten. Der Arbeitnehmer sei bei der Gestaltung seiner privaten Vermögenssphäre nicht durch arbeitsvertragliche Nebenpflichten in einer bestimmten Weise gebunden. Deshalb sei dieses außerdienstliche Verhalten keiner Abmahnung zugänglich. Es komme hinzu, dass der Arbeitnehmer auch rechtlich nicht dazu in der Lage sei, seinen Gläubigern verbindliche Weisungen hinsichtlich der Durchführung von Vollstreckungsmaßnahmen zu erteilen.

Die Begründung, der Arbeitnehmer sei bei der Gestaltung seiner privaten Vermögenssphäre nicht durch arbeitsvertragliche Nebenpflichten in einer bestimmten Weise gebunden, mag in vielen Fällen zutreffen. Etwas anderes gilt jedoch z. B. für Mitarbeiter von Banken, Sparkassen usw.: Diese sind in der Regel aufgrund einer Dienst-, Geschäfts- oder Betriebsanweisung verpflichtet, auch ihre privaten Geldangelegenheiten in Ordnung zu halten. Die Gestaltung der privaten Vermögenssphäre gehört in diesen Fällen zu den arbeitsvertraglichen Nebenpflichten.

Eine Abmahnung kann allenfalls dann entbehrlich sein, wenn der Arbeitnehmer so hoch verschuldet ist, dass er aus eigener Kraft überhaupt nicht dazu in der Lage ist, die Aufhebung der darauf beruhenden Lohnpfändungen zu erreichen. Dann ist nämlich die Abmahnung ein untaugliches Mittel, da der Arbeitnehmer, selbst wenn er es wollte, sich nicht vertragsgerecht verhalten kann.

---

[117] Urt. v. 4.11.1981 – AP Nr. 4 zu § 1 KSchG 1969 Verhaltensbedingte Kündigung
[118] vgl. die Fundstellennachweise d. BAG in AP Nr. 4 a.a.O. (= Fn. 117).

3 Die konkreten Abmahnungsfälle mit Mustern

Abmahnung wegen zahlreicher Lohnpfändungen

Vorbemerkung: Auch wenn nach einer Entscheidung des BAG aus dem Jahr 1981 bei einer Kündigung wegen zahlreicher Lohnpfändungen eine vorherige Abmahnung nicht erforderlich ist, sollte von dieser Möglichkeit jedenfalls dann Gebrauch gemacht werden, wenn die Überschuldung Rückschlüsse auf die Eignung des Arbeitnehmers für seine Tätigkeit zulässt und außerdem zu erwarten ist, dass der Arbeitnehmer aufgrund der Abmahnung überhaupt dazu in der Lage ist, sein Verhalten so zu steuern, dass er die Verschuldung in den Griff bekommt.

MUSTERABMAHNUNG

Abmahnung   Datum

Sehr geehrte/r Frau/Herr ...,

unserer Personalabteilung liegen zwischenzeitlich mehrere Pfändungs- und Überweisungsbeschlüsse über Beträge in unterschiedlicher Höhe (zwischen 1.200 und 22.000 Euro) vor, die nicht nur unsere Gehaltsabrechnung belasten, weil sie einen erhöhten Bearbeitungsaufwand verursachen, sondern darüber hinaus auch Zweifel bei uns wecken, ob Sie für Ihre Tätigkeit als Referent in der Abteilung Finanzdienstleistungen geeignet sind.

Nicht nur Sie, sondern auch wir machen uns unglaubwürdig, wenn wir einen Referenten beschäftigen, der einerseits unsere Kunden dahingehend beraten soll, wie Ausgaben größeren Umfangs solide zu finanzieren sind, der jedoch andererseits selbst offensichtlich seine Vermögensverhältnisse nicht zu ordnen in der Lage ist.

Wir erwarten von Ihnen, dass Sie umgehend die aufgelaufenen Schulden tilgen und weitere Kredite nicht in Anspruch nehmen, damit Sie so schnell wie möglich die finanziellen Verpflichtungen erfüllen können, die Sie eingegangen sind. Sollte sich in den nächsten Wochen und Monaten Ihre finanzielle Situation nicht spürbar verbessern, müssen wir eine Kündigung Ihres Arbeitsverhältnisses in Erwägung ziehen.

Mit freundlichen Grüßen

Abmahnungstatbestände

3.2.23 Nachweispflicht, Verletzung der ...

siehe unter „Anzeige- und Nachweispflicht"

3.2.24 Nebentätigkeit, unerlaubte

Literatur: Kappes/Aabadi, Nebentätigkeit und Abmahnung, DB 2003, 938

Bei Nebentätigkeiten war jedenfalls bis zu der Tarifreform des öffentlichen Dienstes zwischen der Privatwirtschaft und dem öffentlichen Dienst zu unterscheiden. In der Privatwirtschaft können Nebentätigkeiten von Arbeitnehmern nur dann arbeitsrechtliche Konsequenzen zur Folge haben, wenn hierdurch die vertraglich geschuldeten Leistungen beeinträchtigt werden.[119] Wenn z. B. ein Arbeitnehmer nebenbei jede Nacht Taxi fährt und am nächsten Morgen völlig übernächtigt seine Arbeit antritt, so dass er infolge seiner Ermüdung nur mangelhafte Arbeitsleistungen erbringt, kann der Arbeitgeber das Verhalten zum Anlass für eine Abmahnung nehmen. Eine Abmahnung ist aber auch dann gerechtfertigt, wenn nach dem Arbeitsvertrag eine Nebenbeschäftigung der Zustimmung des (privaten) Arbeitgebers bedarf und der Arbeitnehmer ohne Zustimmung eine solche ausübt. Mit der Anzeigepflicht wird nämlich dem Arbeitgeber die Prüfung ermöglicht, ob seine betrieblichen Interessen beeinträchtigt werden.[120]

Im öffentlichen Dienst galten jedenfalls bis zu der Tarifreform im Jahre 2005 besondere Bestimmungen.[121] So verweist z. B. § 11 BAT hinsichtlich der Nebentätigkeit auf die für die Beamten des Arbeitgebers jeweils geltenden Bestimmungen. Hiernach bedarf der Beamte und damit auch der Angestellte grundsätzlich der vorherigen Zustimmung seines Arbeitgebers, wenn er eine Nebentätigkeit ausüben will. Die Nebentätigkeit kann unter bestimmten Voraussetzungen versagt werden (vgl. z. B. § 65 BBG).

Diese Rechtslage hat sich mit dem Inkrafttreten des Tarifvertrages für den öffentlichen Dienst (TVöD) am 1. Oktober 2005 und des Tarifvertrages für den öffentlichen Dienst der Länder (TV-L) am 1. November 2006 geändert. Die Tarifvertragsparteien haben sich im Rahmen der Tarifreform bei einigen Regelungen vom Beamtenrecht

---

[119] vgl. hierzu Urt. d. BAG v. 3.12.1970 – AP Nr. 60 zu § 626 BGB; Urt. d. BAG v. 26.8.1976 – AP Nr. 68 zu § 626 BGB; vgl. hierzu auch Becker-Schaffner in ZTR 1999, 105, 106

[120] Urt. d. BAG v. 11.12.2001 – AP Nr. 8 zu § 611 BGB Nebentätigkeit mit krit. Anm. v. Singer; vgl. hierzu auch Kappes/Aabadi in DB 2003, 9

[121] vgl. hierzu auch Conze in ZTR 1989, 47, 49 f.

3 Die konkreten Abmahnungsfälle mit Mustern

gelöst. Hinsichtlich der Nebentätigkeiten wird im Wesentlichen nicht mehr auf das Beamtenrecht verwiesen. So bestimmen § 3 Abs. 3 TVöD und § 3 Abs. 4 TV-L, dass die Beschäftigten Nebentätigkeiten gegen Entgelt ihrem Arbeitgeber rechtzeitig vorher schriftlich anzuzeigen haben. Eine Zustimmungspflicht besteht grundsätzlich nicht mehr. Der Arbeitgeber kann die Nebentätigkeiten nur untersagen oder mit Auflagen versehen, wenn diese geeignet ist, die Erfüllung der arbeitsvertraglichen Pflichten der Beschäftigten oder berechtigte Interessen des Arbeitgebers zu beeinträchtigen. Lediglich für Nebentätigkeiten im öffentlichen Dienst kann eine Ablieferungspflicht nach den Bestimmungen, die beim Arbeitgeber gelten, zur Auflage gemacht werden (entsprechend der jeweiligen beamtenrechtlichen Regelung).

Im Ergebnis gilt damit im öffentlichen Dienst dieselbe Rechtslage wie in der Privatwirtschaft. Aus diesem Grund sind die nachfolgend wiedergegebenen Entscheidungen, die auf der Grundlage des früheren Tarifrechts ergangen sind, nicht ohne weiteres auf die nunmehr geltenden Bestimmungen zu übertragen.

Die nicht genehmigte Konkurrenztätigkeit eines im Fuhr- und Reinigungsamt einer Stadt beschäftigten Arbeiters auf dem Gebiet der Abfallbeseitigung hat das LAG Frankfurt als Störung im Vertrauensbereich gewertet und zur Wirksamkeit einer ordentlichen Kündigung eine vorherige Abmahnung nicht für notwendig gehalten.[122]

Das BAG hatte über die Wirksamkeit von Abmahnungen zu entscheiden, die der Arbeitgeber ausgesprochen hatte, weil sich die Arbeitnehmer geweigert hatten, Angaben darüber zu machen, ob und in welchem Umfang sie Nebentätigkeiten gegen Entgelt ausübten. Der Arbeitgeber berief sich hierbei auf § 13 MTL II, wonach Arbeiter Nebentätigkeiten gegen Entgelt nur ausüben dürfen, wenn der Arbeitgeber hierzu seine Zustimmung erteilt. Er musste jedoch die Abmahnungen aus den Personalakten der Kläger entfernen, weil das BAG einen Auskunftsanspruch verneinte und demzufolge keine arbeitsvertraglichen Pflichtverletzungen der Kläger annahm. Ein Fragerecht des Arbeitgebers besteht nach der Ansicht des Gerichts nur dann, wenn Anhaltspunkte für Vertragsverletzungen vorliegen. Als Beispiele nennt das BAG den Rückgang der Arbeitsleistung, häufiges Zuspätkommen und die mangelnde Bereitschaft zu Überstunden.[123]

---

[122] Urt. v. 6.11.1986 = LAGE § 1 KSchG Verhaltensbedingte Kündigung Nr. 10; vgl. hierzu auch Urt. d. LAG Sachsen v. 25.6.1996 = LAGE § 626 BGB Nr. 102; Urt. d. LAG Köln v. 11.9.1996 = LAGE § 626 BGB Nr. 103; Urt. d. Hessischen LAG v. 28.4.1998 = LAGE § 1 KSchG Verhaltensbedingte Kündigung Nr. 65
[123] Urt. v. 23.1.1992 = ZTR 1993, 66; vgl. auch ErfK/Müller-Glöge § 626 BGB Rn. 118 m.w.N.

Abmahnungstatbestände

Sofern der Arbeitnehmer des öffentlichen Dienstes ohne die hierzu erforderliche Genehmigung eine Nebentätigkeit ausübt, konnte er deswegen nach dem früher geltenden Tarifrecht abgemahnt und unter Umständen sogar gekündigt werden.[124] Dies galt erst recht, wenn der Arbeitnehmer einen Antrag auf Genehmigung gestellt hatte, dieser vom Arbeitgeber abgelehnt worden war und der Arbeitnehmer gleichwohl der zuvor beantragten Nebenbeschäftigung nachgegangen ist. Wenn der Antrag auf Genehmigung in dem Bewusstsein unterlassen wurde, dass die Tätigkeit nicht genehmigungsfähig war, lag darin eine schwere Pflichtverletzung, die sogar eine außerordentliche Kündigung rechtfertigen konnte (Urteil des BAG v. 18.9.2008 = ZTR 2009, 327; vgl. hierzu auch Conze in öAT 2010, 153). Aber auch dann, wenn der Sache nach ein Anspruch auf Erteilung der Genehmigung für die Nebentätigkeit bestand, konnte ein Verstoß gegen die Verpflichtung zur Einholung einer vorherigen Genehmigung Gegenstand einer Abmahnung sein.[125]

TIPP

Nebentätigkeiten des Arbeitnehmers berechtigen nicht ohne weiteres zur Abmahnung. Entscheidend ist, ob hierdurch Vertragspflichten verletzt werden.

Abmahnung wegen unerlaubter Nebentätigkeit

Vorbemerkung: Wenn während ärztlich attestierter Arbeitsunfähigkeit eine Nebentätigkeit ausgeübt wird, kann eine Abmahnung entbehrlich sein. Im Übrigen ist zu beachten, dass nicht jede Nebentätigkeit zu einer Abmahnung berechtigt. Handelt es sich z. B. um eine Beschäftigung, die der Arbeitgeber nicht untersagen darf, wird es an der für eine Abmahnung erforderlichen Pflichtverletzung des Arbeitnehmers fehlen. Im öffentlichen Dienst sind die jeweils aktuellen tarifrechtlichen Bestimmungen zu beachten.

MUSTERABMAHNUNG

Abmahnung   Datum

Sehr geehrte/r Frau/Herr ...,

wir sind darüber informiert worden, dass Sie entgegen der im Arbeitsvertrag[126] festgehaltenen Vereinbarung eine Nebentätigkeit / Nebenbeschäftigung / Be-

---

[124] Urt. d. BAG v. 30.5.1996 – AP Nr. 2 zu § 611 BGB Nebentätigkeit; vgl. auch Urt. d. BAG v. 18.1.1996 – AP Nr. 25 zu § 242 BGB Auskunftspflicht; Urt. d. BAG v. 19.4.2007 = ZTR 2008, 110

[125] Urt. d. BAG v. 22.2.2001 – 6 AZR 398/99 – n.v.

[126] ggf. ist die entsprechende Tarifvorschrift anzugeben

schäftigung als Taxifahrer ausüben, ohne uns dies vorher angezeigt zu haben. Sie sind mehrmals in der Woche abends als Taxifahrer tätig.

Wir erwarten von Ihnen, dass Sie diese unerlaubte Nebentätigkeit / Nebenbeschäftigung / Beschäftigung als .... unverzüglich einstellen.

Ihr Verhalten stellt eine arbeitsvertragliche Pflichtverletzung dar, die wir ausdrücklich rügen. Sie müssen deshalb mit einer Kündigung rechnen, wenn Sie sich erneut nicht vertragsgemäß verhalten.

Mit freundlichen Grüßen

3.2.25 Nötigung

Bei einem besonders groben Pflichtenverstoß ist eine Abmahnung entbehrlich, wenn dem Arbeitnehmer sein pflichtwidriges Verhalten ohne weiteres erkennbar ist und er mit der Billigung seines Verhaltens durch den Arbeitgeber nicht rechnen kann. Diesen Grundsatz hat das LAG Düsseldorf[127] im Fall einer Nötigung herausgestellt. Der Arbeitnehmer, ein Angestellter in leitender Position, hatte seinem Arbeitgeber gedroht, er würde sich nicht scheuen, sich an die Presse zu wenden und bestimmte Vorgänge preiszugeben, falls der Arbeitgeber auf einer Versetzung oder Kündigung bestehe. Das Gericht führte zu recht aus, jeder Arbeitnehmer müsse wissen, dass er seinen Arbeitgeber nicht durch die Androhung von Presseveröffentlichungen mit dem Ziel unter Druck setzen könne, dass dieser von ihm zustehenden arbeitsrechtlichen Sanktionen Abstand nimmt.

3.2.26 Politische Betätigung

Bezüglich der vom DGB propagierten Teilnahme an den so genannten „5 Mahnminuten für den Frieden" sind zweitinstanzliche Entscheidungen bekannt geworden. Das LAG Hamm[128] hat bestätigt, der Arbeitgeber könne dem Arbeitnehmer, der aufgrund dieses Aufrufs seine Arbeit für fünf Minuten unterbrochen hatte, eine Abmahnung erteilen. Die Arbeitsniederlegung sei als Arbeitspflichtverletzung nach § 611 Abs. 1 BGB zu bewerten. Der Kläger könne sich nicht auf ein Streikrecht berufen, da kein Arbeitskampf geführt worden sei.

---

[127] Urt. v. 5.6.1998 = LAGE § 626 BGB Nr. 120; vgl. aber Urt. d. LAG Köln v. 23.2.1996 = LAGE § 626 BGB Nr. 94

[128] Urt. v. 17.4.1985 = LAGE § 611 BGB Abmahnung Nr. 1

Abmahnungstatbestände

Das LAG Baden-Württemberg[129] hat festgestellt, die „5 Mahnminuten für den Frieden" seien keine Maßnahme des Arbeitskampfes gewesen, sondern eine politische Meinungsäußerung. Ein Arbeitnehmer handele jedenfalls dann nicht vertragswidrig, wenn der Arbeitgeber dem Arbeitnehmer weder die Verletzung seiner Arbeitspflicht noch eine Störung des Betriebsfriedens und Betriebsablaufs zum Vorwurf mache. Eine Abmahnung sei daher in diesem Fall nicht gerechtfertigt und aus der Personalakte zu entfernen. Bei dieser Entscheidung ist zu berücksichtigen, dass der Arbeitgeber in der Abmahnung nicht eine Arbeitspflichtverletzung, sondern eine unzulässige politische Meinungsäußerung gerügt hatte.

Die Beteiligung an einer betrieblichen Friedensinitiative ist nach der Ansicht des Arbeitsgerichts München[130] für sich allein nicht geeignet, den Betriebsfrieden zu stören. Eine wegen der Unterzeichnung eines Flugblatts (Appell an die Bundesregierung, die Zustimmung zur Stationierung von Pershing II-Raketen und Marschflugkörpern in Mitteleuropa zurückzuziehen) erteilte Abmahnung ist hiernach rechtswidrig. Das LAG München[131] hat diese Entscheidung bestätigt.

Der Arbeitgeber kann nach der Auffassung des LAG Schleswig-Holstein[132] die Teilnahme an politischen Demonstrationen während der Arbeitszeit verbieten. Eine Teilnahme entgegen einem solchen Verbot kann er rechtswirksam abmahnen. Grundrechte stehen dem — so das LAG — nicht entgegen.

Politische Aktivitäten können insbesondere bei Arbeitnehmern des öffentlichen Dienstes zu einer Abmahnung führen. Beschäftigte des Bundes, der Länder und anderer Arbeitgeber, in deren Aufgabenbereichen auch hoheitliche Tätigkeiten wahrgenommen werden, müssen sich durch ihr gesamtes Verhalten zur freiheitlich demokratischen Grundordnung im Sinne des Grundgesetzes bekennen. Dies wird üblicherweise als die sog. politische Treuepflicht bezeichnet.[133]

Das BAG geht davon aus, dass die politische Betätigung eines Angestellten im öffentlichen Dienst (Kandidatur für die DKP bei einer Kommunalwahl) grundsätzlich nur dann einen personenbedingten Grund für eine ordentliche Kündigung darstellt, wenn der Angestellte unter Berücksichtigung der Aufgabenstellung der Behörde für die von ihm wahrzunehmenden Funktionen nicht als geeignet ange-

---

[129] Urt. v. 29.10.1984 = ArbuR 1986, 89 (L)
[130] Urt. v. 29.11.1983 = DB 1984, 512
[131] Urt. v. 4.10.1984 = ArbuR 1985, 291
[132] Urt. v. 18.1.1995 – AP Nr. 17 zu § 611 BGB Abmahnung
[133] vgl. hierzu auch Conze in ZTR 1989, 47, 49; Sowka/Krichel in DB-Beil. Nr. 11/89; Becker-Schaffner in ZTR 1999, 105, 107

3 Die konkreten Abmahnungsfälle mit Mustern

sehen werden kann. Eine verhaltensbedingte Kündigung setzt hiernach voraus, dass das Arbeitsverhältnis — so das BAG — durch die politische Betätigung konkret beeinträchtigt wird.[134]

Praktische Konsequenz: Auch bei Verletzungen der Pflicht zur Verfassungstreue ist grundsätzlich eine vorherige Abmahnung erforderlich, durch die der Arbeitnehmer auf den pflichtwidrigen Charakter der außerdienstlichen politischen Tätigkeit hingewiesen wird.

Bei einem im öffentlichen Dienst angestellten Arbeitnehmer, der nicht einer gesteigerten politischen Treuepflicht unterliegt, liegt noch kein die Abmahnung entbehrlich machender unbehebbarer Eignungsmangel vor, wenn er die verfassungsfeindlichen Ziele einer Partei oder Organisation für richtig hält und sich mit ihnen identifiziert. Maßgebend sind in erster Linie seine Handlungen und deren Auswirkungen. Es ist zu prüfen, unter welchen Umständen und mit welchen Mitteln er selbst die verfassungsfeindlichen Zielsetzungen fördern oder verwirklichen will. Die Mitgliedschaft in der verfassungsfeindlichen Organisation und „einfache" Aktivitäten für diese erlauben insoweit keine zwingenden Schlüsse auf einen unbehebbaren Eignungsmangel.[135]

Die Abmahnung eines Lehrers, mit der ihm die Kandidatur für die DKP vorgehalten und er ermahnt worden ist, derartige Aktivitäten zu unterlassen, ist nach der Ansicht des BAG gerechtfertigt.[136]

Der angestellte Pressesprecher einer Stadt verletzt seine amtsbezogene Loyalitäts- und Mäßigungspflicht, die den öffentlichen Arbeitgeber auch unter Berücksichtigung seiner grundrechtlich geschützten Meinungsfreiheit zu einer außerordentlichen Kündigung berechtigt, wenn er in einem Flugblatt den Bürgermeister dieser Stadt als „selbstherrlich und weinerlich" hinstellt und ihn zum Rücktritt auffordert. Dies hat das LAG Brandenburg[137] entschieden.

---

[134] Urt. v. 6. 6.1984 – AP Nr. 11 zu § 1 KSchG 1969 Verhaltensbedingte Kündigung; bestätigt durch Urt. v. 20. 7.1989 – AP Nr. 2 zu § 1 KSchG 1969 Sicherheitsbedenken; Urt. v. 12.5.2011 = ZTR 2011, 739 (Aktivitäten für die NPD)
[135] Urt. d. BAG v. 12.3.1986 = RzK Abmahnung Nr. 10
[136] Urt. v. 13.10.1988 – AP Nr. 4 zu § 611 BGB Abmahnung; vgl. hierzu auch Conze in DB 1989, 778, 780
[137] Urt. v. 26.6.1997 = LAGE § 626 BGB Nr. 117

Abmahnung wegen unerlaubter politischer Betätigung (Privatwirtschaft)

Vorbemerkung: Eine unerlaubte politische Betätigung kann nur dann zum Gegenstand einer Abmahnung gemacht werden, wenn zugleich eine arbeitsvertragliche Pflichtverletzung vorliegt: Die Aktivitäten des Arbeitnehmers müssen entweder seine Arbeitsleistung tangieren oder den Betriebsfrieden stören.

> **MUSTERABMAHNUNG**
>
> Abmahnung   Datum
> Sehr geehrte/r Frau/Herr ...,
>
> Uns ist bekannt, dass sie nicht nur passives, sondern aktives Mitglied der X-Partei sind. Solange Sie sich in diesem Zusammenhang im Rahmen der verfassungsrechtlich garantierten Meinungsfreiheit bewegen, wird dies selbstverständlich von uns respektiert.
> Wir haben jedoch feststellen müssen, dass Sie während der Arbeitszeit Kollegen in politische Gespräche verwickeln, um Sie von den Inhalten des Programms der X-Partei zu überzeugen und deren Wahlverhalten zu beeinflussen. So haben Sie am .... zwischen .... und .... Uhr, also während Ihrer Arbeitszeit, mit Herrn Reinhold Fischer ein halbstündiges Gespräch über die Sichtweise der X-Partei zum Thema „Zuwanderung von Ausländern" geführt und dabei versucht, Herrn Fischer zu einem Eintritt in die X-Partei zu bewegen. Ein derartiges Verhalten können wir aus verschiedenen Gründen nicht akzeptieren. Sie haben nicht das Recht, während Ihrer Arbeitszeit die Arbeit zu unterbrechen, um politische Gespräche mit Kollegen zu führen und dadurch auch diese von ihrer Arbeit abzuhalten. Wir erwarten von Ihnen eine Zurückhaltung Ihrer politischen Aktivitäten im Betrieb. Andernfalls müssen Sie damit rechnen, dass wir das Arbeitsverhältnis mit Ihnen kündigen werden.
>
> Mit freundlichen Grüßen

Abmahnung wegen unerlaubter politischer Betätigung (öffentlicher Dienst)

Vorbemerkung: Arbeitnehmer des öffentlichen Dienstes unterliegen der sog. politischen Treuepflicht. Sie müssen sich durch ihr Verhalten zur freiheitlich demokratischen Grundordnung bekennen. Deshalb können auch solche politischen Aktivitäten abmahnungsrelevant sein, die zwar nicht unmittelbar die Arbeitsleistung oder den Betriebsfrieden beeinträchtigen, aber Zweifel an der Eignung des Arbeitnehmers für den öffentlichen Dienst begründen.

> **MUSTERABMAHNUNG**
>
> Abmahnung   Datum
>
>
> Sehr geehrte/r Frau/Herr ...,
>
> am .... ist uns mitgeteilt worden, dass Sie am .... an einer Protestkundgebung der Y-Partei in .... teilgenommen haben. Die Y-Partei verfolgt nach den Erkenntnissen des Verfassungsschutzes verfassungsfeindliche Ziele. Sie propagiert Maßnahmen, die offenkundig in Widerspruch zu der freiheitlich-demokratischen Grundordnung im Sinne unseres Grundgesetzes stehen.
> Durch Ihre Teilnahme an der Protestkundgebung haben Sie sich nicht nur mit dem Ziel der Kundgebung, sondern auch mit der Y-Partei identifiziert und deren Aktion gebilligt. Damit stellt sich für uns die Frage, ob Sie auf dem Boden unseres Grundgesetzes stehen und die demokratische Werteordnung uneingeschränkt anerkennen.
> Durch Ihr Verhalten am .... haben Sie Ihre politische Treuepflicht verletzt. Wir erwarten von Ihnen, dass Sie derartige Aktivitäten künftig unterlassen. Andernfalls müssen Sie mit einer Kündigung Ihres Arbeitsverhältnisses rechnen.
>
> Mit freundlichen Grüßen

3.2.27 Rauchverbot, Verstoß gegen ...

Literatur: Ahrens, Nichtraucher contra Raucher — Zum Schutz vor Passivrauchen am Arbeitsplatz in der neueren Rechtsprechung, PersR 1993, 532; Bergwitz, Das betriebliche Rauchverbot, NZA-RR 2004, 169; Börgmann, Arbeitsrechtliche Aspekte des Rauchens im Betrieb, RdA 1993, 275; Cosack, Verpflichtung des Arbeitgebers bzw. Dienstherrn zum Erlass eines generellen Rauchverbots am Arbeitsplatz?, DB 1999, 1450; Heilmann, Rauchen am Arbeitsplatz, ArbuR 1997, 145; Künzl, Rauchen und Nichtraucherschutz im Arbeitsverhältnis, ZTR 1999, 531; Leßmann, Neues über Rauchverbote am Arbeitsplatz, ArbuR 1995, 241; Schillo, Rauchen am Arbeitsplatz, DB 1997, 2022; Schmieding, Nichtraucherschutz am Arbeitsplatz, ZTR 2004, 12; Wellenhofer-Klein, Der rauchfreie Arbeitsplatz, RdA 2003, 155

Abmahnungstatbestände

Aufgrund des in den vergangenen Jahren immer stärker ausgeprägten und zwischenzeitlich auch konkret gesetzlich geregelten Nichtraucherschutzes (z. B. in der Arbeitsstättenverordnung) haben sich auch die Arbeitsgerichte schon seit längerer Zeit mit dieser Thematik beschäftigt. Während zunächst hauptsächlich die Frage, welche Maßnahmen der Arbeitgeber zum Schutz der Nichtraucher ergreifen muss, Streitgegenstand war, haben sich die Gerichte sodann auch damit beschäftigen müssen, welche arbeitsrechtlichen Konsequenzen Verstöße gegen ein Rauchverbot oder Regeln des Nichtraucherschutzes haben.

Das LAG Düsseldorf[138] hält auch bei langjähriger Betriebszugehörigkeit eine Kündigung für sozial gerechtfertigt, wenn ein Arbeitnehmer trotz wiederholter Abmahnungen gegen ein in einem Betrieb zwingend vorgeschriebenes Rauchverbot verstößt. In dem entschiedenen Fall handelte es sich um einen Frischfleischverarbeitungsbetrieb.

Auch das BAG hat sich in letzter Zeit mehrfach mit dem Thema „Rauchen am Arbeitsplatz" befasst. Nach seiner Rechtsprechung haben Arbeitnehmer nach § 618 Abs. 1 BGB einen arbeitsvertraglichen Anspruch auf einen tabakrauchfreien Arbeitsplatz, wenn das für sie aus gesundheitlichen Gründen geboten ist.[139] In diesem Fall ist der Arbeitgeber im Rahmen des ihm Zumutbaren verpflichtet, die Arbeitsplätze durch geeignete Maßnahmen so zu gestalten, dass Gefährdungen der Gesundheit nicht entstehen.

Später hat das BAG entschieden, ein vom Arbeitgeber und Betriebsrat beschlossenes generelles Rauchverbot in allen Betriebsräumen sei wirksam. Allerdings seien die Betriebsparteien nach § 75 Abs. 2 BetrVG verpflichtet, die freie Entfaltung der Persönlichkeit der im Betrieb beschäftigten Arbeitnehmer zu schützen. Dies gelte auch für Raucher. Das Rauchen müsse unter annehmbaren Bedingungen gestattet bleiben. Ein geschlossener Raum müsse dafür nicht zur Verfügung gestellt werden.[140]

Der zunehmende Nichtraucherschutz hat zur Folge, dass Rauchverbote eine größere praktische Bedeutung erlangen werden und sich damit auch die Frage einer Abmahnung häufiger stellen wird, wenn Arbeitnehmer entsprechende Anordnungen des Arbeitgebers missachten.

---

[138] Urt. v. 17.6.1997 = LAGE § 1 KSchG Verhaltensbedingte Kündigung Nr. 58; ebenso Urt. d. LAG Köln v. 1.8.2008 = LAGE § 1 KSchG Verhaltensbedingte Kündigung Nr. 101a

[139] Urt. v. 17.2.1998 – AP Nr. 26 zu § 618 BGB

[140] Urt. v. 19.1.1999 – AP Nr. 28 zu § 87 BetrVG 1972 Ordnung des Betriebes

3 Die konkreten Abmahnungsfälle mit Mustern

Nach § 5 Abs. 1 der Arbeitsstättenverordnung vom 12. August 2004 (BGBl. I S. 2179) hat der Arbeitgeber die erforderlichen Maßnahmen zu treffen, damit die nicht rauchenden Beschäftigten in Arbeitsstätten wirksam vor den Gesundheitsgefahren durch Tabakrauch geschützt sind. Diese Regelung ist durch das Gesetz zum Schutz vor den Gefahren des Passivrauchens vom 20. Juli 2007 (BGBl. I S. 1595) ergänzt worden. Danach muss der Arbeitgeber seit dem 1. September 2007 — soweit erforderlich — ein allgemeines oder auf einzelne Bereiche der Arbeitsstätte beschränktes Rauchverbot erlassen. Auch die neuen Nichtraucherschutzgesetze der Länder sehen weitgehende Rauchverbote vor.

Wenn Arbeitnehmer gegen betriebliche oder gesetzliche Rauchverbote verstoßen, handeln sie pflichtwidrig und können abgemahnt werden. Je nach Fallgestaltung kann sich sogar eine entsprechende Verpflichtung des Arbeitgebers zum Ergreifen der angemessenen arbeitsrechtlichen Mittel ergeben, um dem Nichtraucherschutz gemäß der Arbeitsstättenverordnung Rechnung zu tragen.

Der Verstoß gegen ein Rauchverbot in einem Betrieb mit hoher Brandgefahr kann nach einem Urteil des BAG[141] einen wichtigen Grund im Sinne von § 626 Abs. 1 BGB für eine außerordentliche Kündigung darstellen. Hat der Arbeitnehmer sein Fehlverhalten trotz mehrerer Abmahnungen wiederholt, geht dies — so das BAG — im Rahmen der Einzelfallbeurteilung und Interessenabwägung zu seinen Lasten.

Der Verstoß gegen ein wegen Brandgefahr angeordnetes Rauchverbot in einem Lackierbetrieb rechtfertigt nach Auffassung des LAG Schleswig-Holstein[142] ohne vorherige Abmahnung und angesichts einer Kündigungsfrist von nur zwölf Werktagen nur dann eine fristlose Kündigung, wenn durch das Rauchen die konkrete Gefahr eines Brandes oder einer Explosion bestanden hat.

Beide Entscheidungen machen deutlich, dass Verstöße gegen ein Rauchverbot unabhängig von dessen Rechtsgrundlage — von Extremfällen abgesehen — nur nach vorheriger Abmahnung eine Kündigung rechtfertigen können.

Ein abmahnungsrelevantes Verhalten im Zusammenhang mit dieser Thematik kann sich auch dann ergeben, wenn Raucher die ihnen eingeräumten „Raucherpausen" zeitlich überziehen und damit ihre arbeitsvertraglich geschuldete Leistungspflicht verletzen (vgl. hierzu 3.2.49).

---

[141] Urt. v. 27.9.2012 = NZA 2013, 425
[142] Urt. v. 27.8.2013 – 1 Sa 80/13 –

Abmahnungstatbestände

Abmahnung wegen Verstoßes gegen das Rauchverbot

Vorbemerkung: Rauchen im Betrieb kann nur dann abgemahnt werden, wenn der Arbeitgeber zulässigerweise ein Rauchverbot angeordnet hat oder ein gesetzliches Rauchverbot besteht und der Arbeitnehmer hiergegen verstößt.

> **MUSTERABMAHNUNG**
>
> Abmahnung   Datum
>
> Sehr geehrte/r Frau/Herr ...,
>
> nach der Betriebsvereinbarung vom ...., die am Schwarzen Brett aushängt und auf die alle Mitarbeiterinnen und Mitarbeiter im Rahmen der Betriebsversammlung am .... ausdrücklich hingewiesen worden sind, ist das Rauchen im Betrieb nur außerhalb der Arbeitszeit während der Pausen in den dafür eigens eingerichteten Raucherzonen zulässig.
> Trotz dieser Regelung haben Sie am .... während der Arbeitszeit, nämlich um .... Uhr, an Ihrem Arbeitsplatz geraucht und dadurch Ihre Kollegen Maurer und Schäfer, die beide zudem Nichtraucher sind, belästigt.
> Wir weisen Sie ausdrücklich darauf hin, dass wir dieses Verhalten nicht sanktionslos hinnehmen werden. Im Interesse der Ordnung des Betriebes und der Wahrung des Betriebsfriedens, aber auch mit Rücksicht auf die Beschäftigten, die Raucher sind und die Betriebsvereinbarung respektieren, können wir es nicht dulden, wenn einzelne Mitarbeiter dagegen verstoßen.
> In Ihrem eigenen Interesse raten wir Ihnen deshalb dringend, das Rauchverbot zu beachten. Andernfalls müssen Sie mit weitergehenden arbeitsrechtlichen Konsequenzen bis hin zur Kündigung Ihres Arbeitsverhältnisses rechnen.
>
> Mit freundlichen Grüßen

3.2.28 Reisekostenabrechnungen, unrichtige

Das Ausstellen unrichtiger Reisekostenabrechnungen stellt jedenfalls dann — wenn es absichtlich und zum Zwecke der ungerechtfertigten Bereicherung erfolgt — einen Betrug zu Lasten des Arbeitgebers und damit eine schwerwiegende Störung des Vertrauensverhältnisses dar, die ohne vorherige Abmahnung eine Kündigung rechtfertigt. Dies gilt nach der Rechtsprechung des BAG[143] selbst dann, wenn es sich um einen einmaligen Vorfall mit geringen finanziellen Auswirkungen handelt. Der Arbeitnehmer, der ein entsprechendes Fehlverhalten begeht, weiß ganz genau, dass der Arbeitgeber dies nicht billigen kann und wird. Er muss dann nicht erst durch eine Abmahnung zu vertragsgerechtem Verhalten aufgefordert werden.

Das LAG Frankfurt[144] hat in einem besonderen Ausnahmefall eine ordentliche Kündigung wegen Spesenbetrugs für unwirksam gehalten. Auch wenn grundsätzlich ein solches Verhalten — so das Gericht — immer einen Grund zur Kündigung — auch zur fristlosen Kündigung — darstelle, könne eine Interessenabwägung im Einzelfall ergeben, dass eine ordentliche Kündigung unwirksam ist, die gegen einen 56jährigen, für zwei Personen unterhaltspflichtigen, seit 17 Jahren beanstandungsfrei beschäftigten Arbeitnehmer ausgesprochen wurde, der den einmaligen Verstoß zugegeben und wiedergutgemacht hat und aus dessen gesamten Verhalten hervorgeht, dass eine weitere Verfehlung nicht wieder vorkommen wird.

Etwas anderes gilt auf jeden Fall dann, wenn die unrichtigen Abrechnungen auf mangelnder Sorgfalt und damit auf Fahrlässigkeit beruhen. In diesem Fall muss der Arbeitnehmer zunächst abgemahnt werden, bevor der Arbeitgeber deswegen zum Mittel der Kündigung greift. Bewusstes und damit vorsätzliches Handeln liegt nach der Rechtsprechung des BAG[145] bereits dann vor, wenn der rechtswidrige Erfolg vom Arbeitnehmer für möglich gehalten und billigend in Kauf genommen wird. In diesem Fall handelt es sich um eine erhebliche Pflichtverletzung, die ohne Abmahnung eine Kündigung rechtfertigen kann.

Abmahnung wegen unrichtiger Reisekostenabrechnung

Vorbemerkung: Sofern der Arbeitnehmer vorsätzlich gehandelt hat und sich bereichern will, liegt ein außerordentlicher Kündigungsgrund vor, der ohne Abmahnung sofort zur Kündigung berechtigt. Eine Abmahnung kann ausnahmsweise dann erforderlich sein, wenn die Unrichtigkeit der Abrechnung auf einer Fahrlässigkeit des Arbeitnehmers beruht.

---

[143] Urt. v. 6.9.2007 – AP Nr. 208 zu § 626 BGB; Urt. v. 11.7.2013 = NZA 2014, 250
[144] Urt. v. 5.7.1988 = LAGE § 1 KSchG Verhaltensbedingte Kündigung Nr. 20
[145] Urt. v. 11.7.2013 = NZA 2014, 250

Abmahnungstatbestände

> **MUSTERABMAHNUNG**
>
> Abmahnung   Datum
>
> Sehr geehrte/r Frau/Herr ...,
>
> bei der Überprüfung der von Ihnen eingereichten Reisekostenabrechnungen haben wir festgestellt, dass in mehreren Fällen unzutreffende Tagegeldsätze von Ihnen eingetragen worden sind. Im Einzelnen handelt es sich um folgende Abrechnungen:
> 6. Februar 2002:
> Abwesenheit von 8.40 Uhr bis 17.45 Uhr
> Tagegeldanspruch: 6 Euro
> Von Ihnen eingetragen: 12 Euro
> 21. Februar 2002:
> Abwesenheit von 6.30 Uhr bis 21.20 Uhr
> Tagegeldanspruch: 12 Euro
> Von Ihnen eingetragen: 20 Euro
> 5. März 2002:
> Abwesenheit von 10.50 Uhr bis 17.00 Uhr
> Tagegeldanspruch: 0 Euro
> Von Ihnen eingetragen: 6 Euro
> Wir erwarten von Ihnen, dass Sie künftig die Reisekostenabrechnungen mit der gebotenen Sorgfalt ausfüllen. Ihre widersprüchlichen Angaben erfordern nicht nur entsprechende Korrekturen durch unsere Zahlungsabteilung, sondern lassen darüber hinaus auch Zweifel aufkommen, ob der von Ihnen jeweils angegebene Beginn und das Ende der Dienstreise den Gegebenheiten entsprechen. Bei weiteren arbeitsvertraglichen Pflichtverletzungen behalten wir uns weitergehende Schritte bis hin zur Kündigung Ihres Arbeitsverhältnisses vor.
>
> Mit freundlichen Grüßen

3.2.29 Schlechtleistungen

Literatur: Howald, Kündigung wegen Schlecht- oder Minderleistung, öAT 2014, 153; Hunold, Subjektiv determinierte Leistungspflicht des Mitarbeiters und Konkretisierung von Arbeitsanweisungen und Abmahnungen, NZA 2009, 830; Hunold, Abmahnung und Kündigung wegen Leistungs- und/oder Qualifikationsdefiziten des Mitarbeiters — Eine aktuelle Bestandsaufnahme, NZA-RR 2014, 169; Sasse, Kündigung bei Schlechtleistung, ZTR 2009, 186; Vogt/Oltmanns, Neues zur Kündigung wegen geänderter Anforderungsprofile, NZA 2012, 599

Auf Pflichtverletzungen beruhende Schlechtleistungen des Arbeitnehmers sind nach der Rechtsprechung des BAG[146] geeignet, eine ordentliche Kündigung zu rechtfertigen, sofern die Leistungsstörungen dem Arbeitnehmer vorwerfbar sind.

Ob eine Leistung als Schlechtleistung anzusehen ist, wird nach den vertraglichen Vereinbarungen der Parteien beurteilt. Ist die Arbeitsleistung im Vertrag — wie zumeist — der Menge und der Qualität nach nicht oder nicht näher beschrieben, so richtet sich der Inhalt des Leistungsversprechens zum einen nach dem vom Arbeitgeber durch Ausübung seines Direktionsrechts festzulegenden Arbeitsinhalt und zum anderen nach dem persönlichen Leistungsvermögen des Arbeitnehmers. Dieser muss tun, was er soll, und zwar so gut, wie er kann. Die Leistungspflicht orientiert sich also an der Leistungsfähigkeit des Arbeitnehmers. Dies bedeutet allerdings nicht, dass der Arbeitnehmer seine Leistungspflicht selbst bestimmen kann. Er muss so gut arbeiten, wie er kann, d. h. er muss — so das BAG — „unter angemessener Ausschöpfung seiner persönlichen Leistungsfähigkeit arbeiten". In derartigen Fällen muss nach der Rechtsprechung des BAG genau analysiert werden, ob verhaltensbedingte oder personenbedingte Gründe die Ursache für die Schlechtleistungen oder Minderleistungen sind. Wenn der Arbeitgeber Leistungsmängel feststellt und diese gegenüber dem Arbeitnehmer konkretisiert, ist es Sache des Arbeitnehmers, plausible Gründe vorzutragen, die darauf schließen lassen, dass ihm keine Pflichtverletzungen zum Vorwurf gemacht werden können, weil er seine persönliche Leistungsfähigkeit ausschöpft. Gelingt ihm dies nicht, liegen offenkundig verhaltensbedingte Gründe vor, die den Arbeitgeber nach erfolgloser Abmahnung zur Kündigung berechtigen.

Diese Rechtsprechung macht deutlich, dass eine rechtlich haltbare Abmahnung wegen Minderleistungen einer sehr sorgfältigen Prüfung und Formulierung bedarf. In dem einen vom BAG entschiedenen Fall[147] hatte der Arbeitgeber den Kläger in der Abmahnung aufgefordert, „durchschnittliche Produktionsergebnisse" zu erzielen. Das BAG hat die Abmahnung für unwirksam erklärt, weil eine derartige Verpflichtung nicht bestehe. Der Arbeitnehmer sei nicht zur Erzielung bestimmter Arbeitser-

---

[146] Urt. v. 11.12.2003 – AP Nr. 48 zu § 1 KSchG 1969 Verhaltensbedingte Kündigung; Urt. v. 17.1.2008 = NZA 2008, 693; Urt. v. 27.11.2008 = NZA 2009, 842; vgl. hierzu auch LAG Mecklenburg-Vorpommern, Urt. v. 15.9.2011 – NZA-RR 2012, 246; LAG Hamm, Urt. v. 25.9.2012 – 9 Sa 702/12; LAG Schleswig-Holstein, Urt. v. 27.6.2013 = LAGE § 1 KSchG Verhaltensbedingte Kündigung Nr. 19; Urt. d. ArbG Kassel v. 26.5.2010 = öAT 2010, 143

[147] Urt. v. 27.11.2008 = NZA 2009, 842

folge verpflichtet. Die Aufforderung in einer Abmahnung könne deshalb nur dahin gehen, die persönliche Leistungsfähigkeit auszuschöpfen. Die Unterdurchschnittlichkeit der bisher erzielten Ergebnisse sei lediglich ein Indiz für die Minderleistung.

Beruhen die Minderleistungen auf persönlichen Umständen, die der Arbeitnehmer nicht beeinflussen kann und die von ihm auch nicht verschuldet sind, kann lediglich eine personenbedingte Kündigung in Betracht kommen, sofern eine dauerhafte Störung des Austauschverhältnisses vorliegt, ohne dass dem Arbeitnehmer deswegen eine Pflichtverletzung zum Vorwurf gemacht werden könnte. In einem solchen Fall scheidet eine Abmahnung aus, weil sie nichts zur Objektivierung der negativen Prognose beitragen könnte. Der Arbeitnehmer ist dann nämlich nicht in der Lage, sein Verhalten zu ändern. Die Funktion der Abmahnung ginge ins Leere.

Eine Kassendifferenz von 10 Euro bei einer Kassiererin, die sonst in der Regel lediglich kleinere Differenzen von weniger als einem Euro aufzuweisen hat, stellt nach einer Entscheidung des LAG Berlin[148] eine objektive Pflichtverletzung dar, die abgemahnt werden kann.

Anders ist die Rechtslage, wenn der Arbeitnehmer seine Aufgabenerfüllung vortäuscht und tatsächlich erhebliche Defizite vorliegen. In einem solchen Fall kann unter Umständen sogar ein wichtiger Grund für eine außerordentliche Kündigung vorliegen. Das BAG[149] hatte sich mit einem Fall zu befassen, bei dem der Kläger über einen Zeitraum von fast zwei Jahren vorgeschriebene Überprüfungen unterlassen und gleichzeitig durch die Unterzeichnung entsprechender Protokolle vorgetäuscht hatte, er habe die Überprüfungen durchgeführt. Es hat die vom Arbeitgeber ausgesprochene fristlose Kündigung aufgrund der im Einzelfall vorgenommenen Interessenabwägung zwar für unwirksam erklärt, aber zugleich festgestellt, dem Arbeitgeber sei eine Abmahnung objektiv unzumutbar gewesen. Die von ihm gleichzeitig erklärte ordentliche Kündigung sei wirksam, da sie angesichts der schwerwiegenden Pflichtverletzungen des Klägers nicht unverhältnismäßig gewesen sei.

Abmahnung wegen Schlechtleistungen

Vorbemerkung: In einem solchen Fall ist es besonders wichtig, ein abmahnungsrelevantes (vorwerfbares) Fehlverhalten festzustellen und konkret zu beschreiben. Schlagworte wie „mangelhafte Leistungen", „unzureichendes Engagement", „mangelndes Interesse" und ähnliche pauschale Formulierungen reichen nicht aus.

---

[148] Urt. v. 26.3.2004 = ZTR 2004, 548
[149] Urt. v. 9.6.2011 = NZA-RR 2012, 12

> **MUSTERABMAHNUNG**
>
> Abmahnung   Datum
>
> Sehr geehrte Frau ...,
>
> wir haben Sie wiederholt darauf angesprochen, dass Ihre Rechtschreibung sehr zu wünschen übrig lässt. Am ..... haben Sie Herrn Müller ein zweiseitiges Schreiben zur Unterzeichnung vorgelegt, das 17 Rechtschreib- und Interpunktionsfehler enthielt. Der vorgelegte Text ist diesem Schreiben als Anlage beigefügt. Außerdem mussten wir feststellen, dass Ihre Schreibgeschwindigkeit im Vergleich zu Ihren beiden Kolleginnen erheblich abfällt. Frau Bader und Frau Menzel erledigen in einer Woche im Durchschnitt eine Korrespondenz von etwa 250 Seiten, während Ihr Arbeitspensum im vergleichbaren Zeitraum bei 150 Seiten liegt. Diese Werte haben wir zuletzt in der 7. Kalenderwoche dieses Jahres festgestellt. Wir erwarten von Ihnen eine deutliche Leistungssteigerung. Sie müssen sich bemühen, Rechtschreibfehler zu vermeiden. Dafür steht Ihnen am Arbeitsplatz ein Duden zur Verfügung. Außerdem können Sie das Rechtschreibprogramm Ihres PC zur Kontrolle aktivieren, um die Anzahl der Fehler zumindest zu minimieren. Wir fordern Sie deshalb auf, Ihre persönliche Leistungsfähigkeit auszuschöpfen und die von uns beanstandeten Mängel abzustellen.
> Sollten Ihre Arbeitsleistungen künftig nicht unseren Erwartungen entsprechen und erneut Anlass zu Beanstandungen geben, müssen Sie wissen, dass der Inhalt oder Bestand Ihres Arbeitsverhältnisses gefährdet ist.
>
> Mit freundlichen Grüßen

3.2.30 Schmiergelder, Annahme von ...

Literatur: Müller, Belohnungen und Geschenke an Beschäftigte des öffentlichen Dienstes, öAT 2011, 222

Wer im Zusammenhang mit seiner beruflichen Tätigkeit zusätzliche finanzielle Zuwendungen von Kunden oder Mandanten fordert oder Geldgeschenke (sog. Schmiergelder) von Personen entgegennimmt, mit denen der Arbeitgeber in geschäftlichen Beziehungen steht, beeinträchtigt die Vertrauensgrundlage so erheblich, dass ohne vorherige Abmahnung im Regelfall eine außerordentliche Kündigung des Arbeitsverhältnisses in Betracht kommt.[150]

Besondere Verpflichtungen treffen insoweit die Beschäftigten des öffentlichen Dienstes. Nach der ausdrücklichen Regelung in § 3 Abs. 2 TVöD bzw. § 3 Abs. 3 TV-L dürfen sie von Dritten Belohnungen, Geschenke, Provisionen oder sonstige Vergünstigungen in Bezug auf ihre Tätigkeit nicht annehmen. Werden den Beschäftigten derartige Vergünstigungen angeboten, haben sie dies dem Arbeitgeber unverzüglich anzuzeigen. Der wiederholte Verstoß gegen diese Vorschriften ist an sich geeignet, einen wichtigen Grund zur außerordentlichen Kündigung darzustellen. Dabei kommt es nicht darauf an, ob die Vergünstigungen eine Amtspflichtverletzung bewirken oder entgelten sollen.[151]

3.2.31 Schweigepflicht, Verletzung der

Literatur: Müller, Die Verschwiegenheitspflicht im öffentlichen Dienst, öAT 2012, 102

Das BAG hatte 1974[152] einen Sachverhalt zu entscheiden, in dem einem Arbeitnehmervertreter im Aufsichtsrat zum Vorwurf gemacht worden war, Kenntnisse und Informationen weitergegeben zu haben, die er in dieser Eigenschaft erlangt hatte. Zwischen den Parteien war streitig, inwieweit der Geschäftsführer die vorangegangenen Gespräche als vertraulich bezeichnet hatte. Das BAG hat betont, der Kläger könne seine Pflichten aus dem Arbeitsverhältnis verletzt haben, genau und vollständig zu berichten und keine — nach der Unterrichtung durch den Geschäftsführer — nicht gerechtfertigten Bedenken zu äußern, die den Betriebsfrieden gefährden und das Ansehen des Arbeitgebers in der Öffentlichkeit schädigen konnten. Diese Pflichtverletzung hat das Gericht als Störung im Vertrauensbereich gewertet, bei der es grundsätzlich keiner Abmahnung vor Ausspruch der Kündigung bedürfe.

Die Beschäftigten des öffentlichen Dienstes unterliegen einer besonderen Schweigepflicht. Nach § 3 Abs. 1 TVöD bzw. § 3 Abs. 2 TV-L haben sie über Angelegenheiten, deren Geheimhaltung durch gesetzliche Vorschriften vorgesehen oder vom

---

[150] Urt. d. LAG Köln v. 4.1.1984 = DB 1984,1101; Urt. d. LAG Schleswig-Holstein v. 6.5.1996 = LAGE § 626 BGB Nr. 95; Urt. d. LAG Hessen v. 18.6.1997 = LAGE § 626 BGB Nr. 114; siehe auch Urt. d. BAG v. 15.11.1995 – AP Nr. 73 zu § 102 BetrVG 1972

[151] Urt. d. LAG Schleswig-Holstein v. 17.12.2008 = NZA-RR 2009, 397; Müller in öAT 2011, 222; zur außerordentlichen Kündigung gegenüber einem ordentlich nicht mehr kündbaren Filialleiter einer Sparkasse wegen nicht nachgewiesener Annahme von Vergünstigungen: Urt. d. LAG Hamm v. 19.8.2010 = öAT 2010, 234

[152] Urt. v. 4.4.1974 – AP Nr. 1 zu § 626 BGB Arbeitnehmervertreter im Aufsichtsrat

Arbeitgeber angeordnet ist, Verschwiegenheit zu wahren. Diese Pflicht gilt über die Beendigung des Arbeitsverhältnisses hinaus. Sofern der Arbeitgeber eine Abmahnung wegen Verletzung dieser Schweigepflicht aussprechen will, muss er das von ihm beanstandete Fehlverhalten genau bezeichnen, und zwar nicht nur den Sachverhalt, sondern auch, warum er das Verhalten des Beschäftigten für pflichtwidrig hält.[153]

3.2.32 Sexuelle Belästigung

Literatur: Degen, Neue Rechtsprechung zu sexueller Belästigung am Arbeitsplatz, PersR 1999, 8

Sexuelle Belästigung am Arbeitsplatz ist eine Verletzung der arbeitsvertraglichen Pflichten. Dies war so ausdrücklich in § 2 Abs. 3 des Gesetzes zum Schutz der Beschäftigten vor sexueller Belästigung am Arbeitsplatz (Beschäftigtenschutzgesetz) vom 24. Juni 1994 (BGBl. I S. 1406) geregelt. Dieses Gesetz ist durch das Allgemeine Gleichbehandlungsgesetz (AGG) vom 14. August 2006 (BGBl. S. 1897) abgelöst worden, das an mehreren Stellen Regelungen zu dieser Thematik enthält.

So ist u. a. Ziel des Gesetzes, Benachteiligungen aus Gründen der sexuellen Identität zu verhindern oder zu beseitigen (§ 1 AGG). Die sexuelle Belästigung ist in § 3 Abs. 4 AGG definiert. Verstoßen Beschäftigte gegen das Benachteiligungsverbot des § 7 Abs. 1 AGG, wozu auch die sexuelle Belästigung gehört, muss der Arbeitgeber die im Einzelfall geeigneten, erforderlichen und angemessenen Maßnahmen zur Unterbindung der Benachteiligung wie Abmahnung, Umsetzung, Versetzung oder Kündigung ergreifen (§ 12 Abs. 3 AGG). Ergreift der Arbeitgeber keine oder offensichtlich ungeeignete Maßnahmen zur Unterbindung einer sexuellen Belästigung am Arbeitsplatz, sind die betroffenen Beschäftigten berechtigt, ihre Tätigkeit ohne Verlust des Arbeitsentgelts einzustellen, soweit dies zu ihrem Schutz erforderlich ist (§ 14 Satz 1 AGG).

Eine Abmahnung dürfte nur bei sexuellen Belästigungen von geringem Gewicht angemessen und ausreichend sein. Bei der Bewertung des Fehlverhaltens kann die gesetzliche Begriffsbestimmung in § 3 Abs. 4 AGG als Orientierungshilfe herangezogen werden. Bei strafrechtlich relevanten sexuellen Belästigungen ist im Regelfall nur eine Kündigung des Arbeitsverhältnisses geeignet, den Schutz der Beschäftigten zu gewährleisten.

---

[153] vgl. hierzu Urt. d. LAG Düsseldorf v. 24.7.2009 = NZA-RR 2010, 52

Abmahnungstatbestände

Bedenklich erscheint die Auffassung des LAG Niedersachsen[154], aufgrund des in § 12 Abs. 3 AGG übernommenen Verhältnismäßigkeitsgrundsatzes habe bei sexuellen Belästigungen der Kündigung — von Extremfällen abgesehen — regelmäßig eine Abmahnung vorauszugehen. Der Arbeitgeber müsse bei mehreren geeigneten und möglichen Schutzmaßnahmen diejenige ergreifen, die den Täter am wenigsten belaste. Dies gelte umso mehr, wenn in der Dienststelle eine Dienstvereinbarung gilt, die gestufte Gegenmaßnahmen des Arbeitgebers für den Fall sexueller Belästigungen vorsieht.

Das AGG dient in erster Linie dem Schutz vor Benachteiligungen und damit dem Schutz der Benachteiligten und nicht der Täter. Dies macht insbesondere auch die Definition der sexuellen Belästigung in § 3 Abs. 4 AGG deutlich. Wenn die in § 12 Abs. 3 AGG aufgeführten Maßnahmen in eine Dienstvereinbarung übernommen werden, heißt dies nicht automatisch, dass der Arbeitgeber — unabhängig von der Intensität der Pflichtverletzung — die Skala der möglichen Gegenmaßnahmen ausschöpfen und mit der mildesten beginnen muss. Die Aussage, sexuelle Belästigungen seien regelmäßig zunächst abzumahnen, lässt sich jedenfalls nicht verallgemeinern. Es kommt — wie immer — auf die konkreten Umstände des Einzelfalles an.

Sexuelle Handgreiflichkeiten und anzügliche Bemerkungen können auch ohne Abmahnung eine Kündigung rechtfertigen. Dies hat das BAG[155] entschieden. Sofern ein Arbeitnehmer bereits einschlägig abgemahnt war, ist auch bei langjährig Beschäftigten im Wiederholungsfall eine außerordentliche Kündigung gerechtfertigt. Dies hat das BAG[156] auf der Grundlage von § 12 Abs. 3 AGG bestätigt.

Im vorliegenden Fall war der im Jahr 1950 geborene und seit Juli 1976 bei der Beklagten beschäftigte Kläger im Oktober 2007 abgemahnt worden, weil er eine Mitarbeiterin durch einen Schlag auf das Gesäß belästigt hatte. Ende Juni 2008 machte der Kläger gegenüber einer 26-jährigen Mitarbeiterin der Beklagten an zwei Tagen bei vier Gelegenheiten Bemerkungen sexuellen Inhalts. Aufgrund dieser Vorfälle kündigte die Beklagte das Arbeitsverhältnis fristlos sowie hilfsweise fristgerecht.

Das BAG hat die außerordentliche Kündigung für wirksam erachtet. Die Würdigung des LAG, trotz der Abmahnung vom Oktober 2007 rechtfertige das Fehlverhalten

---

[154] Urt. v. 25.11.2008 = NZA-RR 2009, 249; vgl. auch LAG Baden-Württemberg, Urt. v. 17.7.2013 = LAGE § 12 AGG Nr. 3, das ggf. eine Abmahnung als Reaktion auf die sexuelle Belästigung eines Arbeitskollegen für ausreichend und eine Kündigung als unverhältnismäßig erachtet

[155] Beschl. d. BAG v. 9.1.1986 – AP Nr. 20 zu § 626 BGB Ausschlussfrist; Urt. d. BAG v. 25.3.2004 – AP Nr. 189 zu § 626 BGB

[156] Urt. v. 9.6.2011 = NZA 2011, 1342; vgl. auch Hessisches LAG, Urt. v. 21.2.2014 = NZA-RR 2014, 585 zu verbaler sexueller Belästigung in Facebook; ErfK/Müller-Glöge § 626 BGB Rn. 130 m.w.N.

des Klägers keine negative Prognose, sei rechtsfehlerhaft. Ist der Arbeitnehmer wegen gleichartiger Pflichtverletzungen schon einmal abgemahnt worden und verletzt er seine vertraglichen Pflichten gleichwohl erneut, kann nach der Auffassung des BAG regelmäßig davon ausgegangen werden, es werde auch weiterhin zu Vertragsstörungen kommen. Dabei ist nicht erforderlich, dass es sich um identische Pflichtverletzungen handelt. Es reicht aus, dass die jeweiligen Pflichtwidrigkeiten aus demselben Bereich stammen und somit Abmahnungs- und Kündigungsgründe in einem inneren Zusammenhang stehen. Entscheidend ist letztlich, ob der Arbeitnehmer aufgrund der Abmahnung erkennen konnte, der Arbeitgeber werde weiteres Fehlverhalten nicht hinnehmen, sondern ggf. mit einer Kündigung reagieren.

Nach diesen Grundsätzen bestand zwischen der der Abmahnung vom Oktober 2007 zugrunde liegenden Pflichtverletzung und den zur Kündigung führenden Pflichtverstößen ein ausreichender innerer Zusammenhang. Mit den zur Kündigung führenden verbalen sexuellen Belästigungen trat eine der körperlichen Belästigung im Oktober 2007 gleichartige Unzuverlässigkeit und Grenzüberschreitung des Klägers zu Tage. Es geht in beiden Fällen um ein die Integrität der Betroffenen missachtendes, erniedrigendes Verhalten. Unerheblich ist, in welcher Form sich die sexuellen Belästigungen im Sinne von § 3 Abs. 4 AGG äußerten.

Der Beklagten war die Fortsetzung des Arbeitsverhältnisses nach der zutreffenden Auffassung des BAG bis zum Ablauf der ordentlichen Kündigungsfrist nicht zuzumuten. Die Beklagte hatte gemäß § 12 Abs. 1 Satz 1 AGG die Pflicht, ihr weibliches Personal effektiv vor weiteren sexuellen Belästigungen durch den Kläger zu schützen. Dies konnte sie durch den Ausspruch einer nur ordentlichen Kündigung nicht gewährleisten. Für den Lauf der Kündigungsfrist von sieben Monaten zum Ende eines Kalendermonats hätte vielmehr die Gefahr einer Belästigung durch den Kläger — möglicherweise gerade verstärkt durch das absehbare Ende des Arbeitsverhältnisses — fortbestanden.

Ein besonders strenger Maßstab ist bei der sexuellen Belästigung von Auszubildenden geboten.[157]

Nach zutreffender Ansicht des LAG Hamm[158] ist eine Abmahnung nicht ausreichend, wenn der Arbeitgeber gezwungen ist, andere geeignete Maßnahmen zu ergrei-

---

[157] vgl. hierzu Hessisches LAG, Urt. v. 27.2.2012 = NZA-RR 2012, 471; LAG Niedersachsen, Urt. v. 6.12.2013 = LAGE § 626 BGB 2002 Nr. 46
[158] Urt. v. 22.10.1996 – AP Nr. 136 zu § 626 BGB; vgl. auch Urt. d. LAG Hamm v. 13.2.1997 = LAGE § 626 BGB Nr. 110; Urt. d. LAG Hamm v. 10.3.1999 = LAGE § 1 KSchG Verhaltensbedingte Kündigung Nr. 75; Urt. d. Sächsischen LAG v. 10.3.2000 = LAGE § 626 BGB Nr. 130

Abmahnungstatbestände

fen, um die Fortsetzung der sexuellen Belästigung zu unterbinden. Im Rahmen des (zum Entscheidungszeitpunkt noch geltenden) Beschäftigtenschutzgesetzes ist die Abmahnung — so das LAG Hamm — als die mildeste Reaktion in § 4 Abs. 1 Nr. 1 Satz 1 des Beschäftigtenschutzgesetzes (jetzt in § 12 Abs. 3 AGG) normierten Stufenskala vorgesehen. In dem konkreten Fall hat das Gericht die außerordentliche Kündigung für unwirksam erklärt, die vom Arbeitgeber gleichzeitig ausgesprochene vorsorgliche ordentliche Kündigung aber für wirksam erachtet.

Auch sexuelle Verfehlungen im außerdienstlichen Bereich können durchaus kündigungsrelevant sein.[159]

Zum sog. Stalking

Abmahnung wegen sexueller Belästigung

Vorbemerkung: Bei sexueller Belästigung hat der Arbeitgeber die im Einzelfall angemessenen arbeitsrechtlichen Maßnahmen zu ergreifen. Das AGG nennt in diesem Zusammenhang u. a. auch die Abmahnung (§ 12 Abs. 3). Diese Maßnahme erscheint jedoch — wenn überhaupt — nur bei Belästigungen von ganz geringem Ausmaß angemessen und ausreichend.

MUSTERABMAHNUNG

Abmahnung   Datum

Sehr geehrter Herr ...,

die Auszubildende Maria Schneider hat sich kürzlich bei uns darüber beschwert, dass Sie in ihrer Gegenwart des Öfteren anzügliche Witze oder Redewendungen mit obszönem Inhalt machen. Frau Schneider fühlt sich dadurch erheblich belästigt, zumal nach ihrer Darstellung von Ihnen dieses Verhalten nur dann gezeigt wird, wenn Sie mit Frau Schneider allein im Zimmer sind.
So haben Sie am .... ihr gegenüber geäußert, sie habe heute einen „geilen Minirock" an, so dass Sie sich „kaum zurückhalten" könnten.
Wir weisen Sie mit allem Nachdruck darauf hin, dass wir dieses Fehlverhalten auf das Schärfste rügen und nicht hinzunehmen bereit sind. Ihnen wird deshalb mit sofortiger Wirkung die Zuständigkeit für die Ausbildung von Frau

---

[159] vgl. hierzu das in Kapitel „Außerdienstliches Fehlverhalten" behandelte Urt. d. BAG v. 27.1.2011 = NZA 2011, 798

Schneider und den übrigen Auszubildenden entzogen. Lediglich im Hinblick auf Ihre langjährige Betriebszugehörigkeit sehen wir heute von einer Kündigung ab. Sie müssen jedoch wissen, dass wir bei einer erneuten Pflichtverletzung unweigerlich eine Kündigung Ihres Arbeitsverhältnisses erklären werden.

Mit freundlichen Grüßen

3.2.33 Sparsamkeit, Verstoß gegen …

Bestellt der Leiter einer technischen Betriebsgruppe zu große Glasscheiben und entstehen dadurch dem öffentlichen Arbeitgeber Mehrkosten, so verstößt der Arbeitnehmer gegen das für alle Bereiche öffentlicher Verwaltung geltende Gebot der Sparsamkeit und Wirtschaftlichkeit. Derselbe Grundsatz gilt selbstverständlich auch für die Privatwirtschaft. Hat der Arbeitnehmer langjährig ohne Beanstandungen gearbeitet, so rechtfertigt diese arbeitsvertragliche Pflichtverletzung nach zutreffender Ansicht des LAG Köln noch keine Kündigung, sondern berechtigt den Arbeitgeber lediglich zur Abmahnung.[160]

Abmahnung wegen Verstoßes gegen den Grundsatz der Sparsamkeit

Vorbemerkung: Bei vorsätzlichem Verhalten des Arbeitnehmers kommt ohne vorherige Abmahnung eine sofortige Kündigung in Betracht. Im Übrigen muss in der Abmahnung der Vorwurf konkret beschrieben sein und erkennen lassen, inwiefern der Arbeitnehmer eine Pflichtverletzung begangen hat.

! MUSTERABMAHNUNG

Abmahnung   Datum

Sehr geehrte/r Frau/Herr …,

Wie Sie wissen, sind wir alle zu einer wirtschaftlichen und sparsamen Verwendung unserer Haushaltsmittel verpflichtet. Ihr nachfolgend dargestelltes Verhalten steht dazu in Widerspruch und gibt uns deshalb Veranlassung, Sie abzumahnen.

---

[160] Urt. v. 31.3.1987 = ArbuR 1988, 56

Anlässlich Ihrer Dienstreise am .... nach Hamburg haben Sie zwei Übernachtungen in einem 5-Sterne-Hotel zu einem Gesamtpreis von 560 Euro gebucht, obwohl nach Auskunft der Veranstalter in einem 4-Sterne-Hotel in unmittelbarer Nähe des Tagungsortes noch genügend Kapazitäten frei waren und der Veranstalter ausdrücklich auf dieses Haus hingewiesen hatte. Dort hätte die Einzelübernachtung lediglich 200 Euro gekostet. Außerdem haben Sie mehrere Stadtfahrten mit dem Taxi innerhalb von Hamburg zu einem Gesamtpreis von 85 Euro abgerechnet, anstatt ein Mehrtagesticket des ÖPNV zu nutzen.

Wir sind nicht bereit, ein so wenig kostenbewusstes Verhalten zu akzeptieren. Übernachtungen in einem 4-Sterne-Hotel sind Ihnen ebenso zumutbar wie Fahrten mit öffentlichen Verkehrsmitteln, zumal dann, wenn Sie kein schweres Gepäck zu transportieren haben.

Bitte achten Sie künftig auf sparsames und wirtschaftliches Handeln. Andernfalls sehen wir uns gezwungen, weitergehende arbeitsrechtliche Schritte bis hin zur Kündigung einzuleiten.

Mit freundlichen Grüßen

3.2.34 Stalking

Unter Stalking ist das willentliche und wiederholte Verfolgen oder Belästigen einer Person zu verstehen, deren physische oder psychische Unversehrtheit dadurch unmittelbar, mittelbar oder langfristig bedroht und geschädigt werden kann (zitiert nach Wikipedia). Seit 2007 ist ein derartiges Verhalten unter Strafe gestellt, und zwar unter der Bezeichnung „Nachstellung" (§ 238 StGB).

Sofern die Handlungsform eines Stalkers die Begriffsbestimmung der sexuellen Belästigung gemäß § 3 Abs. 4 AGG erfüllt, ist die entsprechende Verhaltensweise eines Arbeitnehmers von dem Arbeitgeber unter diesem Aspekt zu bewerten.

Ein schwerwiegender Verstoß eines Arbeitnehmers gegen seine vertragliche Nebenpflicht, die Privatsphäre und den deutlichen Wunsch einer Arbeitskollegin zu respektieren, nichtdienstliche Kontaktaufnahmen mit ihr zu unterlassen, kann nach der Auffassung des BAG[161] eine außerordentliche Kündigung rechtfertigen. Ob es zuvor einer Abmahnung bedarf, hängt von den Umständen des Einzelfalles ab.

---

[161] Urt. v. 19.4.2012 = NZA-RR 2012, 567

3.2.35 Streik, Teilnahme an …

Für nicht gerechtfertigt hat das BAG die Abmahnung einer Arbeitnehmerin gehalten, die in einem Warenhaus beschäftigt und wegen bevorstehender Warnstreiks vom Arbeitgeber schriftlich zum Notdienst der Erste-Hilfe-Leistung bestellt worden war.[162] Die Klägerin hatte gleichwohl am Warnstreik der Gewerkschaft HBV teilgenommen und ihren Notdienst nicht verrichtet; sie erhielt deshalb eine schriftliche Abmahnung, die der Arbeitgeber zu ihren Personalakten nahm. Das BAG ließ dahingestellt, ob der Warnstreik rechtmäßig war. Nach längeren Ausführungen zum Notdienst und zu Erhaltungsarbeiten bei einem Arbeitskampf kam es zu dem Ergebnis, die Bestellung der Klägerin zum Notdienst sei nicht erforderlich gewesen, so dass ihre Teilnahme an dem Warnstreik keine Verletzung ihrer vertraglichen Pflichten darstellte.

Die Teilnahme an einem unzulässigen Solidaritätsstreik berechtigt nach der Ansicht des BAG den Arbeitgeber zu einer Abmahnung. Die Klägerin hatte während des Arbeitskampfes in der Metallindustrie in Württemberg/Baden um die Einführung der 35-Stunden-Woche an einem von der Gewerkschaft ÖTV ausgerufenen Solidaritätsstreik teilgenommen. Nach Auffassung des BAG war die Klägerin nicht berechtigt, zur Teilnahme an diesem Streik ihren Arbeitsplatz zu verlassen und die Erfüllung ihrer Arbeitspflicht zu verweigern. Das beklagte Land habe daher die Klägerin zu Recht wegen dieser Vertragsverletzung abgemahnt.[163]

Anders verhält es sich dagegen bei einem Streik von Gewerkschaftsmitgliedern gegen einen nicht dem Arbeitgeberverband angehörigen Arbeitgeber, soweit er einen Firmentarifvertrag abgeschlossen hat, der hinsichtlich einiger Arbeitsbedingungen keine Regelungen enthält, sondern dynamisch auf die jeweiligen Bestimmungen des Verbandstarifvertrages verweist. Da in diesem Fall der Arbeitgeber kein unbeteiligter Dritter ist, ist die Teilnahme an dem Streik rechtmäßig und eine Abmahnung nicht zulässig.[164]

Auch eine Abmahnung wegen Teilnahme an einem rechtmäßigen Warnstreik ist nach Ansicht des LAG Rheinland-Pfalz unzulässig.[165]

---

[162] Urt. v. 30.3.1982 – AP Nr. 74 zu Art. 9 GG Arbeitskampf

[163] Urt. v. 12.1.1988 – AP Nr. 90 zu Art. 9 GG Arbeitskampf; vgl. hierzu auch Conze in DB 1989, 778, 779; Urt. d. ArbG Marburg v. 10.12.2010 = NZA-RR 2011, 140

[164] Urt. d. BAG v. 18.2.2003 – AP Nr. 163 zu Art. 9 GG Arbeitskampf (Das BAG hat damit die gegenteilige Entscheidung des LAG Hamm vom 24.10.2001 – AP Nr. 161 zu Art. 9 GG Arbeitskampf – aufgehoben.)

[165] Urt. v. 20.3.1981 = EzBAT § 13 BAT Nr. 5

Abmahnungstatbestände

Etwas anderes gilt allerdings dann, wenn Arbeitnehmer anlässlich der Teilnahme an einem Warnstreik unrechtmäßigerweise Dienstfahrzeuge des Arbeitgebers benutzen. In diesem Fall liegt verbotene Eigenmacht und damit eine arbeitsvertragliche Pflichtverletzung vor, da die Fahrzeuge entgegen ihrer eigentlichen Zweckbestimmung missbraucht werden.[166]

Verlässt ein Arbeitnehmer das Betriebsgelände, um an einem Warnstreik teilzunehmen, ohne die elektrische Zeiterfassungsanlage zu bedienen, handelt es sich nach der Auffassung des LAG Hamm um eine abmahnungsrelevante Pflichtverletzung. Der Arbeitgeber wurde in dem entschiedenen Fall allerdings gleichwohl zur Entfernung der deswegen ausgesprochenen Abmahnung aus den Personalakten des Klägers verurteilt, weil die Tarifvertragsparteien nach dem Ende des Tarifkonflikts eine sog. Maßregelungsklausel vereinbart hatten. Danach sollte jede Maßregelung von Arbeitnehmern aus Anlass oder im Zusammenhang mit der Tarifbewegung 1992 in der Metallindustrie Nordrhein-Westfalen unterbleiben oder rückgängig gemacht werden, falls sie bereits erfolgt war.[167]

Die Teilnahme an einer Arbeitskampfmaßnahme stellt nach Ansicht des Arbeitsgerichts München nur dann eine mit einer Abmahnung sanktionierbare Pflichtwidrigkeit dar, wenn dem Arbeitnehmer die Rechtswidrigkeit der Arbeitskampfmaßnahme ausreichend klar erkennbar ist. Dies sei bei der Teilnahme an einem gewerkschaftlich getragenen Solidaritätsstreik (Sympathiestreik) nicht der Fall.[168]

Es ist zweifelhaft, ob es wirklich auf die Kenntnis oder das Kennenmüssen des Arbeitnehmers von der Rechtswidrigkeit der Arbeitskampfmaßnahme ankommt. Die Frage wird man im Regelfall verneinen müssen. Nach der ständigen Rechtsprechung des BAG[169] hat nämlich die Abmahnung keinen Sanktionscharakter, sondern soll den Arbeitnehmer nur hinsichtlich seines künftigen Verhaltens warnen. Deshalb erfolgt eine Abmahnung schon dann zu Recht, wenn der erhobene Vorwurf objektiv gerechtfertigt ist. Dass das beanstandete Verhalten dem Arbeitnehmer auch subjektiv vorgeworfen werden kann, ist nicht erforderlich.

---

[166] Urt. d. LAG Düsseldorf v. 24. 1.1990 = LAGE § 611 BGB Abmahnung Nr. 27 mit Anm. v. Kohte
[167] Urt. v. 25.5.1993 = ARSt. 1995, 70 (insoweit nicht abgedruckt)
[168] Urt. v. 6.11.1984 = DB 1985, 818
[169] vgl. Urt. v. 19.7.1983 – AP Nr. 5 zu § 87 BetrVG 1972 Betriebsbuße; vgl. auch Urt. v. 12.1.1988 (= Fn. 163)

> **TIPP**
>
> Aus der Rechtsprechung ist für die Praxis zu folgern, dass eine Abmahnung jedenfalls dann Bestand haben kann, wenn die Arbeitsniederlegung unberechtigt war.

Abmahnung wegen Teilnahme an einem unrechtmäßigen Streik

Vorbemerkung: In derartigen Fällen muss genau geprüft werden, ob dem Arbeitnehmer eine arbeitsvertragliche Pflichtverletzung zum Vorwurf gemacht werden kann.

> **MUSTERABMAHNUNG**
>
> Abmahnung   Datum
>
> Sehr geehrte/r Frau/Herr ...,
>
> Sie haben am .... während Ihrer Arbeitszeit an einem einstündigen Solidaritätsstreik teilgenommen, der von der Gewerkschaft X aus Solidarität mit der Gewerkschaft Y organisiert worden ist. Wie Sie wissen, ist die Teilnahme an Solidaritätsstreiks grundsätzlich rechtswidrig.
> Sie haben demzufolge Ihre arbeitsvertraglichen Pflichten verletzt, indem Sie ohne Rechtsgrund Ihre Arbeit niedergelegt und für mindestens eine Stunde unterbrochen haben. Mit Rücksicht darauf, dass Sie möglicherweise in der Annahme gehandelt haben, nichts Rechtswidriges zu tun, weil der Streik von der Gewerkschaft X organisiert war, sehen wir von einer Kündigung Ihres Arbeitsverhältnisses ab. Wir weisen Sie jedoch ausdrücklich darauf hin, dass wir ein derartiges Fehlverhalten nicht hinzunehmen bereit sind. Sollten Sie erneut Anlass zu Beanstandungen geben, müssen Sie mit einer Kündigung rechnen.
>
> Mit freundlichen Grüßen

Abmahnungstatbestände

3.2.36 Tätlichkeiten

Nach der Rechtsprechung des BAG[170] sind Tätlichkeiten unter Arbeitskollegen grundsätzlich geeignet, einen wichtigen Grund zur außerordentlichen Kündigung abzugeben. Einer Abmahnung bedarf es — so das BAG — in solchen Fällen nur dann, wenn das Arbeitsverhältnis durch die Vertragsverletzung noch nicht zu stark belastet ist und der Arbeitgeber damit rechnen kann, die Abmahnung werde zu einem vertragsgemäßen Verhalten in der Zukunft führen.

Eine tätliche Auseinandersetzung im Betrieb führt nach richtiger Ansicht des LAG Hamm[171] regelmäßig zu einer Störung des Betriebsfriedens. Eine Abmahnung ist deshalb in derartigen Fällen nicht erforderlich. Das LAG Hamm meint allerdings, wenn es sich um den ersten Fall dieser Art handele, sei in der Regel nur eine ordentliche Kündigung sozial gerechtfertigt. Dieses Kriterium ist jedoch nicht allein maßgebend. Entscheidend sind alle Umstände des Falles. So kann insbesondere die Frage, ob die Tätlichkeit zu einer Verletzung eines Kollegen geführt hat, von wesentlicher Bedeutung sein.

3.2.37 Telefongespräche

Umfangreiche private Telefongespräche während der Arbeitszeit auf Kosten des Arbeitgebers können nach der Rechtsprechung des BAG[172] eine außerordentliche Kündigung ohne vorherige Abmahnung rechtfertigen, weil der Arbeitnehmer dadurch sowohl seine arbeitsvertraglichen Pflichten als auch die Vermögensinteressen seines Arbeitgebers erheblich verletzt hat.

Dies gilt erst recht, wenn es der Arbeitnehmer zulässt, dass durch sein Verhalten ein Verdacht auf unschuldige Kollegen fällt.[173]

Eine differenzierte Betrachtungsweise ist insbesondere dann erforderlich, wenn der Arbeitgeber die Nutzung der dienstlichen Fernsprechanschlüsse auch für den privaten Gebrauch zulässt. Der ausschweifende Gebrauch von dieser Möglichkeit,

---

[170] Urt. v. 18.9.2008 = DB 2009, 964 m.w.N.; ErfK/Müller-Glöge § 626 BGB Rn. 135, 135a

[171] Urt. v. 30.5.1996 = ARSt. 1997, 69; vgl. auch Urt. d. LAG Hamm v. 29.7.1994 = LAGE § 1 KSchG Verhaltensbedingte Kündigung Nr. 43; Urt. d. LAG Hamm v. 20.9.1995 = LAGE § 626 BGB Nr. 89; Urt. d. LAG Hamm v. 8.11.2000 = LAGE § 626 BGB Nr. 132

[172] Urt. d. BAG v. 5.12.2002 – AP Nr. 63 zu § 123 BGB

[173] Urt. d. BAG v. 4.3.2004 – AP Nr. 50 zu § 103 BetrVG 1972

verbunden mit einer durch unzureichende Organisation verzögerten Abrechnung, berechtigt nach Ansicht des LAG Köln[174] den Arbeitgeber nicht ohne weiteres zur Kündigung des Arbeitsverhältnisses.

Auch das LAG Niedersachsen[175] hält trotz der Störung im Vertrauensbereich, die eine Vielzahl von Privattelefonaten während der Arbeitszeit zur Folge hat, eine der Kündigung vorangehende Abmahnung für erforderlich. Demgegenüber hat das LAG Niedersachsen in einer späteren Entscheidung[176] die Ansicht vertreten, unerlaubte private Telefongespräche könnten auch ohne vorherige Abmahnung eine außerordentliche Kündigung rechtfertigen. In dem konkreten Fall hatte der Kläger über einen Zeitraum von mehr als einem Jahr 7.243 Gesprächseinheiten in Höhe von 1.665,89 DM in Anspruch genommen.

Abmahnung wegen privater Telefongespräche

Vorbemerkung: Sofern Arbeitnehmer vorsätzlich gegen eine bestehende Regelung verstoßen oder gar außerhalb der Arbeitszeit auf Kosten des Arbeitgebers privat telefonieren, kann ohne vorherige Abmahnung je nach den Umständen des Einzelfalles eine ordentliche oder sogar eine außerordentliche Kündigung in Betracht kommen. Sind Privattelefonate in bestimmten Grenzen erlaubt und werden diese Grenzen überschritten, sollte vor einer Kündigung abgemahnt werden.

MUSTERABMAHNUNG

Abmahnung   Datum

Sehr geehrte/r Frau/Herr ...,

nach unserer Betriebsvereinbarung vom .... ist das Führen von privaten Telefongesprächen während der Arbeitszeit nur in dringenden Fällen und nur bis zu einem zeitlichen Umfang von 5 Minuten pro Arbeitstag erlaubt. Außerdem sind Auslandsgespräche ausdrücklich untersagt.

Am .... haben Sie während Ihrer Arbeitszeit nachweislich in der Zeit von .... bis .... Uhr ein privates Telefongespräch von 35 Minuten Dauer geführt, und

---

[174] Urt. v. 2.7.1998 = LAGE § 1 KSchG Verhaltensbedingte Kündigung Nr. 66
[175] Urt. v. 13.1.1998 = LAGE § 1 KSchG Verhaltensbedingte Kündigung Nr. 63
[176] Urt. v. 6.3.2001 = LAGE § 626 BGB Ausschlussfrist Nr. 14; vgl. auch Urt. d. Hessischen LAG v. 25.11.2004 = LAGE § 1 KSchG Verhaltensbedingte Kündigung Nr. 87; Urt. d. LAG Hamm v. 28.11.2008 = NZA-RR 2009, 476; Urt. d. Hessischen LAG v. 25.7.2011 = NZA-RR 2012, 76 zu ausgiebigen Privattelefonaten mit dem Diensthandy während des Urlaubs

zwar mit einem Anschluss in den USA. Damit haben Sie nicht nur gegen die vorgenannte Regelung verstoßen, sondern darüber hinaus für die Dauer des Telefongesprächs Ihre arbeitsvertraglich geschuldete Tätigkeit unterbrochen. Dieses Fehlverhalten wird von uns ausdrücklich gerügt. Wir erwarten von Ihnen nicht nur die Erstattung der für das Telefongespräch angefallenen Kosten sowie die Nacharbeit der dadurch ausgefallenen Arbeitszeit, sondern auch die strikte Einhaltung der in der Betriebsvereinbarung festgelegten Bestimmungen.

Sollten Sie erneut Ihre arbeitsvertraglichen Pflichten verletzen, müssen sie mit einer Kündigung Ihres Arbeitsverhältnisses rechnen.

Mit freundlichen Grüßen

3.2.38 Treuepflicht, Verletzung der ...

Ein Angestellter des öffentlichen Dienstes, der in Ausübung seines Amtes als staatliches Kontrollorgan — Bauaufsicht — sein eigenes privates Handeln und eigene Anträge überprüft und genehmigt, verstößt damit so erheblich gegen seine Treuepflicht und die allgemeinen Verhaltenspflichten des § 8 BAT, dass zumindest die darauf gestützte ordentliche Kündigung begründet ist. Ein derartiges Verhalten ist nicht abmahnungsbedürftig, da es sich hierbei um eine schwerwiegende Störung im Vertrauensbereich handelt.[177] Diese Rechtsprechung dürfte auch nach der Reform des Tarifrechts des öffentlichen Dienstes und die damit verbundene Ablösung von § 8 Abs. 1 Satz 1 BAT durch den TVöD und TV-L Bestand haben.

Inwieweit negative Äußerungen des Arbeitnehmers in der Öffentlichkeit über seinen Arbeitgeber oder über den Betrieb vom Recht auf freie Meinungsäußerung gedeckt oder als arbeitsvertragliche Pflichtverletzung zu werten sind, ist umstritten.[178]

3.2.39 Unentschuldigtes Fehlen

Unentschuldigtes Fehlen rechtfertigt entgegen landläufiger Meinung nicht ohne weiteres eine Kündigung des Arbeitsverhältnisses. Es handelt sich dabei zwar im Regelfall um eine erhebliche und damit kündigungsrelevante Verletzung der ar-

---

[177] Urt. d. LAG Schleswig-Holstein v. 11.6.1987 = EzBAT § 53 BAT Verhaltensbedingte Kündigung Nr. 14
[178] vgl. hierzu Beschl. d. BVerfG v. 16.10.1998 – AP Nr. 24 zu § 611 BGB Abmahnung; Urt. d. ArbG Berlin v. 20.12.1996 = PersR 1997, 546

3 Die konkreten Abmahnungsfälle mit Mustern

beitsvertraglichen Hauptpflicht.[179] Gleichwohl muss unter Berücksichtigung der neuen BAG-Rechtsprechung zur Funktion der Abmahnung in jedem Einzelfall geprüft werden, ob das Fehlverhalten des Arbeitnehmers so schwerwiegend ist, dass ohne weiteres von einer negativen Verhaltensprognose ausgegangen werden kann.

Wiederholtes unentschuldigtes Fehlen eines Arbeitnehmers nach Abmahnung ist nach der Auffassung des BAG[180] an sich geeignet, eine verhaltensbedingte Kündigung zu rechtfertigen. Bei diesem Fehlverhalten ist allerdings sorgfältig zu prüfen, ob tatsächlich ein „unentschuldigtes" Fehlen des Arbeitnehmers vorliegt oder ob ihm lediglich der Vorwurf gemacht werden kann, die Anzeige- und Nachweispflicht im Krankheitsfall verletzt zu haben. Beide Sachverhalte sind sorgfältig voneinander zu unterscheiden.

Abzulehnen ist die Auffassung des LAG Köln[181], wonach der Arbeitgeber nach einer langen, unbelasteten Betriebszugehörigkeit des Arbeitnehmers (über 17 Jahre) auch wiederholtes unberechtigtes Fehlen des Arbeitnehmers in gewissem Umfang hinnehmen muss. Der Arbeitnehmer hatte in den letzten eineinhalb Jahren vor der Kündigung an neun Arbeitstagen unentschuldigt gefehlt, sich zweimal beim Verlassen des Werkes nicht ordnungsgemäß abgemeldet und außerdem seine Anzeige- und Nachweispflicht im Krankheitsfall verletzt. Er war wegen dieser Vorfälle zweimal abgemahnt worden. Das LAG hat die Ansicht vertreten, der zuvor lange, ungestörte Verlauf des Arbeitsverhältnisses sei ein Umstand, der erheblich zugunsten des Arbeitnehmers zu werten sei. Dabei hat es sich auf Rechtsprechung des BAG zur Kündigung wegen Krankheit gestützt, bei der in der Tat eine andere Betrachtungsweise gerechtfertigt sein kann. Dies kann aber nicht für verhaltensbedingte Gründe gelten, insbesondere dann nicht, wenn die Hauptpflicht des Arbeitnehmers betroffen ist.

Denkbar ist auch der Ausnahmefall, dass dem Arbeitnehmer ein Zurückbehaltungsrecht an seiner Arbeitsleistung zusteht und deshalb nicht von einem unentschuldigten Fehlen ausgegangen werden kann.[182] Ein solches Zurückbehaltungsrecht kann sich z. B. aus § 14 Satz 1 AGG ergeben.

---

[179] Urt. d. BAG v. 13.3.2008 = ZTR 2008, 569
[180] Urt. v. 17.1.1991 – AP Nr. 25 zu § 1 KSchG 1969 Verhaltensbedingte Kündigung; Urt. v. 15.3.2001 = ARSt. 2001, 236; vgl. auch Urt. d. LAG Berlin v. 12.8.1996 = LAGE § 1 KSchG Verhaltensbedingte Kündigung Nr. 55
[181] Urt. v. 25.1.1995 = LAGE § 1 KSchG Verhaltensbedingte Kündigung Nr. 46
[182] Urt. d. BAG v. 13.3.2008 (= Fn. 179)

Abmahnungstatbestände

Sofern die Fehltage ihre Ursache in einer Alkoholabhängigkeit des Arbeitnehmers haben, kommt nach zutreffender Ansicht des LAG Hamm[183] eine verhaltensbedingte Kündigung mangels schuldhaft vorwerfbarem Fehlverhalten nicht in Betracht. Der Arbeitgeber kann in derartigen Fällen allenfalls eine personenbedingte Kündigung (wegen Krankheit) in Erwägung ziehen.

Abmahnung wegen unentschuldigten Fehlens

Vorbemerkung: Unentschuldigtes Fehlen ist im Regelfall eine erhebliche arbeitsvertragliche Pflichtverletzung. Dies gilt erst recht bei längerem Fernbleiben des Arbeitnehmers. Wesentlich für di erforderliche negative Verhaltensprognose sind die konkreten Umstände des Einzelfalles. Besonders wichtig ist bei einer Abmahnung die Angabe des Datums bzw. der Tage, an denen der Arbeitnehmer ohne Entschuldigung der Arbeit ferngeblieben ist.

! MUSTERABMAHNUNG

Abmahnung   Datum

Sehr geehrte/r Frau/Herr,

nach unseren Feststellungen sind Sie am Freitag, dem ...., nicht zur Arbeit erschienen und haben weder dem zuständigen Personalbüro / Lohnbüro / Abteilungsleiter noch Ihrem unmittelbaren Vorgesetzten den Grund Ihres Fernbleibens mitgeteilt.
Durch Ihr Verhalten haben Sie gegen den allgemeinen Rechtsgrundsatz[184] verstoßen, wonach Arbeitnehmer nur mit vorheriger Zustimmung des Arbeitgebers der Arbeit fernbleiben dürfen und im Falle ihrer Verhinderung dem Arbeitgeber unverzüglich den Grund mitzuteilen haben.
Wir weisen Sie darauf hin, dass wir diese Vertragsverletzung nicht billigen können. Sollte Ihr Verhalten erneut Anlass zu Beanstandungen geben, müssen Sie mit einer Kündigung rechnen.

Mit freundlichen Grüßen

---

[183] Urt. v. 15.1.1999 = LAGE § 1 KSchG Verhaltensbedingte Kündigung Nr. 74
[184] ggf. ist die entsprechende Vorschrift im Arbeitsvertrag / Tarifvertrag anzugeben.

3.2.40 Unpünktlichkeit

Unpünktlichkeit ist eine arbeitsvertragliche Pflichtverletzung, die nur nach vorheriger Abmahnung eine Kündigung des Arbeitsverhältnisses rechtfertigen kann.[185] Der Arbeitgeber muss hierbei gut überlegen, welche Verspätung des Arbeitnehmers er zum Anlass für eine Abmahnung nehmen will. Geringfügige Verspätungen werden nämlich unter Umständen von der Rechtsprechung noch nicht einmal als abmahnungs-, geschweige denn als kündigungsrelevant angesehen. Gerade in solchen Fällen kann eine Abmahnung allein möglicherweise eine spätere Kündigung nicht unterstützen. Es kommt vielmehr entscheidend auf die Anzahl und das Ausmaß der Störungen an, die durch die Unpünktlichkeit des Arbeitnehmers hervorgerufen werden.

Wiederholtes, schuldhaft verspätetes Erscheinen eines Arbeitnehmers im Betrieb ist als Verletzung der Arbeitspflicht nach zutreffender Ansicht des LAG Hamm[186] nach vorheriger Abmahnung grundsätzlich dazu geeignet, eine ordentliche Kündigung aus verhaltensbedingten Gründen sozial zu rechtfertigen.

Abmahnung wegen Unpünktlichkeit

Vorbemerkung: Erfolgt wegen Unpünktlichkeit eine Abmahnung, ist unbedingt darauf zu achten, sowohl die genaue Uhrzeit des verspäteten Arbeitsbeginns als auch den normalen Beginn der Arbeitszeit anzugeben. Bei unerheblichen Verspätungen sollte im Regelfall von einer Abmahnung abgesehen werden.

MUSTERABMAHNUNG

Abmahnung   Datum

Sehr geehrte/r Frau/Herr ...,

Am Dienstag, dem ...., sind Sie erst um 9.15 Uhr zur Arbeit erschienen, obwohl Ihre regelmäßige Arbeitszeit / Ihr Schichtdienst um 7.45 Uhr beginnt.

---

[185] Urt. d. BAG v. 17.3.1988 – AP Nr. 99 zu § 626 BGB; Urt. d. BAG v. 27.2.1997 – AP Nr. 36 zu § 1 KSchG 1969 Verhaltensbedingte Kündigung; Urt. d. LAG München v. 5.12.1988 = LAGE § 1 KSchG Verhaltensbedingte Kündigung Nr. 16; Urt. d. LAG Köln v. 20.10.2008 = ZTR 2009, 154 (L); Urt. d. LAG Rheinland-Pfalz v. 23.4.2009 = ZTR 2009, 443
[186] Urt. v. 8.10.1997 = LAGE § 1 KSchG Verhaltensbedingte Kündigung Nr. 60; vgl. auch ErfK/Müller-Glöge § 626 BGB Rn. 144 m.w.N.

Abmahnungstatbestände

Im Interesse der Betriebsdisziplin / eines ungestörten Arbeitsablaufs und mit Rücksicht auf die Mitarbeiter, die pünktlich ihre Arbeit antreten, können wir ein solches Fehlverhalten nicht hinnehmen.
Abschließend weisen wir ausdrücklich darauf hin, dass bei weiteren arbeitsvertraglichen Pflichtverletzungen der Inhalt oder Bestand Ihres Arbeitsverhältnisses gefährdet ist.
Mit freundlichen Grüßen

3.2.41 Unsittliches Verhalten

Siehe Abschnitt „Sexuelle Belästigung"

3.2.42 Unterschlagung

Insoweit kann auf die Ausführungen unter Abschnitt „Diebstahl" verwiesen werden.

3.2.43 Urlaubsantritt, eigenmächtiger

Das BAG hat in einer früheren Entscheidung ausdrücklich festgestellt, wenn der Arbeitnehmer eigenmächtig einen vom Arbeitgeber nicht genehmigten Urlaub antrete, verletze er seine arbeitsvertraglichen Pflichten, und ein solches Verhalten sei an sich geeignet, einen wichtigen Grund zur fristlosen Kündigung darzustellen. Ein Recht des Arbeitnehmers, sich selbst zu beurlauben, sei angesichts des umfassenden Systems gerichtlichen Rechtsschutzes grundsätzlich abzulehnen.[187]

Diesen Grundsatz hat das BAG in einer späteren Entscheidung[188] bestätigt. Es hat ausdrücklich betont, wenn der Arbeitnehmer eigenmächtig einen vom Arbeitgeber nicht genehmigten Urlaub antrete, verletze er damit nicht eine bloße Nebenpflicht aus dem Arbeitsverhältnis, sondern vielmehr die Hauptpflicht zur Arbeitsleistung. Ob in derartigen Fällen vor Ausspruch einer fristlosen Kündigung eine Abmahnung erforderlich sei, hänge regelmäßig von dem konkreten Inhalt der Unterredung zwischen den Arbeitsvertragsparteien vor dem eigenmächtigen Urlaubsantritt ab.

---

[187] Urt. v. 20.1.1994 – AP Nr. 115 zu § 626 BGB
[188] Urt. v. 22.1.1998 – AP Nr. 38 zu § 626 BGB Ausschlussfrist; Urt. v. 16.3.2000 – AP Nr. 114 zu § 102 BetrVG 1972; vgl. auch Urt. d. LAG Hamm v. 17.10.2007 = NZA-RR 2008, 294

3 Die konkreten Abmahnungsfälle mit Mustern

Hat der Arbeitgeber auf konkrete betriebliche Gründe hingewiesen, die einer Urlaubsgewährung entgegenstehen, und dem Arbeitnehmer nachdrücklich klargemacht, im Fall eines unberechtigten Urlaubsantritts werde er arbeitsrechtliche Konsequenzen ergreifen, so muss dem Arbeitnehmer klar sein, dass er seinen Arbeitsplatz aufs Spiel setzt, wenn er trotzdem zu dem rechtswidrigen Mittel der Selbstbeurlaubung greift. Nimmt andererseits der Arbeitgeber die Ankündigung des Arbeitnehmers, er werde trotz Ablehnung des Urlaubsantrags in Urlaub gehen, einfach kommentarlos hin, so wird je nach den Umständen der Arbeitnehmer nicht damit rechnen müssen, dass der Arbeitgeber bereit ist, ohne weitere Abmahnung sofort zum äußersten Mittel der fristlosen Kündigung zu greifen.

Das LAG Rheinland-Pfalz hatte über die Wirksamkeit einer ordentlichen Kündigung zu entscheiden, die deswegen erfolgt war, weil der Arbeitnehmer einen Tag vor Urlaubsantritt und einen Tag nach seinem Urlaubsende nicht zum Dienst erschienen war. Das LAG hat die Kündigung bestätigt. Eine Abmahnung sei nicht erforderlich gewesen, da diese stets dann entbehrlich sei, wenn der Arbeitnehmer keinen Zweifel haben könne, dass die in Frage stehende Vertragsverletzung von seinem Arbeitgeber nicht hingenommen würde und Konsequenzen für den Arbeitsplatz haben könnte. Der Kläger habe nicht davon ausgehen können, dass der Arbeitgeber sein Fehlen vor und nach dem Urlaub akzeptieren würde. Er habe deshalb nicht darauf vertrauen können, dass er vor Ausspruch einer Kündigung zunächst noch einmal in Form einer Abmahnung auf die Pflichtwidrigkeit seines Vorgehens hingewiesen werden würde.[189]

Auch das LAG Berlin[190] geht davon aus, dass es sich bei eigenmächtigem Urlaubsantritt eines Arbeitnehmers um einen Fall unberechtigter Arbeitsverweigerung handelt, der in der Regel sogar eine außerordentliche Kündigung, mindestens aber eine ordentliche Kündigung rechtfertigt.

Das LAG Köln[191] weist zutreffend darauf hin, der Arbeitnehmer, der eigenmächtig seinen Urlaub antrete und eine deshalb erfolgte Abmahnung nicht zur Kenntnis genommen habe, könne sich auf diesen Umstand nicht berufen. Er habe sich durch sein Fehlverhalten selbst der Erreichbarkeit entzogen und damit seine Unkenntnis verschuldet.

In einer späteren Entscheidung hat das LAG Köln[192] wie folgt differenziert:

---

[189] Urt. v. 11.3.1988 – 6 Sa 989/87 – n. v.
[190] Urt. v. 5.12.1994 = LAGE § 1 KSchG Verhaltensbedingte Kündigung Nr. 45
[191] Urt. v. 16.3.2001 = NZA-RR 2001, 533
[192] Beschl. v. 6.12.2010 = ZTR 2011, 385; vgl. auch LAG Köln, Urt. v. 28.6.2013 = NZA-RR 2014, 13

Abmahnungstatbestände

Die ungenehmigte Inanspruchnahme von Urlaub stellt grundsätzlich eine schwere Pflichtverletzung dar. In die Interessenabwägung sei allerdings aufzunehmen, ob der Arbeitgeber den Urlaub böswillig und diskriminierend verweigert hat, ob eine besondere Belastungssituation für den Betrieb aus dem ungeplanten Fehlen des Arbeitnehmers entstehe, welchem Zweck die Urlaubsabwesenheit diente und ob der Arbeitgeber eine Mitverantwortung dafür trage, dass eine frühzeitige gerichtliche Klärung durch den Arbeitnehmer unterblieb.

TIPP

Eigenmächtiger Urlaubsantritt (dasselbe muss für die eigenmächtige Urlaubsüberschreitung bzw. -verlängerung gelten) wird in der Rechtsprechung und im Schrifttum zu Recht als schwerwiegende Vertragsverletzung des Arbeitnehmers angesehen, die den Arbeitgeber in der Regel zu einer außerordentlichen Kündigung berechtigt.[193]

Es ist deshalb für den Arbeitgeber unzumutbar, zunächst eine Abmahnung auszusprechen, da sich der Arbeitnehmer gewissermaßen Arbeitgeberrechte angemaßt und seine aus § 611 BGB resultierende Hauptpflicht aus dem Arbeitsverhältnis nachhaltig verletzt hat.

Die Bezeichnung des Verhaltens als „eigenmächtig" macht deutlich, dass sich der Arbeitnehmer eine Befugnis anmaßt, die ihm nicht zusteht. Der Arbeitnehmer, der ohne Billigung des Arbeitgebers oder sogar gegen dessen ausdrücklich erklärten Willen in den Urlaub geht oder seinen Urlaub überzieht, kann ohne weiteren Hinweis seines Arbeitgebers erkennen, dass dieser das Fehlverhalten nicht billigen wird und schon im Hinblick auf Arbeitsmoral und Betriebsdisziplin insgesamt nicht akzeptieren kann. Immerhin geht es hierbei um die dem Arbeitnehmer gemäß § 611 BGB obliegende Hauptpflicht aus dem Arbeitsvertrag, nämlich die Erbringung der Arbeitsleistung. Wenn schon derart naheliegende Überlegungen bei einem Arbeitnehmer nicht mehr vorausgesetzt werden können, hätte dies zwangsläufig zur Folge, dass sich die Hinweispflicht des Arbeitgebers auch auf Verhaltensweisen erstrecken müsste, die für einen verständigen und vernünftigen Arbeitnehmer ohne weiteres einleuchtend sind. Da aber Sinn und Zweck der Abmahnung ist, den Arbeitnehmer vor unangenehmen arbeitsrechtlichen Überraschungen zu schützen, erscheint in solchen Fällen eine Abmahnung überflüssig.

---

[193] vgl. Urt. d. BAG v. 25.2.1983 – AP Nr. 14 zu § 626 BGB Ausschlussfrist; Urt. d. LAG Schleswig-Holstein v. 9.2.1988 = LAGE § 626 BGB Nr. 36; Urt. d. LAG Hamm v. 1.9.1995 = LAGE § 611 BGB Persönlichkeitsrecht Nr. 7; vgl. auch Urt. d. LAG Köln v. 16.1.1990 = LAGE § 1 KSchG Verhaltensbedingte Kündigung Nr. 27 mit Anm. v. Henssler; ErfK/Müller-Glöge § 626 BGB Rn. 147 ff.

Abmahnung wegen eigenmächtigen Urlaubsantritts

Vorbemerkung: Sofern in solchen Fällen ausnahmsweise eine vorherige Abmahnung erforderlich ist, kann sie nur *vor* dem Antritt des Urlaubs ihre Wirkung erzielen. Eine Abmahnung nach der Rückkehr des Arbeitnehmers aus dem eigenmächtig und damit unerlaubt angetretenen Urlaub ist der Schwere der Pflichtverletzung nicht angemessen.

> **MUSTERABMAHNUNG**
>
> Abmahnung   Datum
>
> Sehr geehrte/r Frau/Herr ...,
>
> am .... haben Sie für die Zeit vom .... bis .... Urlaub beantragt. Diesem Antrag konnten wir aus betrieblichen Gründen nicht entsprechen. Darauf haben Sie gegenüber Herrn Peter von der Personalabteilung erklärt, Sie würden gleichwohl wie geplant Ihren Urlaub antreten, da Sie schon gebucht hätten.
> Wir weisen Sie mit Nachdruck darauf hin, dass wir dieses Verhalten nicht akzeptieren. Sollten Sie trotz der Ablehnung des Urlaubsantrags Ihren Urlaub antreten und deshalb ab .... der Arbeit fernbleiben, werden wir nicht zögern, das Arbeitsverhältnis außerordentlich zu kündigen.
>
> Mit freundlichen Grüßen

3.2.44 Verdacht strafbarer Handlung

Literatur: Pawlak/Geißler, Die Verdachtskündigung im öffentlichen Dienst, ÖAT 2011, 129; Ritter, Die Verdachtsabmahnung, NZA 2012, 19

Vor einer Kündigung wegen des dringenden Verdachts einer strafbaren Handlung oder einer sonstigen schweren Pflichtverletzung, also der sog. Verdachtskündigung, kommt im Regelfall eine Abmahnung nicht in Betracht. Eine Abmahnung ist auch deshalb grundsätzlich nicht in Erwägung zu ziehen, weil Voraussetzung hierfür eine tatsächlich begangene und nachweisbare Pflichtverletzung des Arbeitnehmers ist. Eine „Verdachtsabmahnung" gibt es nicht.[194] Die gegenteilige Auffassung von Ritter (NZA 2012, 19) überzeugt nicht. Dagegen spricht bereits der Wortlaut von § 314 Abs. 2 BGB. Der im Gesetz konkretisierte Grundsatz der Verhältnismäßigkeit ist zu beachten, wenn der wichtige Grund in der Verletzung einer Pflicht aus dem Vertrag, nicht aber in dem Verdacht einer Vertragsverletzung besteht.

---

[194] ebenso ErfK/Müller-Glöge § 626 BGB Rn. 34

Abmahnungstatbestände

Bei der „Verdachtsabmahnung" handelt es sich auch deshalb um ein Scheinproblem, weil nach der ständigen Rechtsprechung des BAG[195] eine Verdachtskündigung nur zulässig ist, wenn gerade der dringende Verdacht eines (nicht erwiesenen) strafbaren Verhaltens oder einer sonstigen schwerwiegenden Pflichtverletzung das für die Fortsetzung des Arbeitsverhältnisses erforderliche Vertrauen zerstört hat. Deshalb muss der Arbeitgeber den Arbeitnehmer in diesem Fall vorher anhören. Die vorherige Anhörung ist Wirksamkeitsvoraussetzung für die Verdachtskündigung.

Bei einem solch schwerwiegenden Verdacht wird kein Arbeitgeber auf die Idee kommen, zunächst eine „Verdachtsabmahnung" auszusprechen. Damit kann das zerstörte Vertrauen nicht wiederhergestellt werden. Ist das Fehlverhalten nur von geringerem Gewicht und nicht als wichtiger Grund im Sinne von § 626 BGB geeignet, kommt eine Verdachtsabmahnung schon deshalb nicht in Betracht, weil das BAG in einem solchen Fall auch eine Verdachtskündigung nicht für zulässig hält.

Die sog. Emmely-Entscheidung des BAG[196] rechtfertigt insoweit keine andere Betrachtungsweise.

3.2.45 Verkehrsunfall

Trotz Vorliegens einer Störung im Leistungsbereich hat das LAG Köln bei einer schweren Pflichtverletzung eine Abmahnung als entbehrlich bezeichnet.[197] Der Arbeitnehmer habe die Unzulässigkeit einer solchen Pflichtwidrigkeit ohne weiteres erkennen können und durfte mit deren Billigung keinesfalls rechnen. Nach dem der Entscheidung zugrunde liegenden Sachverhalt hatte der Arbeitnehmer „mit schwerer Schuld" einen Verkehrsunfall verursacht, bei dem der Firmen-LKW im Wert von 30.000 bis 35.000 Euro Totalschaden erlitt. Das Gericht hat die deswegen vom Arbeitgeber erklärte Kündigung trotz Fehlens einer Abmahnung für wirksam erachtet und im Hinblick auf die erst einjährige Betriebszugehörigkeit des Klägers nicht für sozialwidrig gehalten.

Eine andere Kammer des LAG Köln hat sich dieser Entscheidung angeschlossen. Der Kläger war Fahrer eines Sattelkraftfahrzeugs und hatte die Verriegelungsmechanik des Sattelanhängers nicht ordnungsgemäß bedient. Dadurch kam es während der

---

[195] vgl. nur Urt. v. 23.6.2009 = NZA 2009, 1137 m.w.N.
[196] Urt. v. 10.6.2010 = NZA 2010, 1227
[197] Urt. v. 26.8.1986 = LAGE § 611 BGB Abmahnung Nr. 4

Fahrt zu einem erheblichen Sachschaden. Das LAG hat eine ordentliche Kündigung als gerechtfertigt angesehen. Bei der Gewichtigkeit der Vertragsverletzung sei keine Abmahnung erforderlich gewesen, da dem Kläger die Schwere einer solchen Pflichtverletzung erkennbar war und er auch wusste, dass er mit einer Billigung seines Verhaltens in keinem Fall rechnen konnte.[198]

Die vorsätzliche Pflichtverletzung eines Kranführers, die zu einer erheblichen Gefährdung von Leben und Gesundheit der Arbeitnehmer auf der Baustelle sowie des Eigentums des Arbeitgebers führt, erfordert nach der Auffassung des LAG Hamm keine Abmahnung, sondern rechtfertigt sogar eine außerordentliche Kündigung.[199]

Demgegenüber hat das LAG Köln[200] entschieden, auch nach einer vorsätzlichen Sachbeschädigung des Arbeitnehmers könne — insbesondere in einem langjährigen Arbeitsverhältnis — vor Ausspruch der Kündigung eine Abmahnung erforderlich sein.

3.2.46 Wahrheitspflicht, Verletzung der

Die wahrheitswidrige Beantwortung des Personalfragebogens bei der Einstellung stellt eine Störung im Vertrauensbereich dar, auf die der Arbeitgeber nur dann ohne Abmahnung sofort mit einer Kündigung reagieren kann, wenn das Vertrauensverhältnis durch die Verletzung der Wahrheitspflicht so beeinträchtigt wurde, dass eine Wiederherstellung des Vertrauens nicht mehr zu erwarten und deshalb dem Arbeitgeber die Fortsetzung des Arbeitsverhältnisses nicht mehr zumutbar ist. Hierbei ist allerdings Voraussetzung, dass der Arbeitnehmer eine zulässige Frage wahrheitswidrig beantwortet hat.

Das BAG[201] hatte über die Wirksamkeit einer ordentlichen Kündigung zu entscheiden, die das beklagte Land deshalb ausgesprochen hatte, weil die Klägerin die Frage nach einer Verpflichtungserklärung zur Zusammenarbeit mit dem Ministerium für Staatssicherheit der DDR falsch beantwortet hatte. Das BAG hat die Kündigung nicht für sozial gerechtfertigt angesehen, wobei letztlich offen geblieben ist, ob das Gericht in diesem Fall eine vorherige Abmahnung für erforderlich gehalten hätte. Es macht der Vorinstanz zum Vorwurf, dass sie sich mit der Frage, ob hier

---

[198] Urt. v. 2.7.1987 = LAGE § 626 BGB Nr. 32
[199] Urt. v. 17.11.1989 = LAGE § 626 BGB Nr. 48
[200] Urt. v. 26.10.2010 = ZTR 2011, 318 (L)
[201] Urt. v. 13.6.1996 – AP Nr. 33 zu § 1 KSchG 1969; vgl. hierzu auch Urt. d. BAG v. 4.12.1997 – AP Nr. 37 zu § 1 KSchG 1969 Verhaltensbedingte Kündigung

Abmahnungstatbestände

unter dem Gesichtspunkt einer ultima ratio eine Abmahnung ausgereicht hätte, erst gar nicht befasst habe. Später heißt es in dem BAG-Urteil, ob die einmalige Falschbeantwortung überhaupt Zweifel an der Ehrlichkeit hinsichtlich künftiger Loyalität der Klägerin begründe oder hier mangels aktiver Mitarbeit für das MfS eine Abmahnung als milderes Mittel ausgereicht hätte, könne unerörtert bleiben.

Diese Ausführungen zeigen, dass bei entsprechendem Fehlverhalten des Arbeitnehmers eine differenzierte Betrachtungsweise geboten ist und nicht ohne weiteres davon ausgegangen werden kann, dass in solchen Fällen eine Abmahnung stets entbehrlich sei.

Nach einem Urteil des LAG Berlin kann ein Arbeitnehmer wegen einer bewusst falschen Beschwerde beim Personalrat über das Vorgehen seines Vorgesetzten abgemahnt werden.[202]

3.2.47 Wettbewerbsverbot, Verstoß gegen …

Die Verletzung eines für die Dauer des Arbeitsverhältnisses bestehenden Wettbewerbsverbotes kann sogar einen wichtigen Grund für eine außerordentliche Kündigung darstellen, ohne dass es einer vorherigen Abmahnung bedarf.[203]

Während des rechtlichen Bestehens des Arbeitsverhältnisses ist dem Arbeitnehmer grundsätzlich jede Konkurrenztätigkeit zum Nachteil seines Arbeitgebers untersagt. Das BAG hat offengelassen, ob das Wettbewerbsverbot im gekündigten Arbeitsverhältnis in jeder Hinsicht gleich weit reicht wie in einem ungekündigten Arbeitsverhältnis.[204] Die Weitergabe von persönlichen Daten von Patienten des Arbeitgebers an ein Konkurrenzunternehmen ist — so das BAG — jedenfalls eine schuldhafte Vertragspflichtverletzung. In dem konkreten Fall hat das BAG eine vorherige Abmahnung für entbehrlich gehalten.

Betreibt ein fristlos gekündigter Arbeitnehmer Wettbewerb gegenüber seinem bisherigen Arbeitgeber und erhebt gleichzeitig Klage gegen die fristlose Kündigung, so ist nach einer Entscheidung des LAG Schleswig-Holstein[205] eine erneute fristlose Kündigung des bisherigen Arbeitgebers jedenfalls dann gerechtfertigt, wenn der

---

[202] Urt. v. 2.4.2004 = ZTR 2004, 325 (L)

[203] Urt. d. BAG v. 16. 8.1990 – AP Nr. 10 zu § 611 BGB Treuepflicht; Hessisches LAG, Urt. v. 28.1.2013 = LAGE § 626 BGB 2002 Nr. 40a; vgl. aber auch Urt. d. BAG v. 26.6.2008 = NZA 2008, 1415

[204] Urt. v. 28.1.2010 – NZA-RR 2010, 461; vgl. hierzu auch Leuchten in NZA 2011, 391

[205] Urt. v. 26.6.2012 = NZA-RR 2012, 515

Arbeitnehmer versucht, in wettbewerbswidriger Weise Arbeitnehmer seines bisherigen Arbeitgebers für das neue Unternehmen abzuwerben, und darüber hinaus auch versucht, Kunden seines bisherigen Arbeitgebers für den neuen Arbeitgeber abzuwerben.

3.2.48 Whistleblowing

Literatur: Brock, Neue Regeln für Whistleblower im öffentlichen Dienst — Folgen der Heinisch-Entscheidung des EGMR vom 21.7.2011; ÖAT 2011, 243; Scheurer, „Whistleblowing" unter besonderer Berücksichtigung der Aufgabenwahrnehmung öffentlicher Arbeitgeber, ZTR 2013, 291

Erstattet ein Arbeitnehmer Strafanzeige gegen seinen Arbeitgeber (sog. Whistleblowing), ohne zuvor eine innerbetriebliche Klärung zu versuchen, so kann darin eine kündigungsrelevante Verletzung arbeitsvertraglicher Nebenpflichten liegen. Für die Frage, ob die Erstattung der Strafanzeige einen Kündigungsgrund bilden kann, kommt es nicht entscheidend darauf an, ob sie zu einer Verurteilung führt oder nicht.[206]

Die Thematik ist durch eine Entscheidung des Europäischen Gerichtshofs für Menschenrechte (EGMR) vom 21.7.2011[207] in das Bewusstsein der Öffentlichkeit gerückt. Die Klägerin und Beschwerdeführerin war als Altenpflegerin beschäftigt. Sie wies auf angeblich schwerwiegende Mängel in dem Altenpflegeheim hin, in dem sie arbeitete, und erstattete im weiteren Verlauf der Auseinandersetzungen mit ihrem Arbeitgeber gegen diesen eine Strafanzeige. Daraufhin wurde ihr im Februar 2005 fristlos gekündigt. Nach Ausschöpfung des Rechtswegs (ArbG, LAG, Nichtzulassungsbeschwerde beim BAG, Verfassungsbeschwerde beim BVerfG) hat die Klägerin im Juni 2008 Beschwerde beim EGMR eingelegt. Dieser hat u.a. folgende Grundsätze aufgestellt:

Für die Beschwerdeführerin war vorhersehbar, dass eine Strafanzeige gegen ihren Arbeitgeber ein wichtiger Grund für eine fristlose Kündigung sein konnte.

---

[206] Urt. d. BAG v. 7.12.2006 – AP Nr. 55 zu § 1 KSchG 1969 Verhaltensbedingte Kündigung; Urt. d. LAG Sachsen v. 21.1.2011 = NZA-RR 2011, 290
[207] NZA 2011, 1269; vgl. hierzu auch Urt. d. LAG Köln v. 2.2.2012 = NZA-RR 2012, 298; Urt. d. LAG Schleswig-Holstein v. 20.3.2012 – 2 Sa 331/11

Abmahnungstatbestände

Wegen der Pflicht des Arbeitnehmers zu Loyalität und Vertraulichkeit müssen Informationen zunächst dem Vorgesetzten gegeben werden. Nur wenn das nicht möglich ist, kann der Arbeitnehmer als letztes Mittel damit an die Öffentlichkeit gehen.

Eine Strafanzeige wegen Missständen am Arbeitsplatz kann gerechtfertigt sein, wenn vernünftigerweise nicht erwartet werden kann, dass innerbetriebliche Beschwerden zu einer Untersuchung oder Abhilfe führen.

Die Anzeigen der Beschwerdeführerin hatten einen tatsächlichen Hintergrund und waren nicht wissentlich oder leichtfertig falsch. Nach ihren Erfahrungen mit vielen ergebnislosen betriebsinternen Beschwerden konnte sie annehmen, dass die Strafanzeige das letzte Mittel zur Verbesserung der Pflegesituation sei.

Das öffentliche Interesse an Informationen über Mängel in der Altenpflege in staatlichen Pflegeheimen hat so viel Gewicht, dass es das Interesse des Unternehmens am Schutz seines guten Rufs im Geschäftsverkehr und seiner geschäftlichen Interessen überwiegt.

Die fristlose Kündigung war unverhältnismäßig hart und hat deswegen Art. 10 der Europäischen Menschenrechtskonvention verletzt.

Das Verfahren ist am 24.5.2012 beim LAG Berlin-Brandenburg durch gerichtlichen Vergleich erledigt worden (25 Sa 2138/11). Das Arbeitsverhältnis ist gegen Zahlung einer Abfindung im hohen fünfstelligen Bereich mit Ablauf des 31.3.2005 beendet worden.

Dieses Verfahren verdeutlicht, dass auch beim sog. Whistleblowing eine umfassende Interessenabwägung stattzufinden hat und nicht ohne weiteres von der Wirksamkeit einer außerordentlichen Kündigung ausgegangen werden kann.

Eine Anzeige kann unabhängig vom Nachweis der mitgeteilten Verfehlung und ihrer Strafbarkeit jedenfalls dann ein Grund zur Kündigung sein, wenn sie sich als eine unverhältnismäßige Reaktion auf das Verhalten des Arbeitgebers oder eines seiner Repräsentanten darstellt. Die Rechtsprechung des EGMR (s.o.) schließt eine solche Bewertung nicht generell aus.[208]

Die vom EGMR betonte Pflicht der Beschäftigten zu Loyalität und Vertraulichkeit hat im öffentlichen Dienst eine besondere Bedeutung. Dies folgt aus der tarifvertraglich vorgesehenen Schweigepflicht, die sogar über die Beendigung des Arbeitsverhältnisses hinaus gilt (§ 3 Abs. 1 TVöD; § 3 Abs. 2 TV-L). Ob dies für die Rechtsprechung Anlass ist, zwischen dem öffentlichen Dienst und der Privatwirt-

---
[208] Urt. d. BAG v. 27.9.2012 – AP Nr. 240 zu § 626 BGB

schaft zu differenzieren, bleibt abzuwarten (vgl. hierzu auch Brock in öAT 2011, 243, 247, der aus dem EGMR-Urteil die Schlussfolgerung zieht, dass das Gericht an die Verschwiegenheitspflicht im öffentlichen Dienst geringere Anforderungen stellen möchte als bei privaten Arbeitgebern).

3.2.49 Zeiterfassung, Manipulation der ...

Der Verstoß eines Arbeitnehmers gegen seine Verpflichtung, die abgeleistete, vom Arbeitgeber sonst kaum sinnvoll kontrollierbare Arbeitszeit korrekt zu stempeln, ist nach der Rechtsprechung des BAG[209] an sich geeignet, einen wichtigen Grund für eine außerordentliche Kündigung darzustellen. Dies gilt erst recht dann, wenn der Arbeitnehmer den Arbeitgeber vorsätzlich dadurch täuscht, dass er einen anderen Arbeitnehmer veranlasst, an seiner Stelle das Zeiterfassungsgerät zu bedienen. Dabei kommt es nicht entscheidend darauf an, wie der Vorgang strafrechtlich zu würdigen ist. Überträgt nämlich ein Arbeitgeber den Nachweis der täglich geleisteten Arbeitszeit den Arbeitnehmern selbst und täuscht der Arbeitnehmer durch eine falsche oder unterlassene Zeiterfassung oder in anderer Weise für sich oder einen anderen Arbeitnehmer eine längere Arbeitszeit vor, als tatsächlich geleistet worden ist, so stellt dies einen schweren Vertrauensmissbrauch dar.

Deshalb ist dem Arbeitgeber eine Abmahnung regelmäßig nicht zumutbar, da der Arbeitnehmer in einem solchen Fall nicht davon ausgehen kann, dass sein Verhalten vom Arbeitgeber zunächst nur abgemahnt wird. Dies gilt sowohl für den vorsätzlichen Missbrauch eines Zeiterfassungsgeräts als auch für das vorsätzlich falsche Ausstellen entsprechender Formulare. Entscheidend ist der mit der Pflichtverletzung verbundene schwere Vertrauensbruch. Auch in solchen Fällen ist jedoch eine umfassende Interessenabwägung sowie eine Betrachtung aller Umstände des Einzelfalles unter Beachtung des Grundsatzes der Verhältnismäßigkeit vorzunehmen.

Die Entscheidung des LAG Berlin-Brandenburg[210], wonach es auch beim „Arbeitszeitbetrug" einer langjährig Beschäftigten grundsätzlich zunächst einer Abmahnung bedürfe, überzeugt gleichwohl nicht und lässt sich auch vor dem Hintergrund der neuesten Rechtsprechung des BAG[211] nicht verallgemeinern. Das BAG hat in diesem Fall trotz vorangegangener 17-jähriger unbeanstandeter Betriebszugehörigkeit die

---

[209] Urt. v. 26.9.2013 = ZTR 2014, 299; Urt. v. 9.6.2011 = ZTR 2011, 628; Urt. v. 24.11.2005 – AP Nr. 197 zu § 626 BGB; Urt. v. 21.4.2005 – AP Nr. 4 zu § 91 SGB IX; ebenso LAG Rheinland-Pfalz, Urt. v. 15.11.2012 = ZTR 2013, 100

[210] Urt. v. 30.3.2012 = NZA-RR 2012, 353; vgl. auch LAG Köln, Urt. v. 20.1.2012 = NZA-RR 2012, 356

[211] Urteil vom 9.6.2011 = Fn. 209

Abmahnungstatbestände

Wirksamkeit einer außerordentlichen Kündigung bestätigt und mildere Maßnahmen als für den Arbeitgeber unzumutbar erachtet.

Nimmt ein Arbeitnehmer nach einschlägigen Abmahnungen entgegen ausdrücklicher Anweisung „Raucherpausen", ohne abzustempeln, kann dies nach der Ansicht des LAG Rheinland-Pfalz[212] eine fristlose Kündigung rechtfertigen.

3.2.50 Zusammenfassung

Eine Kündigung wegen einer arbeitsvertraglichen Pflichtverletzung setzt im Regelfall eine Abmahnung voraus. Eine verhaltensbedingte Kündigung ist nur dann sozial gerechtfertigt bzw. eine außerordentliche Kündigung wegen Vorliegens eines wichtigen Grundes wirksam, wenn im Zeitpunkt der Kündigung eine sog. negative Verhaltensprognose vorliegt. Dies ist dann der Fall, wenn aus der konkreten Pflichtverletzung und der daraus resultierenden Störung des Arbeitsverhältnisses geschlossen werden kann, der Arbeitnehmer werde auch künftig den Arbeitsvertrag nach einer Kündigungsandrohung (nämlich einer Abmahnung) erneut in gleicher oder ähnlicher Weise verletzen.

Nach der Rechtsprechung des BAG[213] ist eine Kündigung nicht gerechtfertigt, wenn es mildere Mittel gibt, eine Vertragsstörung zukünftig zu beseitigen. Einer Abmahnung bedarf es im Hinblick auf den **Grundsatz der Verhältnismäßigkeit** nur dann nicht, wenn eine Verhaltensänderung in Zukunft selbst nach einer Abmahnung nicht zu erwarten ist oder es sich um eine so schwere Pflichtverletzung handelt, dass eine Hinnahme durch den Arbeitgeber offensichtlich, also auch für den Arbeitnehmer erkennbar, ausgeschlossen ist.

Davon ist insbesondere — aber nicht nur und nicht zwangsläufig — bei strafrechtlich relevantem Verhalten des Arbeitnehmers auszugehen, das das Arbeitsverhältnis konkret beeinträchtigt. Immer dann, wenn der Arbeitnehmer ein gesteigertes Maß an Illoyalität an den Tag legt oder mit besonderer Intensität gegen die Rechtsordnung verstößt, ist es dem Arbeitgeber nicht zuzumuten, den Arbeitnehmer zunächst abzumahnen.

In derartigen Fällen sind für den Arbeitnehmer die schweren Pflichtverletzungen ohne weiteres erkennbar, und die Hinnahme eines solchen Verhaltens durch den

---

[212] Urt. v. 6.5.2010 – ZTR 2010, 600
[213] vgl. nur Urt. v. 24.3.2011 = NZA 2011, 1029

Arbeitgeber ist offensichtlich ausgeschlossen. Der Arbeitnehmer kann in solchen Fällen nicht davon ausgehen, dass der Arbeitgeber lediglich mit einer Abmahnung reagieren wird. Unter den gegebenen Voraussetzungen könnte eine Abmahnung ihr Ziel nicht erreichen.

Praktische Konsequenz: Arbeitsvertragliche Pflichtverletzungen müssen im Regelfall zunächst abgemahnt werden. Dies kann auch bei Störungen des Vertrauensverhältnisses der Fall sein.

Bei schwerwiegenden Pflichtverletzungen, deren Hinnahme durch den Arbeitgeber offensichtlich und für den Arbeitnehmer erkennbar ausgeschlossen ist, ist eine Abmahnung grundsätzlich nicht notwendig.

In Zweifelsfällen sollte abgemahnt werden.

3.3 Keine Abmahnung bei fehlenden Erfolgsaussichten

Eine Abmahnung wird als nicht notwendig angesehen, wenn sie keinen Erfolg versprochen hätte[214], etwa in Fällen von unbehebbaren Leistungsmängeln infolge einer dauernden gesundheitlichen Beeinträchtigung der Leistungsfähigkeit des Arbeitnehmers.[215]

In dem folgenden Fall hat dagegen das BAG eine Abmahnung für möglicherweise erfolgversprechend gehalten:

Bei der fehlenden Eignung und Befähigung eines Orchestermusikers handele es sich um einen abmahnungsrelevanten Tatbestand, auch wenn aus einer mehr subjektiv-künstlerischen Beurteilung sich ergebende Eignungsmängel sich nicht immer konkret bezeichnen ließen und daher schwerer als rein fachliche Leistungsmängel zu beheben seien.[216]

Die genannten Beispiele aus der BAG-Rechtsprechung machen die Schwierigkeiten deutlich, die bei der Beurteilung der Erfolgsaussichten einer Abmahnung auftreten

---

[214] vgl. Urt. d. BAG v. 29.7.1976 – AP Nr. 9 zu § 1 KSchG Verhaltensbedingte Kündigung; Urt. d. BAG v. 3.2.1982 – AP Nr. 1 zu § 72 BPersVG
[215] vgl. Urt. d. BAG v. 18.1.1980 – AP Nr. 3 zu § 1 KSchG 1969 Verhaltensbedingte Kündigung
[216] Urt. v. 15.8.1984 – AP Nr. 8 zu § 1 KSchG 1969

Abmahnungstatbestände

können. Dieses Problem findet sich insbesondere bei Arbeitnehmern in höheren Positionen, z. B. bei leitenden Angestellten. Man wird im Zweifel davon ausgehen müssen, dass selbst in der Person liegende Umstände wie Führungsschwächen, mangelndes Durchsetzungsvermögen usw., also eigentlich personenbedingte Gründe, dem Arbeitgeber zunächst Veranlassung zu einer Abmahnung geben sollten, bevor er kündigt.[217]

Eine Abmahnung kann aber dann entbehrlich sein, wenn der Arbeitnehmer fortgesetzt das von dem Arbeitgeber gerügte Verhalten an den Tag legt und der Arbeitgeber hieraus schließen muss, der Arbeitnehmer sei nicht gewillt, das Fehlverhalten in Zukunft zu unterlassen.[218] Besonders in Fällen offenkundiger Uneinsichtigkeit oder Unbelehrbarkeit des Arbeitnehmers kann es dem Arbeitgeber nicht zugemutet werden, zunächst einen weiteren, mit Sicherheit zu erwartenden Pflichtverstoß abzuwarten, bevor er kündigungsrechtliche Schritte unternehmen darf.

Das BAG hat bestätigt, eine Abmahnung sei dann entbehrlich, wenn im Einzelfall besondere Umstände vorgelegen haben, aufgrund derer eine Abmahnung als nicht erfolgversprechend angesehen werden durfte. Dies sei insbesondere dann anzunehmen, wenn erkennbar sei, dass der Arbeitnehmer gar nicht gewillt sei, sich vertragsgerecht zu verhalten. Kannte der Arbeitnehmer die Vertragswidrigkeit seines Verhaltens, setze er aber trotzdem hartnäckig und uneinsichtig seine Pflichtverletzungen fort, dann laufe die Warnfunktion der Abmahnung leer. Da der Arbeitnehmer erkennbar nicht gewillt sei, sein Verhalten zu ändern, müsste der Arbeitgeber auch bei Ausspruch einer Abmahnung mit weiteren erheblichen Pflichtverletzungen rechnen.[219]

Diese älteren Entscheidungen des BAG lassen schon die Tendenz erkennen, die nach der aktuellen Rechtsprechung des BAG mit dem Begriff der negativen Verhaltensprognose umschrieben werden kann.

Entbehrlich ist die Abmahnung danach dann, wenn der Arbeitnehmer unter den konkreten Umständen auf keinen Fall mit der Billigung seines Verhaltens rechnen konnte und er sich deshalb völlig darüber im Klaren sein musste, bei Entdeckung des Sachverhalts seinen Arbeitsplatz zu verlieren.[220]

Praktische Konsequenz: Abmahnungen sind entbehrlich, wenn sie offenkundig keine Erfolgsaussichten haben und deshalb von einer negativen Prognose ausgegangen werden kann.

---

[217] vgl. hierzu auch Urt. d. LAG Köln v. 23.5.2002 = DB 2003, 451
[218] vgl. etwa Urt. d. BAG v. 3.2.1982 (= Fn. 214); ebenso ErfK/Müller-Glöge, § 626 BGB Rn. 29c m.w.N.
[219] Urt. v. 18.5.1994 – AP Nr. 3 zu § 108 BPersVG
[220] ähnlich Preis in DB 1990, 685, 688 m.w.N.

4 Abmahnung in Sonderfällen

4.1 Abmahnung gegenüber Auszubildenden

Das Berufsausbildungsverhältnis kann nach der Probezeit nur aus einem wichtigen Grund ohne Einhalten einer Kündigungsfrist durch den Ausbildenden gekündigt werden (§ 22 Abs. 2 Nr. 1 BBiG). Da erfahrungsgemäß die Arbeitsgerichte bei Kündigungen von Auszubildenden hohe Anforderungen stellen, wird es noch mehr als bei Arbeitsverhältnissen notwendig sein, zuvor eine Abmahnung auszusprechen. Dies kommt in erster Linie bei verhaltensbedingten Gründen in Betracht, die die Eignung des Auszubildenden für den späteren Beruf in Frage stellen. In der Regel wird es erforderlich sein, hier auch vor einer außerordentlichen Kündigung abzumahnen.[221]

Werden von einem Auszubildenden die vorgeschriebenen Berichtshefte nicht oder verspätet vorgelegt, liegt nach Ansicht des Hessischen LAG[222] eine Pflichtverletzung vor, die geeignet sein kann, eine außerordentliche Kündigung des Berufsausbildungsverhältnisses zu rechtfertigen. Auch bei hartnäckiger und fortgesetzter Verletzung von Verhaltens- und Leistungspflichten durch den Auszubildenden ist jedoch — so das LAG — in aller Regel vor Ausspruch einer außerordentlichen Kündigung eine (erfolglose) Abmahnung notwendig.

Einer vorherigen Abmahnung bedarf es nach zutreffender Auffassung des LAG Berlin[223] nicht, wenn der Auszubildende gegenüber einem anderen Auszubildenden ausländerfeindliche und rassistische Verhaltensweisen an den Tag legt.

Nach der Ansicht des BAG[224] bedarf es auch im Ausbildungsverhältnis bei besonders schwerwiegenden Pflichtverletzungen, deren Rechtswidrigkeit dem Auszubildenden ohne weiteres erkennbar und bei denen eine Hinnahme durch den Ausbildenden offensichtlich ausgeschlossen ist, vor dem Ausspruch der außerordentlichen Kündigung keiner Abmahnung.

---

[221] vgl. auch Pflaum, Die Abmahnung im Arbeitsrecht als Vorstufe zur Kündigung, Decker & Müller, Heidelberg 1992, S. 124 ff., die die besondere Bedeutung von Abmahnungen im Rahmen von Berufsausbildungsverhältnissen hervorhebt; ErfK/Schlachter § 22 BBiG Rn. 3; LAG Rheinland-Pfalz, Urt. v. 25.4.2013 = NZA-RR 2013, 406
[222] Urt. v. 3.11.1997 = LAGE § 15 BBiG Nr. 12
[223] Urt. v. 22.10.1997 = LAGE § 626 BGB Nr. 11
[224] Urt. v. 1. 7.1999 – AP Nr. 11 zu § 15 BBiG

Abmahnung in Sonderfällen

So stellen z. B. in elektronischen Netzwerken gemachte diffamierende Äußerungen, die ein Auszubildender über seinen Arbeitgeber (Ausbilder) macht, nach einer Entscheidung des LAG Hamm[225] einen wichtigen Grund im Sinne des § 22 Abs. 2 Nr. 1 BBiG für eine außerordentliche Kündigung dar. Diese Rechtsprechung ist zu begrüßen. Wer die „Macht der Medien" in dieser Weise missbraucht, kann auch als Auszubildender nicht mit einer Billigung oder Duldung seines Fehlverhaltens rechnen.

> **BEISPIEL**
> Vor der Kündigung von Auszubildenden aus wichtigem Grund sind im Regelfall Abmahnungen erforderlich.

Abmahnung gegenüber einem Auszubildenden

Vorbemerkung: Abmahnungen gegenüber Auszubildenden sollten besonders sorgfältig und ausführlich erfolgen. Es kann empfehlenswert sein, den Eltern des Auszubildenden eine Fotokopie zuzuleiten. Dies gilt insbesondere bei minderjährigen Auszubildenden. Wegen der hohen Anforderungen an die Wirksamkeit einer außerordentlichen Kündigung sollte auch bei erheblichen Pflichtverletzungen des Auszubildenden im Zweifelsfall zunächst abgemahnt werden.

> **MUSTERBRIEF**
>
> Abmahnung   Datum
>
> Sehr geehrte/r Frau/Herr ...,
>
> nach § 13 Satz 1 BBiG haben Sie sich zu bemühen, die berufliche Handlungsfähigkeit zu erwerben, die zum Erreichen des Ausbildungsziels erforderlich ist. Nach unseren Feststellungen lassen sowohl Ihr Interesse an der Ausbildung als auch Ihre Zuverlässigkeit erheblich zu wünschen übrig. In der vergangenen Woche haben Sie an zwei Tagen unentschuldigt gefehlt, nämlich am .... und .... Außerdem hat uns die Berufsschule mitgeteilt, dass Sie im Monat Oktober zweimal dem Unterricht ferngeblieben sind, nämlich am ...... und ......
> Ihr Verhalten ist für uns unverständlich und wird von uns ausdrücklich gerügt. Wir erwarten, dass Sie sich diese Abmahnung zu Herzen nehmen und künftig

---
[225] Urt. v. 10.10.2012 = LAGE § 22 BBiG 2005 Nr. 4; ebenso ErfK/Schlachter § 22 BBiG Rn. 4

mit dem erforderlichen Engagement Ihre Ausbildung fortsetzen. Ansonsten wären wir gezwungen, das Ausbildungsverhältnis zu kündigen, wenn sich diese oder ähnliche Pflichtverletzungen wiederholen.

Mit freundlichen Grüßen

4.2 Abmahnung vor Änderungskündigung

Nach der Begriffsbestimmung des BAG muss die Abmahnung den Hinweis enthalten, dass im Wiederholungsfall der „Inhalt" oder der Bestand des Arbeitsverhältnisses gefährdet ist.

Damit ist auch die Änderungskündigung einbezogen, also die Kündigung, bei der nicht die Beendigung des Arbeitsverhältnisses, sondern die Änderung von Arbeitsbedingungen (Inhalt des Arbeitsvertrages) angestrebt wird.

Folgerichtig hat das BAG[226] im Fall einer Änderungskündigung wegen Leistungsmängeln eine vorherige Abmahnung ebenso für notwendig gehalten wie bei einer auf verhaltensbedingte Gründe gestützten Änderungskündigung. Diese Rechtsprechung vermag allerdings rechtsdogmatisch nicht zu überzeugen. Das BAG hat zwar in seiner Entscheidung vom 21.11.1985(173) beiläufig erwähnt, dass es bei der Änderungskündigung „in erster Linie um den sog. Inhaltsschutz" gehe, aber im Anschluss daran lediglich Urteile zitiert, die sich auf die Notwendigkeit der Abmahnung vor Beendigungskündigungen beziehen. Das BAG ist also eine rechtliche Begründung dafür schuldig geblieben, warum auch vor einer Änderungskündigung eine Abmahnung geboten sein soll.[227]

---

[226] Urt. v. 12.9.1980 = ArbuR 1981, 60; bestätigt durch Urt. v. 29.5.1985 = RzK Abmahnung Nr. 7; Urt. v. 21.11.1985 – AP Nr. 12 zu § 1 KSchG 1969; diese Rechtsprechung befürworten von Hoyningen-Huene in RdA 1990, 193, 205; Hauer, Die Abmahnung im Arbeitsverhältnis, Nomos Verlagsgesellschaft Baden-Baden, 1. Aufl. 1990, S. 87; Wolf, Zur Abmahnung als Voraussetzung der verhaltensbedingten Kündigung durch den Arbeitgeber, Centaurus-Verlagsgesellschaft 1990, S. 128 ff.; Koffka, Die arbeitsrechtliche Abmahnung als Rechtsinstitut, Verlag Peter Lang GmbH, Frankfurt am Main, 1993, S. 78/79

[227] ebenso Pflaum a.a.O. (= Fn. 221) S. 128, die allerdings im Ergebnis die Erforderlichkeit von Abmahnungen vor Änderungskündigungen mit Einschränkungen bejaht; vgl. auch Urt. d. LAG Rheinland-Pfalz v. 10.11.2011 – 10 Sa 329/11, das unter Hinweis auf die „ständige und zutreffende" Rechtsprechung des BAG die Ansicht vertritt, die Rechtswirksamkeit auch einer verhaltensbedingten Änderungskündigung setze grundsätzlich eine einschlägige Abmahnung voraus

Abmahnung in Sonderfällen

> **BEISPIEL**
> Abmahnungen sind auch vor Änderungskündigungen notwendig.

Gegen die Notwendigkeit einer Abmahnung in solchen Fällen spricht an sich die in § 2 KSchG enthaltene Regelung.[228] Danach hat der Arbeitnehmer die Möglichkeit, die auch durch eine Änderungskündigung mögliche Bestandsgefährdung seines Arbeitsverhältnisses dadurch auszuschließen, dass er das Angebot des Arbeitgebers unter Vorbehalt annimmt. Auf diese Weise kann er eine gerichtliche Überprüfung der Änderungskündigung erreichen, ohne den Bestand seines Arbeitsverhältnisses aufs Spiel zu setzen.

Nach Auffassung des LAG Nürnberg[229] kann auch eine ordentliche verhaltensbedingte Änderungskündigung (im entschiedenen Fall der Entzug einer Führungsposition) sozial ungerechtfertigt sein, wenn als milderes Mittel eine Abmahnung in Betracht kommt.

4.3 Abmahnung vor Versetzung

Eine Abmahnung vor einer Versetzung kann — wenn überhaupt — nur dann in Betracht kommen, wenn es sich um eine verhaltensbedingte Versetzung handelt, die auf arbeitsvertraglichen Pflichtverletzungen des Arbeitnehmers, der versetzt werden soll, beruht.

Im Falle einer Versetzung an einen anderen Dienstort wegen Leistungsmängeln kann nach einer Entscheidung des BAG die gebotene Interessenabwägung ergeben, dass der Arbeitgeber das beanstandete Verhalten zunächst gegenüber dem Angestellten unter Hinweis auf die sonst drohende Versetzung abmahnen muss.[230]

Diese Rechtsprechung bedarf einer kritischen Würdigung und ist für verallgemeinernde Schlussfolgerungen nicht geeignet. Das BAG hat selbst ausgeführt, es könne unentschieden bleiben, ob die zur verhaltensbedingten Kündigung entwickelten Abmahnungsgrundsätze allgemein auch auf eine Versetzung nach § 12

---

[228] a. A. Pauly in NZA 1995, 449, 451

[229] Urt. v. 6.8.2012 = NZA-RR 2012, 631; vgl. auch ErfK/Oetker § 2 KSchG Rn. 46

[230] Urt. d. BAG v. 30.10.1985 – AP Nr. 1 zu § 12 BAT = EzBAT § 12 BAT Nr. 1 mit Anm. v. Beckerle; zust. Hauer a.a.O. (= Fn. 226) S. 87; differenzierend von Hoyningen-Huene in RdA 1990, 193, 205; Pflaum a.a.O. (= Fn. 221) S. 135 ff.

4 Abmahnung vor Versetzung

BAT zu übertragen seien mit der Folge, dass beim Fehlen einer Abmahnung ein Fehlverhalten im Leistungsbereich einen dienstlichen oder betrieblichen Grund im Sinne des § 12 BAT nicht abgeben könnte.

Die Annahme der Erforderlichkeit der Abmahnung im entschiedenen Fall lässt sich allenfalls aufgrund der besonderen, atypischen Umstände des Sachverhalts rechtfertigen, der dem Urteil zugrunde lag. Der Kläger sollte von Regensburg nach Bayreuth versetzt werden, was nach den Feststellungen der Tatsacheninstanzen einschneidende Auswirkungen auf die persönlichen Lebensverhältnisse des Klägers und seiner Familie zur Folge gehabt hätte.

Gleichwohl überzeugt die Entscheidung des BAG nicht, weil der von einer Versetzung betroffene Arbeitnehmer in entsprechenden Fällen ausreichend geschützt ist. Nach § 12 BAT, der insoweit unverändert in § 4 Abs. 1 TVöD und TV-L übernommen worden ist, kann der Beschäftigte aus dienstlichen oder betrieblichen Gründen versetzt werden. Die Ausübung dieses Direktionsrechts setzt demnach voraus, dass dienstliche oder betriebliche Gründe die Versetzung bedingen. Da nach der Rechtsprechung des BAG[231], die der Gesetzgeber in § 106 Satz 1 GewO übernommen hat, das Direktionsrecht nur nach billigem Ermessen ausgeübt werden darf, kann der Arbeitnehmer die einseitig angeordnete Maßnahme des Arbeitgebers gerichtlich daraufhin überprüfen lassen, ob sie mit diesen Rechtsgrundsätzen in Einklang steht. Das Gericht hat eine Interessenabwägung vorzunehmen, bei der die Umstände Bedeutung erlangen können, die das BAG dazu bewogen haben, in dem entschiedenen Fall (Fn. 230) die Notwendigkeit einer Abmahnung vor der Versetzung anzunehmen.

Koffka[232] weist in diesem Zusammenhang zutreffend darauf hin, entscheidend sei, auf welcher Rechtsgrundlage die Versetzung beruhe. Könne die Versetzung auf das Direktionsrecht gestützt werden, bedürfe es keiner Abmahnung. Dasselbe gelte in dem vom BAG entschiedenen Fall des § 12 BAT. Eine Abmahnung sei aber dann grundsätzlich erforderlich, wenn die Versetzung auf einer verhaltensbedingten Änderungskündigung beruhe.

In eine ähnliche Richtung geht ein späteres Urteil des BAG.[233] Danach kann der Arbeitgeber, wenn zwischen Arbeitnehmern Spannungen bestehen, dieser Situa-

---

[231] vgl. Urt. v. 27.3.1980 – AP Nr. 26 zu § 611 BGB Direktionsrecht; vgl. hierzu auch Urt. d. BAG v. 23.6.2009 = ZTR 2009, 600 zu einer Abmahnung wegen der Weigerung eines Beschäftigten, an einem Personalgespräch teilzunehmen

[232] a.a.O. (= Fn. 226) S. 81/82

[233] Urt. v. 24.4.1996 – AP Nr. 48 zu § 611 BGB Direktionsrecht; vgl. hierzu auch Urt. d. LAG Rheinland-Pfalz v. 11.6.2010 = öAT 2010, 162

Abmahnung in Sonderfällen

tion durch Umsetzung eines der Arbeitnehmer begegnen. Der Arbeitgeber ist nach Meinung des BAG nicht gehalten, anstelle der Umsetzung eine Abmahnung auszusprechen. Das Direktionsrecht muss allerdings im Rahmen billigen Ermessens ausgeübt werden (§ 106 GewO). Der Grundsatz der Verhältnismäßigkeit, wonach der Arbeitgeber das „mildeste Mittel" anwenden muss, gilt jedenfalls bei Umsetzungen nicht, da die Erteilung einer Abmahnung – so das BAG in dem konkret entschiedenen Fall – in aller Regel den Arbeitnehmer stärker belastet als eine Umsetzung. Es ist allein Sache des Arbeitgebers zu entscheiden, wie er auf Konfliktlagen reagieren will.

> **TIPP**
> Eine Versetzung oder Umsetzung stellt im Regelfall weder den Inhalt noch den Bestand des Arbeitsverhältnisses in Frage.

Das BAG geht bei seiner Begriffsbestimmung der Abmahnung davon aus, dass sich der Hinweis des Arbeitgebers für den Wiederholungsfall auf die Gefährdung von Inhalt oder Bestand des Arbeitsverhältnisses bezieht. Die Versetzung ist also keine arbeitsrechtliche Konsequenz, die nach der Definition des BAG bei einer Abmahnung in Aussicht gestellt wird.

Praktische Konsequenz: Abmahnungen sind vor Versetzungen im Regelfall nicht erforderlich. Entscheidend ist letztlich, auf welcher Grundlage die Versetzung beruht:

- Die Versetzung ist auf das Direktionsrecht gestützt: Eine Abmahnung ist nicht erforderlich.
- Die Versetzung ist auf der Grundlage des § 4 Abs. 1 TVöD bzw. TV-L erfolgt: Eine Abmahnung ist nicht erforderlich.
- Die Versetzung beruht auf einer verhaltensbedingten Änderungskündigung: Vor Ausspruch der Kündigung ist eine Abmahnung erforderlich.

4.4 Abmahnung während der Probezeit

Eine Abmahnung ist nicht notwendig, wenn der Arbeitnehmer noch nicht die sechsmonatige Wartezeit des § 1 Abs. 1 KSchG zurückgelegt hat. Diese Auffassung

4 Abmahnung während der Probezeit

wird sowohl im Schrifttum[234] als auch in der Rechtsprechung[235] vertreten. Da der Arbeitnehmer in den ersten sechs Monaten des Arbeitsverhältnisses noch keinen allgemeinen Kündigungsschutz hat, weiß er ohnehin, dass der Bestand seines Arbeitsverhältnisses nicht gesichert, sondern durchaus noch gefährdet ist.

Allerdings ist zu berücksichtigen, dass eine Abmahnung nur dann entbehrlich ist, wenn die Kündigung noch innerhalb der ersten sechs Monate des Arbeitsverhältnisses ausgesprochen wird. Andernfalls kann sich eine Abmahnung nachträglich als erforderlich herausstellen. Wenn das möglich erscheint, kann es richtig sein, auch Vertragsverstöße innerhalb der Wartezeit vorsichtshalber abzumahnen.[236] Ist eine Probezeit von mehr als sechs Monaten vereinbart, wäre im Falle einer verhaltensbedingten Kündigung, die zwar während der Probezeit, aber nach Ablauf der Wartezeit des § 1 Abs. 1 KSchG ausgesprochen wird, eine vorherige Abmahnung — also innerhalb der Probezeit — notwendig.

Eine vom Arbeitgeber innerhalb der Wartezeit ausgesprochene Kündigung ist nicht daraufhin überprüfbar, ob sie sozial gerechtfertigt ist. Aus diesem Grund muss selbst vor Kündigungen wegen Störungen im Leistungsbereich, wozu während der Probezeit typischerweise die Entlassung wegen mangelnder Bewährung gehört, das Erfordernis der vorherigen Abmahnung entfallen.

Die vom BAG[237] angedeutete gegenteilige Auffassung ist abzulehnen. Das Gericht hat in den Entscheidungsgründen Folgendes ausgeführt:

„Die Erprobungsfunktion der Probezeit für den Arbeitgeber und die Beanstandungsfunktion der Abmahnung für den Arbeitnehmer ergänzen sich dadurch, dass die vom Arbeitgeber während der Probezeit festgestellten Eignungs- und Leistungsmängel dem Arbeitnehmer aufzuzeigen sind und ihm dadurch Gelegenheit gegeben wird, den Erwartungen und Anforderungen des Arbeitgebers noch bis zum Ablauf der Probezeit zu genügen. Die der Abmahnung innewohnende Warn- und Ankündigungsfunktion erfordert zwar, dass dem Arbeitnehmer die beabsichtigte Beendigung des Arbeitsver-

---

[234] Hunold in BB 1986, 2050, 2052; Falkenberg in NZA 1988, 489, 491; von Hoyningen-Huene in RdA 1990, 193, 202; Tschöpe in NZA Beil. 2/1990, S. 10; Pflaum a.a.O. (= Fn. 221) S. 117 ff. (122); Ascheid, Kündigungsschutzrecht, 1993, Rz. 64; Koffka a.a.O. (= Fn. 226) S. 84/85; Walker in NZA 1995, 601, 603; Bernstein, Die Abmahnung im System des Kündigungsschutzes, Verlag V. Florenz GmbH, München 1992, S. 58 f.; ; a. A. Hauer a.a.O. (= Fn. 226) S. 66 ff.; Gerhards in BB 1996, 794, 796; Pauly in NZA 1995, 449, 450; unklar Schaub in NJW 1990, 872, 875

[235] Urt. d. LAG Hamm v. 19.1.1988 = NZA 1988, 554 unter Hinweis auf ein Urt. v. 6.5.1986; wohl auch Urt. d. BAG v. 21.2.2001 – AP Nr. 26 zu § 611 BGB Abmahnung, dem allerdings ein Fall von § 23 Abs. 1 KSchG zugrunde liegt

[236] so zutreffend Hunold in BB 1986, 2050, 2052

[237] Urt. v. 15.8.1984 – AP Nr. 8 zu § 1 KSchG 1969 mit zust. Anm. v. Wolf

Abmahnung in Sonderfällen

hältnisses wegen nicht genügender Eignung und Befähigung deutlich gemacht wird, berührt aber nicht die in der Probezeit durch kürzere Kündigungsfristen gegebene Lösungsmöglichkeit des Arbeitsverhältnisses. Das Erfordernis der Abmahnung steht daher nicht im Widerspruch zu den mit der Vereinbarung einer Probezeit verfolgten Zwecksetzungen, sondern verlangt vom Arbeitgeber lediglich, die Eignung und Befähigung des Arbeitnehmers in der Probezeit zu beurteilen und im Falle negativer Beurteilung dies dem Arbeitnehmer unter Hinweis auf eine deswegen beabsichtigte Beendigung des Arbeitsverhältnisses mitzuteilen ..."

Diese Wertung ergibt nur dann einen Sinn, wenn eine Kündigung wegen Leistungsmängeln innerhalb der Wartezeit des Kündigungsschutzgesetzes (§ 1 Abs. 1 KSchG) zu ihrer Wirksamkeit der vorherigen Abmahnung bedarf, was das BAG anzunehmen scheint. Wäre das richtig, würde eine Kündigung in den ersten sechs Monaten eines Arbeitsverhältnisses einer weitergehenden Prüfung unterliegen, als dies der Gesetzgeber des Kündigungsschutzgesetzes bestimmt hat. Die Frage, ob einer Kündigung eine Abmahnung vorausgegangen ist, gehört nämlich in den Bereich der sozialen Rechtfertigung im Sinne des Kündigungsschutzgesetzes und nicht zu den formellen Voraussetzungen einer Kündigung.[238] Aus diesem Grund ist es nicht gerechtfertigt, wenn sich die Arbeitsgerichte außerhalb des Geltungsbereichs des Kündigungsschutzgesetzes mit der Frage befassen, ob eine Kündigung während der Probezeit mangels einer Abmahnung unwirksam ist. Die fehlende Abmahnung ist kein anderer Unwirksamkeitsgrund im Sinne des § 7 KSchG.

Außerdem ist zu berücksichtigen, dass der Entscheidung des BAG (Fn. 237) eine Kündigung zugrunde lag, die zwar innerhalb der Probezeit, aber erst nach Ablauf der Wartezeit des § 1 Abs. 1 KSchG erklärt worden war. Die Kündigung war demnach auf ihre soziale Rechtfertigung hin zu überprüfen, was bei Kündigungen während der Probezeit regelmäßig nicht der Fall ist, da die Probezeit üblicherweise nicht länger als sechs Monate dauert.

Wenn sich der Arbeitnehmer während eines befristeten Probearbeitsverhältnisses nicht voll bewährt hat, der Arbeitgeber ihn aber gleichwohl weiter beschäftigen will, hat er folgende rechtliche Möglichkeit: Er kann die Übernahme in ein unbefristetes Arbeitsverhältnis mit dem Vorbehalt versehen, dass der Arbeitsvertrag gekündigt wird, wenn der Arbeitnehmer die festgestellten Beanstandungen nicht abstellt. Ein derartiger Vorbehalt steht einer Abmahnung gleich.[239]

---

[238] ebenso Urt. d. LAG Hamm v. 13.10.1983 = NZA 1984, 40
[239] Urt. d. BAG v. 15. 3.1978 – AP Nr. 45 zu § 620 BGB Befristeter Arbeitsvertrag

> **BEISPIEL**
>
> Abmahnungen sind grundsätzlich während der ersten sechs Monate der Beschäftigung nicht geboten.

4.5 Abmahnung in Kleinbetrieben

Da Voraussetzung für die Erforderlichkeit der Abmahnung ist, dass der Arbeitnehmer den allgemeinen Kündigungsschutz genießt, braucht der Arbeitgeber eines Kleinbetriebs im Sinne des § 23 Abs. 1 KSchG vor einer Kündigung keine Abmahnung auszusprechen.[240] Nach Satz 2 dieser Vorschrift gelten die Bestimmungen des Ersten Abschnitts des Kündigungsschutzgesetzes (§§ 1 bis 14), die den allgemeinen Kündigungsschutz zum Inhalt haben, nicht für Verwaltungen und Betriebe, in denen in der Regel fünf oder weniger Arbeitnehmer ausschließlich der Auszubildenden beschäftigt werden. Nach § 23 Abs. 1 Satz 3 KSchG gelten bei Arbeitgebern mit in der Regel zehn oder weniger Arbeitnehmern die Kündigungsschutzbestimmungen nicht für Arbeitnehmer, deren Arbeitsverhältnis nach dem 31. Dezember 2003 begonnen hat.

Wenn der Arbeitgeber eines solchen Betriebes aber im Grundsatz frei kündigen kann und diese Kündigung im Regelfall vom Gericht nicht inhaltlich, sondern nur in formeller Hinsicht überprüft werden kann, kann es auf das Erfordernis einer vorherigen Abmahnung nicht ankommen. Dies hat auch das BAG[241] bestätigt und damit die Revision des Klägers gegen das Urteil des LAG Niedersachsen[242] zurückgewiesen.

> **BEISPIEL**
>
> Abmahnungen sind grundsätzlich in Kleinbetrieben nicht geboten.

---

[240] ebenso von Hoyningen-Huene in RdA 1990, 193, 202; Pflaum a.a.O. (= Fn. 221) S. 123, 124; Ascheid, Kündigungsschutzrecht, 1993, Rz. 64; Koffka a.a.O. (= Fn. 226) S. 84 ff.; vgl. auch Bernstein a.a.O. (= Fn. 234) S. 55 ff.; a. A. Hauer a.a.O. (= Fn. 226) S. 68 ff.; Adam in ArbuR 2001, 41, 44 ff.

[241] Urt. v. 21.2.2001 – AP Nr. 26 zu § 611 BGB Abmahnung

[242] Urt. v. 6. 5.1999 = LAGE § 1 KSchG Verhaltensbedingte Kündigung Nr. 72

Abmahnung in Sonderfällen

4.6 Abmahnung während Kündigungsverbot

Nach § 9 Abs. 1 MuSchG ist jede Kündigung gegenüber einer Frau während der Schwangerschaft und bis zum Ablauf von vier Monaten nach der Entbindung unzulässig, wenn dem Arbeitgeber zur Zeit der Kündigung die Schwangerschaft oder Entbindung bekannt war oder innerhalb zweier Wochen nach Zugang der Kündigung mitgeteilt wird. Auch von dem Zeitpunkt an, von dem an Elternzeit verlangt worden ist, und während der Elternzeit darf der Arbeitgeber das Arbeitsverhältnis nicht kündigen (§ 18 Abs. 1 BEEG).

In der Praxis stellt sich zuweilen die Frage, ob während der genannten Zeiträume eine Abmahnung zulässig ist. Diese Frage ist grundsätzlich zu bejahen.[243]

Die erwähnten Bestimmungen sollen die werdende Mutter und die Wöchnerin vor den wirtschaftlichen Nachteilen schützen, die der Verlust des Arbeitsplatzes mit sich bringt. Sie sollen daneben aber auch seelische Belastungen ausschalten, die durch die Kündigung des Arbeitsverhältnisses entstehen können.[244] Auch das Ziel des Bundeselterngeld- und Elternzeitgesetzes (BEEG) lässt sich nur verwirklichen, wenn die Mutter oder der Vater während der Elternzeit keine Kündigung zu befürchten braucht.[245]

Auch das als Artikel 3 des Gesetzes zur strukturellen Weiterentwicklung der Pflegeversicherung (Pflege-Weiterentwicklungsgesetz) vom 28. Mai 2008 (BGBl. I S. 874) am 1. Juli 2008 in Kraft getretene Pflegezeitgesetz enthält in § 5 absolute Kündigungsverbote sowohl für die kurzzeitige Arbeitsverhinderung als auch für die Pflegezeit, die längstens sechs Monate betragen kann.

Gleiches gilt für das am 1. Januar 2012 als Artikel 1 des Gesetzes zur Vereinbarkeit von Pflege und Beruf vom 6. Dezember 2011 (BGBl. I S. 2564) in Kraft getretene Familienpflegezeitgesetz (FPfZG). Das absolute Kündigungsverbot während der Inanspruchnahme von Familienpflegezeit war bis zum 31. Dezember 2014 in § 9 Abs. 3 FPfZG geregelt. Seit dem 1. Januar 2015 folgt dieses Kündigungsverbot aus § 2 Abs. 3 FPfZG. Danach gelten nämlich die §§ 5 bis 8 des Pflegezeitgesetzes entsprechend und damit auch das absolute Kündigungsverbot (siehe oben).

---

[243] ebenso Koffka a.a.O. (= Fn. 226) S. 86/87; Bernstein a.a.O. (= Fn. 234) S. 59 ff.
[244] vgl. ErfK/Schlachter § 9 MuSchG Rn. 1 m.w.N.
[245] vgl. Wiegand, BEEG, Loseblattsammlung Stand November 2014, § 18 BEEG Rz. 4 m.w.N.; ErfK/Gallner § 18 BEEG Rn. 1, 1a

4 Abmahnung während Kündigungsverbot

Der Schutzzweck all dieser Vorschriften wird durch eine Abmahnung nicht in Frage gestellt. Es liegt allein an dem hiervon betroffenen Arbeitnehmer, die durch die Abmahnung hervorgerufene Bestandsgefährdung des Arbeitsverhältnisses durch vertragsgerechtes Verhalten nach Arbeitsaufnahme auszuschließen. Infolge des absoluten Kündigungsschutzes muss der Arbeitnehmer nicht damit rechnen, dass nach erfolgter Abmahnung und vor Beendigung des Schutzzeitraums im Falle des Bekanntwerdens einer weiteren Pflichtverletzung die Beendigung des Arbeitsverhältnisses in die Wege geleitet wird.

Auch wenn dem Arbeitgeber während der Kündigungsverbote prinzipiell ein Abmahnungsrecht zusteht, sollte er hiervon nur bei begründetem Anlass Gebrauch machen. Werden während der Abwesenheit des Mitarbeiters bekannt gewordene Leistungsmängel gerügt, so ist ihm nach der Wiederaufnahme seiner Beschäftigung ohnehin ausreichend Zeit und Gelegenheit zu geben, sich zu bewähren. Der Arbeitgeber kann also nicht davon ausgehen, dass eine Abmahnung während der Schutzfristen eine Kündigung unmittelbar nach dem Ende der Kündigungssperre zulässig macht.

Die vorstehenden Ausführungen, die sich auf absolute Kündigungsverbote beziehen, gelten auch im Rahmen des § 15 KSchG. Nach dieser Vorschrift darf insbesondere Betriebsrats- und Personalratsmitgliedern nicht ordentlich gekündigt werden. Dies schließt jedoch nicht das Recht des Arbeitgebers aus, gegenüber einer nach § 15 KSchG geschützten Person zur Vorbereitung einer verhaltensbedingten Kündigung nach Ablauf der Schutzfrist eine Abmahnung auszusprechen. Dem Arbeitgeber muss die Möglichkeit verbleiben, bereits während der Schutzfristen die erforderlichen Vorbereitungen zum Ausspruch einer später beabsichtigten Kündigung zu treffen.[246]

Praktische Konsequenz: Abmahnungen sind während bestehender Kündigungsverbote grundsätzlich zulässig.

---

[246] vgl. Bernstein a.a.O. (= Fn. 234) S. 59 ff.

5 Notwendiger Inhalt der Abmahnung

Mancher Arbeitgeber stellt oftmals erst dann, wenn es zu spät ist, nämlich im Rahmen eines Kündigungsschutzverfahrens, fest, dass er dem gekündigten Arbeitnehmer entweder eine unzureichende oder eine fehlerhafte und damit unwirksame Abmahnung erteilt hat, so dass er sich zur Rechtfertigung seiner Kündigung nicht darauf berufen kann. Der notwendige Inhalt der Abmahnung wird immer noch häufig verkannt, obwohl die Rechtsprechung schon seit vielen Jahren klare Kriterien aufgestellt hat, die eine wirksame Abmahnung ausmachen.

In der täglichen Praxis werden häufig vermeidbare Fehler bei der Formulierung von Abmahnungen gemacht. Den wesentlichen Bestandteilen

- konkrete Bezeichnung des Fehlverhaltens und

- Androhung arbeitsrechtlicher Konsequenzen für den Wiederholungsfall

wird — oft aus Unkenntnis — nicht die notwendige Sorgfalt entgegengebracht.

Abmahnung (allgemeines Muster)

Vorbemerkung: Dieses Muster soll die wesentlichen Bestandteile der Abmahnung in allgemeiner Form verdeutlichen.

MUSTERBRIEF

Abmahnung   Datum

Sehr geehrte/r Frau/Herr ...,

Ihr nachfolgend dargestelltes Verhalten gibt uns Veranlassung, Sie auf die ordnungsgemäße Erfüllung Ihrer arbeitsvertraglichen Verpflichtungen hinzuweisen: (Es folgt das zu beanstandende Fehlverhalten, das möglichst konkret zu beschreiben ist, insbesondere Ort und Datum des Sachverhalts; unnötige subjektive Wertungen sind zu vermeiden.)
Wir können dieses Fehlverhalten nicht unbeanstandet hinnehmen. Bemühen Sie sich daher, dass Ihr Verhalten/Ihre Arbeitsleistung keinen Anlass mehr zur Klage gibt. Andernfalls müssen Sie mit einer Kündigung Ihres Arbeitsverhältnisses rechnen.

Mit freundlichen Grüßen

Notwendiger Inhalt der Abmahnung

5.1 Konkrete Bezeichnung der Rüge

Nach der Rechtsprechung des BAG[247] muss der Arbeitgeber in einer für den Arbeitnehmer „hinreichend deutlich erkennbaren Art und Weise" Leistungsmängel beanstanden. Der Arbeitnehmer soll eindeutig und unmissverständlich ersehen können, was ihm zum Vorwurf gemacht wird, welches Verhalten der Arbeitgeber missbilligt und in welcher Hinsicht seine Leistungen nicht dessen Anforderungen entsprechen. Zweckmäßig ist es, zum Ausdruck zu bringen, welches Verhalten und welche Leistungen erwartet werden. Nur dann hat der Arbeitnehmer die Möglichkeit, zu den Beanstandungen konkret Stellung zu nehmen, ggf. entlastende Umstände zu seiner Rechtfertigung vorzubringen und sein Verhalten künftig entsprechend den Hinweisen des Arbeitgebers einzurichten.[248]

Es genügt also nicht, die Pflichtverletzungen lediglich allgemein zu umschreiben und hierbei nur schlagwortartige Bezeichnungen zu gebrauchen. Eine Abmahnung

- wegen mangelhafter Leistungen
- wegen ungebührlichen Verhaltens
- wegen häufigen Zuspätkommens
- wegen Leistungsmängeln
- wegen Unzuverlässigkeit
- wegen Störung des Betriebsfriedens
- wegen Trunkenheit
- wegen Führungsschwächen
- wegen Unpünktlichkeit
- wegen mangelnden Interesses

ist demnach zu pauschal und wird den Anforderungen der Rechtsprechung nicht gerecht.[249]

---

[247] vgl. Urt. v. 18.1.1980 (= Fn. 215); Urt. v. 9.8.1984 – AP Nr. 12 zu § 1 KSchG 1969 Verhaltensbedingte Kündigung mit Anm. v. Bickel; Urt. v. 27.11.1985 – AP Nr. 93 zu § 611 BGB Fürsorgepflicht mit Anm. v. Echterhölter

[248] ebenso Becker-Schaffner in DB 1985, 650 und in ZTR 1999, 105, 109 f.; vgl. auch Urt. d. ArbG Düsseldorf v. 15.3.1995 = ArbuR 1995, 424, wonach Abmahnungen keine pauschalen Beschuldigungen enthalten dürfen, sondern eine Darstellung des wahren Geschehens in verständlichen Worten enthalten müssen.

[249] ebenso Bock in ArbuR 1987, 217, 220; vgl. auch Tschöpe in NZA Beil. 2/1990, S. 10 f.; Urt. d. LAG Baden-Württemberg v. 17. 10.1990 = LAGE § 611 BGB Abmahnung Nr. 25

5 Konkrete Bezeichnung der Rüge

Das LAG Düsseldorf weist in diesem Zusammenhang zutreffend auf die Funktion der Abmahnung hin.[250] Diese besteht darin, auch als Voraussetzung für eine eventuelle spätere Kündigung zu dienen. Das dem Arbeitnehmer vorgeworfene Verhalten muss demnach so substantiiert geschildert werden, dass es in einem Kündigungsprozess verwertet werden kann und insbesondere der Arbeitnehmer hierauf substantiiert erwidern kann.

Wie wichtig eine klare Sprachregelung des Arbeitgebers ist, zeigt auch eine Entscheidung des LAG Schleswig-Holstein.[251] Danach bedarf es vor dem Ausspruch einer Kündigung in der Regel einer einschlägigen Abmahnung, wenn die Umgehung einer Betriebsvereinbarung infolge des Fehlens klarer betrieblicher Anweisungen mit an sich zulässigen Mitteln möglich ist.

Praktische Konsequenz: Die unzureichenden Leistungen bzw. das Fehlverhalten des Arbeitnehmers sind anhand konkreter Fakten oder Beispiele darzustellen und auch nach Ort und Zeit so detailliert zu beschreiben, dass kein Zweifel aufkommen kann, welcher Vorgang beanstandet werden soll. Schlagworte sind zu vermeiden.

Die Bezugnahme im Abmahnungsschreiben auf ein vorangegangenes Gespräch zwischen Arbeitgeber und Arbeitnehmer kann ausreichend sein, wenn sich hieraus unmissverständlich die Beanstandungen des Arbeitgebers ergeben.[252] Bock[253] bezeichnet es zu Recht als „formalistisch", wollte man die Wiederholung der konkreten Rügen in der schriftlichen Abmahnung verlangen, die in einem kurz zuvor stattgefundenen Gespräch ausführlich zur Sprache gekommen sind.

Praktische Konsequenz: Trotzdem ist es empfehlenswert, den wesentlichen Inhalt eines Gesprächs schriftlich festzuhalten und der Abmahnung den Vermerk beizufügen.

Eine in der schriftlichen Abmahnung enthaltene Verweisung auf ein früheres Schreiben kann ebenfalls genügen. Das LAG Hamm[254] hat allerdings entschieden, es fehle der Abmahnung an der erforderlichen Eindeutigkeit, wenn darin undifferenziert auf ein anderes Schreiben verwiesen wird, in dem neben den beanstandeten

---

[250] Urt. v. 27. 2.1991 = LAGE § 611 BGB Abmahnung Nr. 29
[251] Urt. v. 19.12.2007 = LAGE § 626 BGB 2002 Nr. 15
[252] vgl. hierzu das Urt. d. BAG v. 27.11.1985 (= Fn. 247); siehe ferner Urt. d. LAG Hamm v. 13.4.1983 = BB 1983, 1858
[253] in ArbuR 1987, 217, 220
[254] Urt. v. 1.2.1983 = EzBAT § 13 BAT Nr. 6; ebenso Becker-Schaffner in DB 1985, 650

Notwendiger Inhalt der Abmahnung

Vertragsverletzungen weitere Vorgänge aufgeführt sind, auf die sich die Abmahnung erkennbar nicht bezieht und auch nicht beziehen soll.

Praktische Konsequenz: Verweisungen sollten daher nur dann erfolgen, wenn eine unmissverständliche Bezugnahme möglich und auch sinnvoll ist.

Bei der Verwendung formularmäßiger Abmahnungen ist Vorsicht geboten. Sofern wegen der Größe des Betriebes oder der Vielzahl der beschäftigten Arbeitnehmer die Verwendung von Formularen unvermeidlich ist, ist auf eine entsprechende Ausgestaltung zu achten.

Zum einen besteht nämlich die Gefahr, dass der Formulartext nicht genau das zu beanstandende Fehlverhalten des Arbeitnehmers trifft, weil ein solcher Text zwangsläufig einen pauschalen und damit zu unbestimmten Charakter haben wird, um auf möglichst viele Fälle zu passen.[255]

Zum anderen kann der Arbeitgeber leicht der Versuchung unterliegen, häufiger als dies sonst der Fall wäre, von seinem Recht zur Abmahnung Gebrauch zu machen. Dadurch kann er der Maßnahme viel von ihrer Wirkung nehmen.

Das LAG Rheinland-Pfalz hat zu Recht darauf hingewiesen, dass eine Abmahnung, die mehrfach wiederholt wird, ihre Warnfunktion verlieren kann, wenn die angedrohte Konsequenz (Kündigung) dann immer ausbleibt.[256] Das kann wohl nicht gelten, wenn eine Kündigung aus menschlicher Rücksichtnahme unterbleibt, statt dessen eine Abmahnung erteilt und zum Ausdruck gebracht wird, der Arbeitnehmer könne nicht auf Dauer mit dem gleichen Vorgehen rechnen.

Die Abmahnung kann sich ohne weiteres auch auf mehrere Beanstandungen beziehen. Im Hinblick auf den notwendigen Inhalt der Abmahnung, insbesondere die konkrete Angabe der einzelnen Vorwürfe, sollte hiervon jedoch nur zurückhaltend Gebrauch gemacht werden. Der Arbeitgeber muss sich nämlich darüber im Klaren sein, dass eine Vielzahl von Vorwürfen auch mehr mögliche Angriffspunkte bietet. Da dies im Rahmen von gerichtlichen Auseinandersetzungen zu Schwierigkeiten führen und sehr schnell die Unwirksamkeit der gesamten Abmahnung zur Folge haben kann, sollte nach Möglichkeit die Abmahnung auf einen oder nur wenige Punkte beschränkt werden (ähnlich Bengelsdorf in Arbeitsrechtslexikon: Abmahnung IV.3 unter III 2 a.E.). Die verständliche Neigung mancher Arbeitgeber, mit un-

---

[255] ebenso Pflaum a.a.O. (= Fn. 226) S. 201
[256] Urt. v. 26.11.1986 – 10 Sa 604/86 – n. v.; vgl. hierzu auch Hauer a.a.O. (= Fn. 226) S. 91 sowie Urt. d. BAG v. 15.11.2001 – AP Nr. 4 zu § 1 KSchG 1969 Abmahnung

liebsamen Arbeitnehmern quasi eine „Generalabrechnung" vorzunehmen, indem sämtliche Versäumnisse und Pflichtverletzungen der zurückliegenden Monate oder gar Jahre aufgelistet werden, bringt im Ergebnis oft prozessuale Auseinandersetzungen wegen der einzelnen Punkte der Abmahnung[257] und führt im Zweifel zu deren Unwirksamkeit.

> **BEISPIEL**
> Die Abmahnung sollte möglichst auf einen oder ganz wenige hieb- und stichfeste Punkte beschränkt werden.
> „Generalabrechnungen" sind gefährlich!

5.2 Androhung von Konsequenzen

Literatur: Kranz, Die Ermahnung in der arbeitsrechtlichen Praxis, DB 1998, 1464

Die Androhung arbeitsrechtlicher Konsequenzen für den Wiederholungsfall ist ein unverzichtbarer Bestandteil, der aus einer rechtlich unverbindlichen Ermahnung erst eine arbeitsrechtlich relevante Abmahnung macht.[258]

Irreführend ist deshalb ein Urteil des BAG aus dem Jahre 1988[259], wonach es auch eine Abmahnung ohne ausreichende Warnfunktion, also ohne die Androhung möglicher Konsequenzen, geben soll, zumal das BAG in derselben Entscheidung ausdrücklich betont hat, die Warnfunktion sei „unabdingbare Voraussetzung" einer Abmahnung.

Eine Rüge der Leistungen des Arbeitnehmers genügt also selbst dann nicht den Anforderungen einer Abmahnung, wenn der Vorhalt des Arbeitgebers bezüglich der Leistungsmängel noch so eindringlich erfolgt, wenn damit nicht zugleich auch die Androhung arbeitsrechtlicher Konsequenzen für den Wiederholungsfall verbunden ist.[260]

---

[257] vgl. hierzu auch Tschöpe in NZA Beil. 2/1990, S. 11; Burger in DB 1992, 836, 839

[258] ebenso Fromm in DB 1989, 1409, 1412; vgl. auch v. Hoyningen-Huene in RdA 1990, 193, 203; Adam in ArbuR 2001, 41

[259] Urt. v. 10.11.1988 – AP Nr. 3 zu § 1 KSchG 1969 Abmahnung; vgl. hierzu auch Conze, Anm. in AP Nr. 2 zu § 13 BAT m.w.N.; Bader in ZTR 1999, 200, 201

[260] Urt. d. LAG Köln v. 16.3.1988 = ArbuR 1988, 385

Notwendiger Inhalt der Abmahnung

Die im Berufsalltag und im geschäftlichen Schriftverkehr oftmals anzutreffende Zurückhaltung ist hier fehl am Platze. Becker-Schaffner[261] weist zutreffend darauf hin, dass ein „kollegialer Rat" nicht genügt, selbst wenn er von einer abmahnungsberechtigten Person gegeben wird. Für die Wirksamkeit der Abmahnung ist es nicht erforderlich, bestimmte kündigungsrechtliche Maßnahmen (z. B. ordentliche oder außerordentliche Beendigungskündigung bzw. Änderungskündigung) anzudrohen.[262] Das BAG[263] hat klargestellt, dass schon die Androhung „arbeitsrechtlicher Konsequenzen" eine hinreichende Warnung vor einer Bestandsgefährdung des Arbeitsverhältnisses sein kann. Mit einer solchen Formulierung wird — so das BAG — ausgedrückt, dass der Arbeitnehmer im Wiederholungsfall mit allen denkbaren arbeitsrechtlichen Folgen bis hin zur Beendigung des Arbeitsverhältnisses rechnen muss. Eine ausdrückliche Kündigungsandrohung ist dafür nicht erforderlich. Es ist ausreichend, wenn der Arbeitnehmer erkennen kann, der Arbeitgeber werde im Wiederholungsfall möglicherweise auch mit einer Kündigung reagieren.

So erfreulich und eindeutig diese Rechtsprechung des BAG auch sein mag, sollte der Arbeitnehmer zur Vermeidung von Nachfragen und Unklarheiten unmissverständlich darauf hingewiesen werden, dass er im Wiederholungsfall mit einer Kündigung seines Arbeitsverhältnisses rechnen muss.

Die folgenden Formulierungen sind z. B. nicht hinreichend deutlich genug, um dem Arbeitnehmer die Gefährdung seines Arbeitsverhältnisses vor Augen zu führen:

- „Wir machen Sie darauf aufmerksam, dass wir dieses Fehlverhalten nicht hinnehmen."
- „Bitte bemühen Sie sich, künftig pünktlich am Arbeitsplatz zu erscheinen."
- „Wir weisen Sie ausdrücklich darauf hin, dass wir von Ihnen eine Steigerung Ihrer Arbeitsleistungen erwarten."
- „Wir raten Ihnen in Ihrem eigenen Interesse dringend, künftig unsere Anordnungen und Hinweise in diesem Schreiben zu befolgen."
- „Wir sind nicht mehr bereit, Ihre vorgenannten Pflichtverletzungen länger hinzunehmen."
- „Wir erwarten, dass Sie Ihre Pflichten aus dem Arbeitsvertrag künftig genauestens beachten."

Dem Arbeitnehmer muss vielmehr klargemacht werden, dass er bei unverändertem Verhalten bzw. gleichbleibenden Leistungen mit einer Beendigung seines Arbeits-

---

[261] in DB 1985, 650
[262] so Urt. d. BAG v. 18.1.1980 – AP Nr. 3 zu § 1 KSchG 1969 Verhaltensbedingte Kündigung
[263] Urt. v. 19.4.2012 = NZA-RR 2012, 567

verhältnisses zu rechnen hat[264] (vgl. insbesondere das Muster unter Kapitel „Abmahnung gegenüber Auszubildenden", sowie alle weiteren Muster unter Kapitel „Die konkreten Abmahnungsfälle").

> **TIPP**
> Die zu konkrete Androhung von arbeitsrechtlichen Konsequenzen kann den Entscheidungsspielraum des Arbeitgebers einschränken.[265]

Zu eng wäre z. B. die Formulierung, der Arbeitnehmer müsse im Wiederholungsfall mit einer „Versetzung" oder „Gehaltseinbuße" rechnen. Der Arbeitgeber ist dann grundsätzlich nicht befugt, bei erneutem Pflichtverstoß des Arbeitnehmers über die in der Abmahnung angedrohten Sanktionen hinauszugehen und schärfere Maßnahmen zu ergreifen. Dieses Verhalten würde gegen Treu und Glauben verstoßen (venire contra factum proprium).

Ähnlich liegt die Problematik in den Fällen, in denen die Abmahnung sinngemäß mit folgenden Worten schließt: „Sollten Sie sich innerhalb eines Zeitraums von sechs Monaten nicht entsprechend verhalten, müssen Sie mit einer Kündigung Ihres Arbeitsverhältnisses rechnen". Es liegt auf der Hand, dass der Arbeitgeber dadurch die Wirkungsdauer seiner Abmahnung selbst — unnötigerweise — auf sechs Monate begrenzt hat. Wenn innerhalb dieser Zeitspanne kein Wiederholungsfall eintritt, so kann der Arbeitnehmer darauf vertrauen, dass er anschließend bei einer weiteren Vertragsverletzung nicht gekündigt, sondern allenfalls erneut abgemahnt wird.

> **TIPP**
> Die Androhung arbeitsrechtlicher Konsequenzen sollte daher einerseits so deutlich und ernstlich wie geboten, andererseits aber nicht zu konkret und eingeschränkt erfolgen, wenn sich der Arbeitgeber im Falle erneuter Vertragsverstöße alle Reaktionsmöglichkeiten offen halten will.

Der Arbeitnehmer darf nicht darauf vertrauen, der Arbeitgeber werde nacheinander alle denkbaren arbeitsrechtlichen Konsequenzen ergreifen, bevor er die Kündigung ausspricht.[266] Da der Arbeitgeber nicht verpflichtet ist, bestimmte kündigungsrechtliche Maßnahmen anzudrohen, muss der Arbeitnehmer bei einem allgemeinen Hinweis auf die Inhalts- oder Bestandsgefährdung seines Arbeitsverhältnisses mit allen Kon-

---

[264] ähnlich Becker-Schaffner in DB 1985, 650
[265] bedenklich Hunold in BB 1986, 2050
[266] vgl. Urt. d. BAG v. 28.4.1982 – AP Nr. 4 zu § 87 BetrVG 1972 Betriebsbuße

Notwendiger Inhalt der Abmahnung

sequenzen rechnen, also unter Umständen auch mit einer außerordentlichen Kündigung.

Etwas anderes gilt nach der Rechtsprechung des BAG[267] dann, wenn der Arbeitgeber z. B. in einer Dienstanweisung im Einzelnen festlegt, wie er auf bestimmte Pflichtverstöße des Arbeitnehmers zu reagieren beabsichtigt. Damit bindet er sich selbst und muss sich im konkreten Fall an das in der Dienstanweisung festgelegte Verfahren halten. Eine Kündigung, bei der der Arbeitgeber die von ihm selbst aufgestellten Verfahrensregeln nicht beachtet, verstößt regelmäßig gegen den Verhältnismäßigkeitsgrundsatz.

Der Arbeitgeber ist jedoch nicht gehindert, lediglich eine ordentliche Kündigung auszusprechen, auch wenn er zuvor in der Abmahnung eine außerordentliche angedroht hatte.[268]

Praktische Konsequenz: Die Gefährdung des Arbeitsverhältnisses muss unmissverständlich angekündigt werden. Unnötige Einschränkungen sind zu vermeiden.

---

[267] Urt. v. 16.9.1999 – AP Nr. 1 zu Art. 4 GrO kath. Kirche mit Anm. v. Thüsing
[268] Urt. d. BAG v. 16.3.1961 – AP Nr. 2 zu § 1 KSchG Verhaltensbedingte Kündigung

6 Form, Berechtigung und Zugang der Abmahnung

Die Abmahnung ist an keine Form gebunden und daher grundsätzlich auch in mündlicher Form möglich, zulässig und wirksam.[269] Aus Gründen der Beweissicherung und zur Vermeidung von Missverständnissen ist die Schriftform jedoch unbedingt empfehlenswert, da der Arbeitgeber im Kündigungsschutzverfahren die Darlegungs- und Beweislast für das Vorliegen der Kündigungsgründe trägt.[270] Die Abmahnung hat über die Warn- und Ankündigungsfunktion hinaus nach dem älteren Schrifttum gewissermaßen auch eine Beweisfunktion.[271] Hunold[272] weist zu Recht ergänzend darauf hin, dass ein Schreiben regelmäßig eine stärkere psychologische Wirkung hat als eine nur mündlich erklärte Abmahnung.

Vor dem Hintergrund der sog. Emmely-Entscheidung des BAG[273] ist die Schriftform der Abmahnung nunmehr insbesondere mit Blick auf die „Dokumentationsfunktion" der Abmahnung von nicht zu unterschätzender Bedeutung.[274]

Sofern die Abmahnung im Rahmen eines Gesprächs mit dem betroffenen Arbeitnehmer erfolgt, sollte unbedingt der wesentliche Inhalt in einem schriftlichen Vermerk festgehalten und nach Möglichkeit von dem Arbeitnehmer gegengezeichnet werden, damit klargestellt ist, dass über den Inhalt und Verlauf des Gesprächs zwischen Arbeitgeber und Arbeitnehmer Übereinstimmung besteht. Hierbei ist darauf zu achten, dass sich aus dem Gesprächsvermerk nicht nur die einzelnen Pflichtverstöße ergeben, die dem Arbeitnehmer vorgehalten worden sind, sondern auch der Umstand, dass ihm die Gefährdung seines Arbeitsverhältnisses klargemacht worden ist. Gerade das Erinnerungsvermögen an diesen zentralen Gesichtspunkt der Abmahnung ist im Falle einer späteren Beweisaufnahme im Rahmen des Kündigungsschutzprozesses oftmals lückenhaft oder gar nicht mehr vorhanden.

---

[269] vgl. Urt. d. LAG Rheinland-Pfalz v. 7.1.1991 – 7 Sa 664/90 – n. v.; ErfK/Müller-Glöge § 626 BGB Rn. 31
[270] ebenso Hunold in BB 1986, 2050, 2051; Tschöpe in NZA Beil. 2/1990, S. 11
[271] so Kammerer in BB 1980, 1587, 1588; ebenso Berger-Delhey in PersV 1988, 430, 431; a. A. von Hoyningen-Huene in RdA 1990, 193, 198, der von einer Beweissicherungs- bzw. Dokumentationsfunktion spricht; differenzierend Koffka a.a.O. (= Fn. 226) S. 53 ff.
[272] siehe oben Fn. 270; im Ergebnis ähnlich Schmid in NZA 1985, 409
[273] Urt. v. 10.6.2010 = NZA 2010, 1227
[274] vgl. hierzu insbesondere Urt.d. BAG v. 19.7.2012 = NZA 2013, 91; vgl. hierzu auch Salamon/Rogge in NZA 2013, 363

Form, Berechtigung und Zugang der Abmahnung

Die vorstehenden Ausführungen zeigen, dass die mündliche Abmahnung für den Arbeitgeber keine Vorteile gegenüber der schriftlichen Abmahnung mit sich bringt. Im Gegenteil: Da der Arbeitgeber den Vorgang ohnehin aktenkundig machen muss, um ihn im Bedarfsfall verwenden zu können, sollte er die Abmahnung gleich selbst in schriftlicher Form erteilen. Andernfalls trägt er nämlich das Risiko, im Falle eines Rechtsstreits nicht nur die Beweismittel für den der Abmahnung zugrunde liegenden Sachverhalt beibringen zu müssen, sondern auch den Beweis dafür antreten zu müssen, dass der Arbeitnehmer überhaupt abgemahnt worden ist.

Auch in den Fällen, in denen die Abmahnung nur mit Beteiligung des Personalrats zulässig ist, bringt die mündliche Abmahnung dem Arbeitgeber in den allermeisten Fällen keine Vorteile. Die entsprechenden gesetzlichen Regelungen differenzieren insoweit mit Ausnahme des LPVG Baden-Württemberg nicht (mehr) zwischen mündlicher und schriftlicher Abmahnung (vgl. hierzu Abschnitt 9.2).

TIPP

Abmahnungen sind grundsätzlich schriftlich vorzunehmen. Gespräche sind schriftlich festzuhalten.

6.1 Bezeichnung als „Abmahnung"

Wie der Arbeitgeber die Abmahnung bezeichnet, ist rechtlich ohne Bedeutung. Er kann sie Verwarnung, Verweis oder Mahnung nennen.[275] Das BAG hat allerdings zutreffend darauf hingewiesen, dass der Arbeitgeber, der eine Abmahnung aussprechen will, seine Beanstandung auch so bezeichnen sollte, schon um Missdeutungen zu vermeiden.[276] Da z. B. die Abgrenzung zwischen einer Abmahnung und der sog. Betriebsbuße im Einzelfall schwierig sein kann, empfiehlt es sich, das Wort „Abmahnung" zu verwenden.

Eines ist allerdings sicher: Nicht die Überschrift, sondern der Inhalt eines Schreibens ist dafür ausschlaggebend, ob eine Abmahnung vorliegt oder nicht.[277] Dennoch: Wer abmahnen will, sollte von „Abmahnung" sprechen.

---

[275] Urt. d. BAG v. 30.1.1979 – AP Nr. 2 zu § 87 BetrVG 1972 Betriebsbuße
[276] Urt. v. 7.11.1979 – AP Nr. 3 zu § 87 BetrVG 1972 Betriebsbuße m.w.N.
[277] so zutreffend Hunold in BB 1986, 2050

6.2 Wer ist abmahnungsberechtigt?

Literatur: Adam: Die Abmahnungsberechtigung, DB 1996, 476

Nach der Rechtsprechung des BAG[278] kommen als abmahnungsberechtigte Personen nicht nur die Kündigungsberechtigten selbst, sondern alle Mitarbeiter in Betracht, die aufgrund ihrer Aufgabenstellung dazu befugt sind, verbindliche Anweisungen bezüglich des Ortes, der Zeit sowie der Art und Weise der arbeitsvertraglich geschuldeten Arbeitsleistung zu erteilen.

Es kann also nicht nur der Firmeninhaber, das Vorstandsmitglied, der Geschäftsführer, der Bürgermeister oder der Bankdirektor eine wirksame Abmahnung aussprechen. Vielmehr ist z. B. der Chefarzt gegenüber den nachgeordneten Ärzten sowie dem Pflegepersonal abmahnungsberechtigt, obwohl er im Regelfall nicht kündigungsberechtigt ist.[279] Der Fertigungsmeister ist als Vorgesetzter der nachgeordneten Arbeitskräfte diesen gegenüber abmahnungsberechtigt.[280] Der Meister als zuständiger Fachvorgesetzter hat die gleiche Befugnis.[281]

Als abmahnungsberechtigte Personen kommen ferner leitende Angestellte im Sinne des § 5 Abs. 3 BetrVG sowie Abteilungs-, Personal-, Filial- und Zweigstellenleiter in Betracht. Entscheidend ist stets, dass das Direktionsrecht an die betreffenden Personen aufgrund ihrer Stellung innerhalb der Hierarchie des Betriebes vom kündigungsberechtigten Arbeitgeber delegiert worden ist.

Auch ein Rechtsanwalt kann in seiner Eigenschaft als Bevollmächtigter des Arbeitgebers wirksam eine Abmahnung aussprechen.[282]

Eine ganz andere Frage ist, inwieweit die Übertragung der Befugnis zur Abmahnung sachlich geboten und zweckmäßig ist. Hunold[283] weist mit Recht darauf hin, dass es empfehlenswert ist, die fragliche Berechtigung eindeutig zu regeln und die danach Abmahnungsberechtigten entsprechend zu instruieren (vgl. das nachstehende Muster). Die Unterrichtung ist geboten, um Rechtsfehler zu vermeiden.

---

[278] Urt. v. 18.1.1980 – AP Nr. 3 zu § 1 KSchG 1969 Verhaltensbedingte Kündigung; ErfK/Müller-Glöge § 626 BGB Rn. 30; kritisch Schaub in NJW 1990, 872, 873; Burger in DB 1992, 836, 837; Adam in DB 1996, 476; Pauly in NZA 1995, 449, 452; Adam in ArbuR 2001, 41, 42 f.

[279] Urt. d. BAG v. 18. 1.1980 – AP Nr. 3 zu § 1 KSchG 1969 Verhaltensbedingte Kündigung

[280] Urt. d. LAG Hamm v. 13.4.1983 = BB 1983, 1858

[281] Urt. d. LAG Düsseldorf v. 8.1.1980 = BB 1980, 526; ebenso Becker-Schaffner in DB 1985, 650, 651

[282] Urt. d. BAG v. 15.7.1992 = NZA 1993, 220

[283] BB 1986, 2050, 2051; zust. Hauer a.a.O. (= Fn. 226) S. 102

Form, Berechtigung und Zugang der Abmahnung

Insbesondere in mittleren und größeren Betrieben ist eine Delegation der Abmahnungsbefugnis durchaus sinnvoll. Dadurch wird dem Umstand Rechnung getragen, dass abmahnungsrelevantes Fehlverhalten den kündigungsberechtigten Personen in der Chefetage oftmals nicht oder zu spät zur Kenntnis gelangt.

Der Arbeitgeber sollte vor allem organisatorisch sicherstellen, dass erfolgte Abmahnungen und deren Inhalt der zuständigen Abteilung (Personalabteilung) mitgeteilt werden.

Praktische Konsequenz: Vorgesetzte können zur Abmahnung befugt sein, auch wenn sie nicht kündigungsberechtigt sind. Eine Delegation ist zweckmäßig.

Delegation der Abmahnungsbefugnis

Vorbemerkung: Insbesondere in größeren Betrieben kann die Delegation zweckmäßig sein. Abmahnungsberechtigt ist nämlich nicht nur der Kündigungsberechtigte.

MUSTERSCHREIBEN

Erteilung der Abmahnungsbefugnis

Sehr geehrte/r Frau/Herr ...,

aufgrund Ihrer Funktion als Abteilungsleiter / in (Personalleiter / in, Prokurist / in, Meister usw.) sind Sie befugt, die Ihnen nachgeordneten Mitarbeiter / Angestellten / Arbeiter bei entsprechendem Fehlverhalten abzumahnen.
Bitte beachten Sie, dass eine Abmahnung nur dann arbeitsrechtliche Wirkung hat, wenn zwei Kriterien erfüllt sind: Das gerügte Fehlverhalten bzw. die unzureichende Arbeitsleistung muss so konkret wie möglich beschrieben werden; Schlagworte reichen nicht aus. Außerdem muss dem Arbeitnehmer die Gefährdung seines Arbeitsverhältnisses deutlich gemacht werden. Am besten sollte unmissverständlich eine Kündigung für den Fall angedroht werden, dass er erneut Anlass zu Beanstandungen gibt.
Sie können eine solche Abmahnung auch im Rahmen eines Gesprächs erteilen. In diesem Fall halten Sie bitte den wesentlichen Gesprächsinhalt sofort schriftlich fest und lassen nach Möglichkeit den abgemahnten Arbeitnehmer die Aktennotiz gegenzeichnen. Außerdem bitten wir Sie, uns nach erfolgter Abmahnung unverzüglich zu unterrichten.

Mit freundlichen Grüßen

6.3 Zugang der Abmahnung

Die Abmahnung ist eine empfangsbedürftige Erklärung, die erst in dem Zeitpunkt wirksam wird, in welchem sie dem Arbeitnehmer zugeht (§ 130 BGB). Diese Problematik spielt in erster Linie bei schriftlichen Abmahnungen eine Rolle, die in der Praxis die Regel sein sollten.

Nach der Ansicht des BAG[284] ist zur Wirksamkeit einer Abmahnung über ihren Zugang hinaus grundsätzlich auch die Kenntnis des Empfängers von ihrem Inhalt erforderlich. Das BAG hat damit die zugrunde liegende Entscheidung des LAG Hamm[285] aufgehoben und die Sache zur erneuten Verhandlung und Entscheidung zurückverwiesen.

Das LAG Hamm hatte die Auffassung vertreten, eine schriftliche Abmahnung sei einem der deutschen Sprache nicht mächtigen ausländischen Arbeitnehmer erst dann zugegangen, wenn der Gedankeninhalt in dessen Wahrnehmungsbereich gelangt sei. Das sei jedoch nur der Fall, wenn er von dem Empfänger auch verstanden werden könne. Für den Arbeitgeber habe nicht nur die Möglichkeit bestanden, dem deutschen Text eine griechische Übersetzung beizufügen, sondern auch, ihn durch den bei ihm beschäftigten griechischen Dolmetscher mündlich übersetzen zu lassen.

Das BAG ist der Vorinstanz zwar im Ausgangspunkt gefolgt, hat aber die Auffassung vertreten, der ausländische Arbeitnehmer habe sich auf fehlende Kenntnis von dem Inhalt des Abmahnungsschreibens nach Treu und Glauben nicht berufen können. Er habe damit rechnen müssen, dass das ihm übergebene Schreiben im Zusammenhang mit seinem vorangegangenen Fernbleiben stehe. Er hätte daher entweder dem Arbeitgeber umgehend deutlich machen müssen, dass er mit dem Schreiben wegen seiner fehlenden Sprach- und Lesekenntnisse nichts anfangen könne, oder unverzüglich für eine Übersetzung der Abmahnung Sorge tragen müssen.

Die in Fn. 284 zitierte Entscheidung des BAG ist nicht unumstritten.[286] Das BAG hat aus dem Sinn und Zweck der Abmahnung die Schlussfolgerung gezogen, der Zugang einer Abmahnung reiche für deren Wirksamkeit nicht aus; insoweit liege eine Ausnahme von der Regelung des § 130 Abs. 1 BGB vor. Hiernach wird eine Wil-

---

[284] Urt. v. 9.8.1984 – AP Nr. 12 zu § 1 KSchG 1969 Verhaltensbedingte Kündigung; zust. Adam in ArbuR 2001, 41, 43; ErfK/Müller-Glöge § 626 BGB Rn. 31

[285] Urt. v. 7.6.1983 = ARSt. 1984, 14 (L)

[286] vgl. Bickel, Anm. in AP Nr. 12 zu § 1 KSchG 1969 Verhaltensbedingte Kündigung; Dorndorf in SAE 1987, 137 ff.; von Hoyningen-Huene in RdA 1990, 193, 206 f.; Hauer a.a.O. (= Fn. 226) S. 108 ff.; Pflaum a.a.O. (= Fn. 221) S. 211 ff.; differenzierend Wolf a.a.O. (= Fn. 226) S. 123 ff.; vgl. auch Schmid in NZA 1985, 409, 410; Tschöpe in NZA Beil. 2/1990, S. 14, 15; Koffka a.a.O. (= Fn. 226) S. 112 ff.; Bernstein a.a.O. (= Fn. 234) S. 76 ff.

Form, Berechtigung und Zugang der Abmahnung

lenserklärung in dem Zeitpunkt wirksam, in welchem sie dem Empfänger zugeht. Das BAG ist damit von dem allgemeinen Grundsatz abgewichen, nach dem es für den Zugang einer Willenserklärung grundsätzlich unerheblich ist, ob und wann der Empfänger den Inhalt der Erklärung tatsächlich zur Kenntnis genommen hat.

Insbesondere auch in Anbetracht der Rechtsprechung des BAG zum Zugang der Kündigung während des Urlaubs des Arbeitnehmers[287] sowie zur Kündigungszustellung an die Wohnadresse zu einem Zeitpunkt, zu dem sich der Arbeitnehmer in Untersuchungshaft oder Auslieferungshaft befindet[288], wird das BAG die Frage des Zugangs einer Abmahnung überdenken müssen. Selbst wenn der Arbeitgeber von der urlaubsbedingten Abwesenheit des Arbeitnehmers Kenntnis hat, kann diesem nach Ansicht des BAG ein an die Heimatanschrift gerichtetes Kündigungsschreiben zugehen.

Die Frage, ob über den Zugang hinaus auch die Kenntnis des Inhalts erforderlich ist, dürfte nur bei Abmahnungen von ausländischen Arbeitnehmern relevant sein, die der deutschen Sprache nicht mächtig sind. Die Wirksamkeit der Abmahnung kann jedenfalls nicht dadurch beseitigt werden, dass der Arbeitnehmer, der den Abmahnungstext nicht lesen oder verstehen kann, das Schreiben einfach beiseitelegt und dann im Wiederholungsfall behauptet, er wisse von nichts. Er wird nach Treu und Glauben dazu verpflichtet sein, den Arbeitgeber umgehend um eine Übersetzung zu bitten oder sich seinerseits um einen Dolmetscher zu bemühen.

Das Verhalten des Arbeitnehmers kann rechtsmissbräuchlich sein, wenn er den Zugang oder die Kenntnisnahme treuwidrig vereitelt.[289] In entsprechender Anwendung von § 162 BGB sowie nach dem allgemeinen Grundsatz von Treu und Glauben (§ 242 BGB) kann der Arbeitnehmer, wenn er die Annahme einer schriftlichen Abmahnung verweigert, durch sein Verhalten nicht verhindern, dass sie als zugegangen gilt.

Aus Gründen der Rechtssicherheit sollte sich der Arbeitgeber den Zugang der Abmahnung bestätigen lassen, um einen Nachweis für den tatsächlichen Zugang zu haben. Dies ist am ehesten bei persönlicher Aushändigung des Abmahnungsschreibens an den Arbeitnehmer in Gegenwart eines Zeugen gewährleistet.

Da vom Zugang der Abmahnung unter Umständen der Ausgang eines Kündigungsschutzverfahrens abhängen kann, ist gerade hierbei — ebenso wie beim Zugang der Kündigung selbst — größte Sorgfalt geboten.

---

[287] Urt. v. 16. 3.1988 – AP Nr. 16 zu § 130 BGB; Urt. v. 24.6.2004 = NZA 2004, 1330; Urt. v. 22.3.2012 = NZA 2012, 1320
[288] Urt. v. 2. 3.1989 – AP Nr. 17 zu § 130 BGB
[289] Urt. d. BAG v. 9.8.1984 (= Fn. 284)

> **TIPP**
>
> Beim Zugang von Abmahnungen ist mit derselben Sorgfalt wie bei Kündigungen zu verfahren.

6.4 Aushang am Schwarzen Brett?

Es kommt nicht selten vor, dass Arbeitgeber eine im Einzelfall erteilte Abmahnung am Schwarzen Brett aushängen. Damit soll hauptsächlich entweder die übrige Belegschaft gewarnt oder das abgemahnte Fehlverhalten des Arbeitnehmers zusätzlich geahndet werden.

Unabhängig davon, auf welchem Motiv des Arbeitgebers die Veröffentlichung beruht, ist der Aushang einer im Einzelfall erteilten Abmahnung am Schwarzen Brett unzulässig. Hierdurch wird nämlich das Persönlichkeitsrecht des abgemahnten Arbeitnehmers in einer nicht zu rechtfertigenden Weise verletzt.[290] Das Aushängen einer Liste abgemahnter Arbeitnehmer am Schwarzen Brett durch ein Mitglied des Betriebsrats ist als grobe Verletzung seiner gesetzlichen Pflichten im Sinne von § 23 Abs. 1 BetrVG zu werten und kann dessen Ausschluss aus dem Betriebsrat zur Folge haben.[291]

Bei der Abmahnung handelt es sich um eine individualrechtliche Maßnahme, die ausschließlich das Arbeitsverhältnis zwischen Arbeitgeber und Arbeitnehmer betrifft. Die Abmahnung wird Bestandteil der Personalakten und gehört damit zu den vertraulichen Unterlagen, zu denen nur ganz bestimmte Personen Zugang haben dürfen.

Wird eine Abmahnung unter dem Gesichtspunkt der Ahndung des Fehlverhaltens des Arbeitnehmers vorgenommen, nimmt die Abmahnung den Charakter einer Betriebsbuße an, die der Mitbestimmung des Betriebsrates unterliegt. In diesen Fällen ist deshalb die allgemeine Bekanntmachung einer Abmahnung ebenfalls unzulässig.[292]

Anders ist die Rechtslage dann, wenn der Arbeitgeber in einem allgemein formulierten Rundschreiben an alle Mitarbeiter oder einen bestimmten Kreis der Belegschaft Erwartungen formuliert und damit zugleich die Androhung arbeitsrechtlicher Konsequenzen für den Fall verbindet, dass der angesprochene Personenkreis

---

[290] vgl. hierzu auch Fromm in DB 1989, 1409, 1412
[291] ErfK/Koch § 23 BetrVG Rn. 19 m.w.N.
[292] ebenso Beschl. d. ArbG Regensburg v. 28. 7.1989 = AiB 1991, 387

Form, Berechtigung und Zugang der Abmahnung

den Erwartungen nicht entspricht. Nach Auffassung des LAG Köln[293] ist die Gestaltung der Abmahnung als Aushang unschädlich. Abmahnungen müssen — so das LAG — nicht persönlich adressiert sein. Sie können auch in Arbeitsverträgen, Rundschreiben oder gerade auch in Betriebsaushängen enthalten sein.

Vergleiche zu diesem Problem die sog. „vorweggenommenen" Abmahnung.

Praktische Konsequenz: Der Aushang einer im Einzelfall erteilten Abmahnung am Schwarzen Brett ist unzulässig.

6.5 Erwähnung im Zeugnis?

Bei der Beendigung des Arbeitsverhältnisses hat der Arbeitnehmer einen Anspruch auf Erteilung eines Zeugnisses (§ 109 Abs. 1 Satz 1 GewO). Insbesondere dann, wenn das Arbeitsverhältnis aufgrund einer verhaltensbedingten Kündigung aufgelöst worden ist, wird sich mancher Arbeitgeber die Frage stellen, ob und in welcher Weise er das vom Arbeitnehmer während des Arbeitsverhältnisses gezeigte Fehlverhalten im Zeugnis erwähnen darf.

Nach allgemeiner Auffassung dürfen schwerwiegende Pflichtverletzungen — und nur diese — lediglich dann im Zeugnis erwähnt werden, wenn sich hieraus die mangelnde Eignung des Arbeitnehmers für bestimmte Berufe ergibt und mögliche künftige Arbeitgeber ein berechtigtes Interesse daran haben, auf diesen Umstand hingewiesen zu werden. Tatbestände, die den Arbeitgeber lediglich zu einer Abmahnung veranlassen, haben im Regelfall ein erheblich geringeres Gewicht. Da der Arbeitgeber bei der Ausstellung des Zeugnisses darauf achten muss, das berufliche Fortkommen des Arbeitnehmers nicht unnötig zu erschweren, ist es ihm grundsätzlich verwehrt, Sachverhalte, die er zum Anlass für eine Abmahnung genommen hat, sowie den Umstand, eine oder mehrere Abmahnungen erteilt zu haben, im Zeugnis zu erwähnen.[294]

▶ **BEISPIEL**

Die Erwähnung von Abmahnungen im Zeugnis ist grundsätzlich unzulässig.

---

[293] Urt. v. 6. 8.1999 = LAGE § 626 BGB Nr. 127
[294] ebenso Schleßmann, Das Arbeitszeugnis, Schriften des Betriebs-Beraters Band 27, 16. Aufl. 2000, S. 82; Schulz, Alles über Arbeitszeugnisse, 8. Aufl. 2009, S. 93

7 Zeitpunkt der Abmahnung

7.1 Wann muss spätestens abgemahnt werden?

Literatur: Brill, Verwirkung und Wirkungslosigkeit von Abmahnungen, NZA 1985, 109

Zwischen dem Fehlverhalten des Arbeitnehmers und der Abmahnung als Reaktion des Arbeitgebers sollte keine erhebliche Zeitspanne liegen, da in diesem Fall beim Arbeitnehmer der Eindruck entstehen könnte, der Arbeitgeber messe dem Vorfall keine besondere Bedeutung bei oder habe ihn sogar dem Arbeitnehmer verziehen. Ein Arbeitsgericht wird deshalb im Zweifel auch prüfen, ob die Sanktion des Arbeitgebers unter Berücksichtigung von Treu und Glauben „zu spät" erfolgt ist.

Es gibt allerdings keine „Regelausschlussfrist", innerhalb derer der Arbeitgeber von seinem Rügerecht Gebrauch machen muss. Dies entspricht der ständigen Rechtsprechung des BAG.[295] Eine Vorschrift, die dieses vertragliche Rügerecht des Arbeitgebers in irgendeiner Form an eine Ausschlussfrist bindet, sei im Gesetz nicht enthalten. Die dort für andere Rechtsinstitute vorgesehenen Ausschlussfristen (z. B. §§ 121, 124, 626 Abs. 2 BGB) könnten auch nicht in entsprechender Anwendung auf die Abmahnung ausgedehnt werden. Bei der Anfechtung und der außerordentlichen Kündigung handele es sich um Gestaltungsrechte, deren Ausübung der Gesetzgeber an bestimmte Fristen geknüpft habe. Die Abmahnung stelle hingegen die Ausübung eines vertraglichen Rügerechts dar.

Das BAG (281) hat außerdem noch darauf hingewiesen, dass eine zeitliche Begrenzung, innerhalb der die Abmahnung auszusprechen ist, auch nicht aus deren Zweckbestimmung abzuleiten sei. Es stehe im Belieben des Arbeitgebers, ob er eine Arbeitsvertragsverletzung des Arbeitnehmers abmahne oder darauf verzichte. Wollte man den Ausspruch der Abmahnung an eine bestimmte Frist knüpfen, könne sich dies zum Nachteil des Arbeitnehmers auswirken. Der Arbeitgeber wäre dann nämlich gehalten, nur zwecks Fristwahrung abzumahnen.

---

[295] Urt. v. 15.1.1986 – AP Nr. 96 zu § 611 BGB Fürsorgepflicht mit zust. Anm. v. Echterhölter; bestätigt durch Urt. v. 12.1.1988 – AP Nr. 90 zu Art 9 GG Arbeitskampf und 7.9.1988 – AP Nr. 2 zu § 611 BGB Abmahnung mit Anm. v. Conze sowie zuletzt durch Urt. v. 14.12.1994 – AP Nr. 15 zu § 611 BGB Abmahnung

Zeitpunkt der Abmahnung

Die Ansicht, wonach vom Arbeitgeber die Einhaltung einer Regelfrist erwartet wird, ist deshalb abzulehnen. Brill[296] differenziert danach, ob der Arbeitgeber aufgrund des Pflichtverstoßes des Arbeitnehmers unter Umständen zur außerordentlichen oder ordentlichen Kündigung berechtigt wäre: Im ersten Fall soll er dann an die zweiwöchige Ausschlussfrist des § 626 Abs. 2 BGB gebunden sein, wenn er nur abmahnen will, während er im zweiten Fall mehr als zwei Wochen Zeit haben soll, und zwar mindestens einen Monat. Diese Auffassung ist schon wegen der viel zu großen Rechtsunsicherheit, die sich zwangsläufig aufgrund der hypothetischen Betrachtungsweise ergibt, weder praktikabel noch rechtlich überzeugend.

Beitzke[297] bezeichnet den Gedanken der entsprechenden Anwendung der zweiwöchigen Ausschlussfrist des § 626 Abs. 2 BGB bei der Abmahnung zu Recht als abwegig, da die Rechtsfolgen einer außerordentlichen Kündigung und einer Abmahnung auch nicht annähernd vergleichbar sind.

Auch die Meinung von Hunold[298], eine Abmahnung sei in aller Regel spätestens vier Wochen nach dem zu rügenden Vorfall auszusprechen, „möglichst früher", ist zu eng. Es kommt vielmehr entscheidend auf die Schwere der Pflichtverletzung des Arbeitnehmers und den zur vollständigen Aufklärung des Sachverhalts notwendigen Zeitraum an. Je länger der Arbeitgeber ohne erkennbaren Grund den Ausspruch der Abmahnung hinauszögert, umso mehr wird die Abmahnung in ihrer Wirkung abgeschwächt. Auch auf diesen Gesichtspunkt hat das BAG[299] zutreffend mit der Bemerkung hingewiesen, ein „Aufspareffekt" scheide aus.

Die Ansicht von Tschöpe[300], es spreche einiges dafür anzunehmen, der Arbeitgeber könne nach Ablauf eines gewissen Zeitraums, der regelmäßig drei Monate nicht überschreiten sollte, Vertragsverletzungen nicht mehr mit Abmahnungsqualität rügen, vermag nicht zu überzeugen. Er verweist u. a. auf § 61 Abs. 2 HGB, wonach Ansprüche auf Schadenersatz wegen Verletzung eines Wettbewerbsverbotes in drei Monaten verjähren. Auch dort liegt ein kurzfristiges Klärungsbedürfnis auf der Hand, während die Ausübung des vertraglichen Rügerechts in Form der Abmahnung zunächst keine unmittelbaren Rechtsfolgen auslöst, wenn auch die Gefahr nicht von der Hand zu weisen ist, dass bei längerer Untätigkeit des Arbeitgebers beim Arbeitnehmer der berechtigte Eindruck entstehen kann, er brauche nicht mehr mit einer Abmahnung zu rechnen.

---

[296] NZA 1985, 109, 110; vgl. auch Mayer-Maly in SAE 1988, 310
[297] SAE 1986, 202, 20; vgl. auch von Hoyningen-Huene in RdA 1990, 193, 207
[298] BB 1986, 2050, 2051
[299] Urt. v. 15. 1. 1986 (= Fn. 295)
[300] NZA Beil. 2/1990, S. 13

7 Wann muss spätestens abgemahnt werden?

Es kann also nur im Interesse des Arbeitgebers liegen, möglichst bald die Abmahnung auszusprechen. Daran sollte ihm auch gelegen sein, um die von ihm erhobenen Beanstandungen umgehend aktenkundig zu machen, vor allem aus Beweissicherungsgründen. Deshalb ist es zweckmäßig, den Arbeitnehmer in den Fällen, in denen dies notwendig sein kann, möglichst frühzeitig anzuhören.

Unabhängig von dem Umstand, dass der Arbeitgeber beim Ausspruch einer Abmahnung keine bestimmte Frist einzuhalten hat, ist jedoch allgemein anerkannt, dass er sein Recht zur Abmahnung verwirken kann.[301] Dies wäre der Fall, wenn der Arbeitgeber nach dem Vorfall eine erhebliche Zeitspanne ohne erkennbare Reaktion verstreichen lässt und beim Arbeitnehmer dadurch den berechtigten Eindruck hervorruft, die Angelegenheit sei erledigt. So hat z. B. das ArbG Flensburg Verwirkung angenommen, weil der Arbeitgeber die Abmahnung erst sechs Monate nach dem Vorfall und vier Monate nach der Aufklärung des Sachverhalts vorgenommen hatte.[302]

Das LAG Köln[303] hat die Ansicht vertreten, das Rügerecht des Arbeitgebers zur Abmahnung eines nicht vertragsgemäßen Verhaltens des Arbeitnehmers könne nach einjährigem Zuwarten des Arbeitgebers verwirkt sein. Dieser Entscheidung lag folgender Sachverhalt zugrunde: Ein im öffentlichen Dienst beschäftigter Buchhalter hatte einen Vorgang ohne Auftrag an den stellvertretenden Vorsitzenden des Werksausschusses weitergegeben. Dies war etwa Mitte 1986. Mit Schreiben vom 9.7.1986 hatte der Arbeitgeber gegenüber dem Angestellten die Verletzung der Schweigepflicht beanstandet und sich weitere Schritte vorbehalten. Anschließend geschah nichts bis zu einem weiteren Schreiben des Arbeitgebers vom 15.6.1987, in dem der Kläger lediglich zur Stellungnahme aufgefordert wurde. Die Abmahnung erfolgte sodann mit Schreiben vom 7.8.1987.

Das LAG Köln hat sowohl das Zeitmoment als auch das Umstandsmoment der Verwirkung als erfüllt angesehen. Es hat zusätzlich auf die tarifliche Ausschlussfrist von sechs Monaten hingewiesen und ausgeführt, die Vorschrift sei zwar nur auf Ansprüche aus dem Arbeitsverhältnis anwendbar, verfolge aber den Zweck, mit der nur befristeten Möglichkeit der Geltendmachung von Ansprüchen alsbald für klare Verhältnisse zu sorgen. Die damit nach dem Willen der Tarifvertragsparteien zum Ausdruck kommende Befriedungsfunktion könne dabei auch für das Recht

---

[301] vgl. Brill in NZA 1985, 109; Hunold in BB 1986, 2050, 2051; Hauer a.a.O. (= Fn. 226) S. 120 m.w.N.; Koffka a.a.O. (= Fn. 226) S. 123/124
[302] Urt. v. 16.12.1981 = ARSt. 1982, 157
[303] Urt. v. 28.3.1988 = LAGE § 611 BGB Abmahnung Nr. 10

Zeitpunkt der Abmahnung

auf Erteilung einer Abmahnung herangezogen werden. Die Sechsmonatsfrist soll danach einen Anhaltspunkt für die zeitlich einzuschränkende Möglichkeit zur Ausübung des Rechts auf Abmahnung geben.

Diese Betrachtungsweise darf nicht dazu verleiten, eine Regelausschlussfrist für das Abmahnungsrecht des Arbeitgebers anzunehmen. Nach der ständigen Rechtsprechung des BAG ist die Verwirkung ein Ausnahmetatbestand, für den mehrere Voraussetzungen erfüllt sein müssen: Einmal muss der Gläubiger mit der Geltendmachung des Anspruchs gezögert haben (Zeitmoment). Er muss weiterhin durch das Zuwarten beim Schuldner die Ansicht hervorgerufen haben, er werde seinen Anspruch nicht mehr geltend machen, so dass der Schuldner sich darauf eingestellt hat, nicht mehr in Anspruch genommen zu werden. Schließlich muss dem Schuldner gegenwärtig die Erfüllung des Anspruchs unter Berücksichtigung aller Umstände nach Treu und Glauben nicht mehr zuzumuten sein (Umstandsmoment).[304]

Unter Berücksichtigung dieser Umstände kann eine tarifliche Ausschlussfrist höchstenfalls eine Orientierungshilfe für das Zeitmoment, nicht aber für das Umstandsmoment des Rechtsinstituts der Verwirkung sein.

Zur Frage, ob der Arbeitnehmer tarifliche Ausschlussfristen beachten muss, vgl. Abschnitt „Tarifliche Ausschlussfrist bei Abmahnung".

Entscheidend ist demnach vor allem, ob es nach dem Pflichtverstoß zu Gesprächen oder einem Schriftwechsel zwischen den Vertragsparteien gekommen ist und ob der Arbeitnehmer ggf. davon ausgehen durfte, die Angelegenheit sei erledigt und abgeschlossen, ohne dass der Arbeitgeber mit einer Abmahnung reagieren wolle.

> **TIPP**
>
> Die Abmahnung unterliegt keiner Ausschlussfrist, sollte aber nicht unnötig hinausgezögert werden.

---

[304] Urt. v. 14.11.1978 – AP Nr. 39 zu § 242 BGB Verwirkung; Urt. v. 13. 10.1988 – AP Nr. 4 zu § 611 BGB Abmahnung

7.2 Kann die Abmahnung „vorweggenommen" werden?

Die Praxis wird fragen, ob der Arbeitgeber bereits vor einer Vertragsverletzung — quasi vorbeugend — für ein Fehlverhalten arbeitsrechtliche Maßnahmen androhen kann. Dies wird als „vorweggenommene" oder „antizipierte" Abmahnung bezeichnet.

Schwerdtner[305] meint, die Unzulässigkeit folge aus der Funktion der Abmahnung. Der Arbeitgeber genüge dem Abmahnungserfordernis nicht, wenn er z. B. in einer Arbeitsordnung darauf hinweise, dass bei einem Verstoß gegen ein betriebliches Rauch- oder Alkoholverbot mit einer Kündigung zu rechnen sei. Schaub[306] vertritt die Ansicht, diese Frage werde nicht allgemein zu entscheiden sein; vielfach werde es auf die Umstände des Einzelfalles ankommen. Hauer[307] hält eine vorweggenommene Abmahnung deshalb für unzulässig, weil die Abmahnung dem Arbeitnehmer eine Bewährungsmöglichkeit einräumen soll, Bewährung aber eine bereits begangene Pflichtverletzung voraussetze. Berger-Delhey[308] bezeichnet die Frage als offen. Mehrere Argumente gegen die Zulässigkeit einer antizipierten Abmahnung finden sich bei Pflaum.[309] Sie begründet ihre Auffassung in erster Linie mit der Warn- und Ankündigungsfunktion der Abmahnung sowie der Notwendigkeit einer hinreichend deutlichen Kennzeichnung der beanstandeten Vertragsverletzung, was bei einer vorweggenommenen Abmahnung nur in Form der pauschalen Benennung von Pflichtwidrigkeiten möglich sei. Pauly[310] meint, eine Abmahnung werde auch dann entbehrlich sein, wenn der Arbeitgeber unmissverständlich erklärt habe, er werde bei einem bestimmten Pflichtenverstoß (z. B. unerlaubter Alkohol- und Drogenkonsum im Betrieb) die Kündigung aussprechen, was etwa durch Bekanntmachung in einem öffentlichen Aushang am Schwarzen Brett geschehen könne.

Gerichtsurteile, die ausdrücklich auf diese Frage eingehen, liegen nicht vor. Das LAG Hamm hatte über einen entsprechenden Sachverhalt zu entscheiden.[311] Es hat

---

[305] Kündigung und Kündigungsschutz in der betrieblichen Praxis, RWS-Skript 114, 2. Aufl. 1983, S. 102
[306] in NJW 1990, 872, 875
[307] a.a.O. (= Fn. 226) S. 107 f.
[308] PersV 1988, 430, 432
[309] a.a.O. (= Fn. 221) S. 176 ff.; zust. Adam in ArbuR 2001, 41, 42; vgl. auch Koffka a.a.O. (= Fn. 226) S. 115 ff.;
[310] in NZA 1995, 449, 451
[311] Urt. v. 16.12.1982 = BB 1983, 1601

Zeitpunkt der Abmahnung

sich zwar nicht im Einzelnen mit der Problematik auseinander gesetzt und auch nicht von einer vorweggenommenen Abmahnung gesprochen, aber den durchaus zutreffenden Standpunkt eingenommen, der Arbeitnehmer sei bereits durch den Betriebsaushang genügend darauf hingewiesen, dass der Arbeitgeber erwarte, im Fall der Arbeitsunfähigkeit unverzüglich eine Nachricht des Arbeitnehmers zu erhalten. Deshalb habe er nicht damit rechnen können, der Arbeitgeber dulde ein hiervon abweichendes Verhalten.

Das LAG Köln hat zu einer Entscheidung den Leitsatz formuliert, der Hinweis im Arbeitsvertrag, ein bestimmtes Verhalten ziehe die fristlose Entlassung nach sich, erweitere zwar nicht die gesetzlichen Kündigungsmöglichkeiten, er könne aber, da er jedenfalls eine Warnfunktion erfülle, eine Abmahnung als Kündigungsvoraussetzung entbehrlich machen.[312]

Der Arbeitgeber hatte einem Arbeitnehmer wegen wiederholter Verletzung der Anzeigepflicht im Krankheitsfall fristlos und vorsorglich auch ordentlich gekündigt. Das LAG Köln hat die Wirksamkeit der ordentlichen Kündigung bejaht. Die Entscheidung ist allerdings aufgrund der Umstände des Falles nicht für allgemeine Schlussfolgerungen geeignet. Der Kläger war nämlich noch keine zehn Monate beschäftigt und hatte — abgesehen von dem Hinweis im Arbeitsvertrag — erst 14 Tage vor Ausspruch der Kündigungen eine einschlägige Abmahnung erhalten.

Ausgehend vom Sinn und Zweck der Abmahnung sowie deren Bedeutung im Rahmen des Kündigungsrechts kann eine vorweggenommene Abmahnung nur im Ausnahmefall eine spätere Abmahnung nach erfolgter Pflichtverletzung ersetzen. Andernfalls könnte der Arbeitgeber die Notwendigkeit von Abmahnungen völlig umgehen, indem er alle denkbaren Pflichtverletzungen auflistet, damit die Androhung arbeitsrechtlicher Konsequenzen verbindet und einen entsprechenden Aushang im Betrieb veranlasst.[313]

> **TIPP**
>
> Da die Abmahnung — ebenso wie die Kündigung — stets eine Abwägung der jeweiligen Umstände des konkreten Einzelfalles erforderlich macht, ist sie für eine Vielzahl von Fällen als „Pauschalandrohung" kaum geeignet.

So wie der Arbeitnehmer nicht im Vorhinein auf seinen Kündigungsschutz verzichten kann und vertragliche Vereinbarungen über „absolute" Kündigungsgründe

---

[312] Urt. v. 12.11.1993 = LAGE § 1 KSchG Verhaltensbedingte Kündigung Nr. 40
[313] ebenso Koffka a.a.O. (= Fn. 226) S. 116; ebenso Bernstein a.a.O. (= Fn. 234) S. 63

allgemein als unwirksam angesehen werden, ist auch die vorweggenommene Abmahnung problematisch, da sie den Rechtsschutz der hiervon betroffenen Arbeitnehmer verkürzt und zudem im Fall einer späteren Pflichtverletzung die Reaktion des Arbeitgebers für den Arbeitnehmer zumindest dann unklar bleibt, wenn dieser keine Konsequenzen in Form einer Kündigung zieht. Der Arbeitnehmer weiß dann nämlich nicht, wie sein Verhalten arbeitsrechtlich gewertet wird.

Eine antizipierte Abmahnung macht daher eine (spätere) Abmahnung im Regelfall nicht entbehrlich. Sie kann jedoch den Erwartungen des Arbeitgebers besonderen Nachdruck verleihen und bei einer nachfolgenden Pflichtverletzung eine für den Arbeitnehmer ungünstigere Beurteilung zur Folge haben.

Praktische Konsequenz: Eine „vorweggenommene" Abmahnung kann eine Abmahnung nur ausnahmsweise ersetzen.

7.3 Wirkungsdauer und Tilgung

Literatur: Conze, Zur Tilgung und Wirkungsdauer von berechtigten Abmahnungen, DB 1987, 889; Conze, Wirkungslosigkeit einer Abmahnung durch Zeitablauf, ZTR 1987, 175; Conze, Nochmals: Die Wirkungsdauer einer Abmahnung, DB 1987, 2358; Eich, Anspruch auf Entfernung einer berechtigten Abmahnung aus der Personalakte durch Zeitablauf, NZA 1988, 759; Schrader, Verwirkung der Abmahnung durch Zeitablauf?, NZA 2011, 180; Schrader/Dohnke, Abmahnung und Datenschutz, NZA-RR 2012, 617

> **GRUNDSATZ**
>
> Die Wirkung einer Abmahnung unterliegt keiner festen zeitlichen Grenze. Je länger die Abmahnung zurückliegt, umso geringer ist allerdings ihr Gewicht im Rahmen der Prüfung und Würdigung einer nachfolgenden Kündigung.

Bei allem Verständnis für die Bedeutung der Rechtssicherheit ist zu berücksichtigen, dass allgemeingültige zeitliche Maßstäbe für die Wirkungsdauer der Abmahnung nicht entwickelt werden können.[314]

---

[314] vgl. hierzu insbesondere Tschöpe in NZA Beil. 2/1990, S. 13; ebenso Pflaum a.a.O. (= Fn. 221) S. 243; Pauly in NZA 1995, 449, 452 f.

Zeitpunkt der Abmahnung

> **TIPP**
>
> Jeder Abmahnung liegt ein anderer Sachverhalt zugrunde, schon wegen der persönlichen und betrieblichen Umstände des einzelnen Arbeitsverhältnisses. Genauso wenig, wie gesagt werden kann, dass ein bestimmter Sachverhalt generell und ohne Ausnahme eine außerordentliche oder ordentliche Kündigung rechtfertigt, lässt sich die Ansicht halten, jede Abmahnung verliere nach Ablauf einer bestimmten Frist ihre Wirkung.

Die Wirksamkeitsdauer der Abmahnung ist allerdings zeitlich begrenzt (vgl. Einleitung zu diesem Abschnitt). Diese Frage ist ggf. im Rahmen eines gerichtlichen Verfahrens zu berücksichtigen, das wegen einer der Abmahnung nachfolgenden Kündigung durchgeführt wird. Hierbei ist im Rahmen der nach dem Kündigungsschutzgesetz vorzunehmenden Interessenabwägung zu prüfen, inwieweit der Arbeitgeber noch auf länger zurückliegende Abmahnungen Bezug nehmen kann, um sein Kündigungsvorbringen zu unterstützen. Eine danach möglicherweise eingeschränkte oder völlig entfallene Auswirkung der Abmahnung kann jedoch regelmäßig keinen Entfernungsanspruch des Arbeitnehmers zur Folge haben. In den beiden Entscheidungen vom 27.1.1988[315] und 13.4.1988[316] hat das BAG betont, dass ein Entfernungsanspruch nur in Ausnahmefällen in Betracht kommen kann, und zwar nicht zuletzt auch wegen des Grundsatzes der Richtigkeit und Vollständigkeit von Personalakten.

Selbst nach längerem Zeitablauf wird eine Abmahnung nicht automatisch wirkungslos. Sie behält ihre Bedeutung für die abschließende Interessenabwägung bei einer Kündigung. Dies hat das BAG in einem Grundsatzurteil nochmals klargestellt.[317]

Danach kann der Arbeitnehmer die Entfernung einer zu Recht erteilten Abmahnung aus seiner Personalakte nur dann verlangen, wenn das gerügte Verhalten für das Arbeitsverhältnis in jeder Hinsicht bedeutungslos geworden ist.

Mit einer Abmahnung übt der Arbeitgeber seine arbeitsvertraglichen Gläubigerrechte in doppelter Hinsicht aus: Zum einen weist er den Arbeitnehmer auf dessen vertragliche Pflichten hin und macht ihn auf die Verletzung dieser Pflichten aufmerksam (Rüge- und Dokumentationsfunktion). Zum anderen fordert er ihn für die Zukunft zu einem vertragstreuen Verhalten auf und kündigt individualrechtliche Konsequenzen für den Fall einer erneuten Pflichtverletzung an (Warnfunktion).

---

[315] = ZTR 1988, 309

[316] = AP Nr. 100 zu § 611 BGB Fürsorgepflicht mit Anm. v. Conze = EzBAT § 3 13 BAT Nr. 10 mit Anm. v. Beckerle

[317] Urt. v. 19.7.2012 = NZA 2013, 91

7 Wirkungsdauer und Tilgung

Der Anspruch auf Entfernung einer zu Recht erteilten Abmahnung setzt deshalb nach der zutreffenden Auffassung des BAG nicht nur voraus, dass die Abmahnung ihre Warnfunktion verloren hat. Vielmehr darf der Arbeitgeber darüber hinaus kein berechtigtes Interesse mehr an der Dokumentation der gerügten Pflichtverletzung haben.

Es besteht — so das BAG — nicht deshalb ein berechtigtes Interesse des Arbeitgebers, eine Abmahnung in der Personalakte des Arbeitnehmers zu belassen, weil sie stets für eine eventuell notwendig werdende spätere Interessenabwägung von Bedeutung sein kann. So kann ein hinreichend lange zurückliegender, nicht schwerwiegender und durch beanstandungsfreies Verhalten faktisch überholter Pflichtenverstoß seine Bedeutung auch für eine später erforderlich werdende Interessenabwägung gänzlich verlieren. Eine nicht unerhebliche Pflichtverletzung im Vertrauensbereich wird demgegenüber eine erhebliche Zeit von Bedeutung sein.

Mit dieser Entscheidung des BAG dürfte endgültig klargestellt sein, dass eine Abmahnung nicht automatisch nach Ablauf eines bestimmten Zeitraums ihre Wirkung verliert und deshalb aus den Personalakten zu entfernen wäre.

Personalakten sind eine Sammlung von Urkunden und Vorgängen, die die persönlichen und dienstlichen Verhältnisse eines Beschäftigten betreffen und in einem inneren Zusammenhang mit dem Arbeitsverhältnis stehen. Sie sollen ein möglichst vollständiges, wahrheitsgemäßes und sorgfältiges Bild über diese Verhältnisse geben. Ein Beschäftigter kann deshalb nur in Ausnahmefällen die Entfernung auch solcher Aktenvorgänge verlangen, die auf einer richtigen Sachverhaltsdarstellung beruhen. Ein solcher Fall liegt vor, wenn eine Interessenabwägung im Einzelfall ergibt, dass die weitere Aufbewahrung zu unzumutbaren beruflichen Nachteilen für den Beschäftigten führen könnte, obwohl der beurkundete Vorgang für das Arbeitsverhältnis rechtlich bedeutungslos geworden ist.

Es trifft zwar zu, dass eine Abmahnung nach längerem einwandfreiem Verhalten des Beschäftigten ihre Wirkung verlieren kann. So kann es nach einer längeren Zeit einwandfreier Führung einer erneuten Abmahnung bedürfen, bevor eine verhaltensbedingte Kündigung wegen einer erneuten gleichartigen Pflichtverletzung gerechtfertigt wäre. Damit ist aber nur die Warnfunktion einer Abmahnung berührt.

Ein Anspruch auf Entfernung einer zu Recht erteilten Abmahnung setzt weiter voraus, dass der Arbeitgeber auch kein berechtigtes Interesse mehr an der Dokumentation der gerügten Pflichtverletzung haben darf. Der Arbeitnehmer kann die Entfernung einer Abmahnung nur dann verlangen, wenn sie für die Durchführung

Zeitpunkt der Abmahnung

des Arbeitsverhältnisses unter keinem rechtlichen Aspekt mehr eine Rolle spielen kann. Das durch die Abmahnung gerügte Verhalten muss für das Arbeitsverhältnis in jeder Hinsicht rechtlich bedeutungslos geworden sein.

Das ist nicht der Fall, solange eine zu Recht erteilte Abmahnung etwa für eine zukünftige Entscheidung über eine Versetzung oder Beförderung und die entsprechende Eignung des Beschäftigten, für die spätere Beurteilung von Führung und Leistung in einem Zeugnis oder für die im Zusammenhang mit einer möglichen späteren Kündigung erforderlich werdende Interessenabwägung von Bedeutung sein kann.

Darüber hinaus kann es im berechtigten Interesse des Arbeitgebers liegen, die Erteilung einer Rüge im Sinne einer Klarstellung der arbeitsvertraglichen Pflichten weiterhin dokumentieren zu können. Demgegenüber verlangen die schutzwürdigen Interessen des Beschäftigten nicht, einen Anspruch auf Entfernung einer zu Recht erteilten Abmahnung schon dann zu bejahen, wenn diese zwar ihre Warnfunktion verloren hat, ein Dokumentationsinteresse des Arbeitgebers aber fortbesteht. Auch wenn sich eine Abmahnung noch in der Personalakte befindet, ist im Rahmen eines möglichen Kündigungsrechtsstreits stets zu prüfen, ob ihr noch eine hinreichende Warnfunktion zukam.

TIPP

Dem Arbeitgeber ist deshalb zu empfehlen, Abmahnungen nicht ohne weiteres auf Antrag aus den Personalakten zu entfernen, wenn dieser Antrag lediglich mit „Zeitablauf" begründet wird.

Diese vorstehend zitierte Rechtsprechung gilt in besonderem Maße seit der sog. Emmely-Entscheidung des BAG.[318] Danach kann es im Falle einer außerordentlichen Kündigung für die Zumutbarkeit der Weiterbeschäftigung von erheblicher Bedeutung sein, ob der Arbeitnehmer bereits geraume Zeit in einer Vertrauensstellung beschäftigt war, ohne vergleichbare Pflichtverletzungen begangen zu haben. Eine für lange Jahre „ungestörte Vertrauensbeziehung" zweier Vertragspartner wird — so das BAG — nicht notwendig schon durch eine erstmalige Vertrauensenttäuschung vollständig und unwiederbringlich zerstört.

Im konkreten Fall hat das BAG festgestellt, die Klägerin habe durch eine beanstandungsfreie Tätigkeit als Verkäuferin und Kassiererin über 30 Jahre hinweg Loyalität zur Beklagten gezeigt. Dabei ist es davon ausgegangen, dass eine zuvor gegenüber der Klägerin erteilte Abmahnung wegen einer in Gegenwart von Kunden ab-

---

[318] Urt. v. 10.6.2010 = NZA 2010, 1227; vgl. hierzu Schrader/Dohnke in NZA-RR 2012, 617; Herfs-Röttgen in NZA 2013, 478

gegebenen abfälligen Äußerung gegenüber einem Arbeitskollegen mit dem Kündigungsvorwurf (unerlaubtes Einlösen von zwei Leergutbons im Wert von 1,30 Euro) in keinerlei Zusammenhang stand und außerdem die Abmahnung ein Jahr später aus der Personalakte entfernt wurde.

Aufgrund dieser Begründung stellen sich zwei Fragen:

- Hätte es an der Entscheidung etwas geändert, wenn sich die Abmahnung noch in den Personalakten der Klägerin befunden hätte?
- Ist eine Tätigkeit auch dann als „beanstandungsfrei" anzusehen, wenn es in der Vergangenheit zwar Abmahnungen gegeben hat, aber keine „einschlägigen"?

Die erste Frage betrifft die Wirkungsdauer von Abmahnungen und bestärkt letztlich die von dem Verfasser vertretene These, dass es keine Rechtsgrundlage für Tilgungsfristen für Abmahnungen gibt und deren Wirkungsdauer zeitlich nicht begrenzt ist. Bei der Kündigung eines über lange Jahre bestehenden Arbeitsverhältnisses muss der Arbeitgeber ggf. darlegen und beweisen, dass und durch welche Ereignisse das „Vertrauenskapital" abgebaut worden ist (ähnlich ErfK/Müller-Glöge § 626 BGB Rn. 35a m.w.N.). Deshalb ist es wichtig, insbesondere Abmahnungen nicht aus den Personalakten zu entfernen (vgl. hierzu auch Schrader in NZA 2011, 180, 181). Etwas anderes gilt selbstverständlich dann, wenn der Arbeitnehmer einen Entfernungsanspruch hat (ebenso Schrader a.a.O.).

Warum in diesem Zusammenhang nur einschlägige Abmahnungen Berücksichtigung finden sollen, erschließt sich dem Verfasser nicht.

Zum Entfernungsanspruch des Arbeitnehmers bei unberechtigten Abmahnungen vgl. den Abschnitt „Entfernung unberechtigter Abmahnungen".

Praktische Konsequenz: Die Wirkungsdauer von Abmahnungen ist zeitlich nicht per se begrenzt. Bestimmte Tilgungsfristen bestehen nicht. Maßgebend sind die Umstände des Einzelfalles.

7.4 Zeitraum zwischen Abmahnung und Kündigung

Von einem Arbeitnehmer, der über längere Zeit hinweg eine mangelhafte Arbeitsweise an den Tag gelegt hat, ohne hierauf hingewiesen worden zu sein, kann im Regelfall nicht erwartet werden, dass er von heute auf morgen sein Verhalten ändert. So wäre z. B. einer Schreibkraft, die wegen unzureichender Schreibleistung abgemahnt wurde, angemessene Zeit einzuräumen, um an einem Schreibkurs teilzunehmen.

Zeitpunkt der Abmahnung

Das LAG Hamm[319] hat zu Recht festgestellt, der Arbeitgeber müsse bei Minderleistung dem Arbeitnehmer ausreichend Zeit und Gelegenheit geben, sein Verhalten zu ändern und seine Arbeitsweise den Anforderungen anzupassen, die der Arbeitgeber an ihn stelle. Daran fehle es, wenn zwischen Abmahnung und Kündigung nur neun Arbeitstage lägen.

Unter Hinweis auf diese Entscheidung des LAG Hamm hat das LAG Rheinland-Pfalz[320] ausgeführt, der Arbeitgeber müsse dem Arbeitnehmer nach der Abmahnung „eine angemessen lange Zeitspanne zur Bewährung bzw. zur Leistungssteigerung einräumen", während das LAG Köln[321] die Formulierung wiederholt, dem Arbeitnehmer müsse „ausreichend Zeit und Gelegenheit" gegeben werden, „das missbilligte Verhalten abzustellen".

Welcher Zeitraum abzuwarten ist, lässt sich aber nicht generell festlegen. Vielmehr ist der Anlass für die Abmahnung entscheidend.[322] Ein angemessener Zeitraum zur Bewährung muss dem Arbeitnehmer nur bei Leistungsmängeln im eigentlichen Sinne eingeräumt werden. Bei anderen Leistungsstörungen (z. B. Verletzung der Anzeige- oder Nachweispflicht im Krankheitsfall, Unpünktlichkeit) weiß der Arbeitnehmer, dass er das entsprechende Fehlverhalten im Interesse der Erhaltung seines Arbeitsplatzes sofort zu unterlassen hat. Je eher er nach erfolgter Abmahnung erneut eine gleichartige Pflichtverletzung begeht, umso nahe liegender ist die Vermutung, dass eine weitere Abmahnung zwecklos und deshalb dem Arbeitgeber nicht mehr zumutbar ist.

Eine Kündigung kann dann ausgesprochen werden, wenn Verhalten oder Leistung des Arbeitnehmers zeigt, dass die Abmahnung ihren Zweck verfehlt hat. In jedem Fall sollte der Arbeitgeber davon Abstand nehmen, einen „Bewährungszeitraum" festzulegen.

> **TIPP**
> Kündigungen nach Abmahnungen dürfen nicht voreilig ausgesprochen werden, sondern erst dann, wenn die Abmahnung ihren Zweck verfehlt hat.
> Aus Sinn und Zweck der Abmahnung folgt, dass der Zeitraum zwischen Abmahnung und Kündigung nicht zu kurz bemessen sein darf. Dies gilt jedenfalls bei Leistungsmängeln im eigentlichen Sinn, also unzureichenden Arbeitsleistungen hinsichtlich Qualität und Quantität.

---

[319] Urt. v. 15.3.1983 = DB 1983, 1930; vgl. auch Wolf a.a.O. (= Fn. 226) S. 127 f.
[320] Urt. v. 26.11.1986 – 10 Sa 604/86 – n.v.
[321] Urt. v. 6.11.1987 = LAGE § 611 BGB Abmahnung Nr. 14
[322] vgl. hierzu auch Hauer a.a.O. (= Fn. 226) S. 118 ff. m.w.N.; Pflaum a.a.O. (= Fn. 221) S. 240; ebenso Urt. d. Hessischen LAG v. 26. 4.1999 = LAGE § 1 KSchG Verhaltensbedingte Kündigung Nr. 71

8 Verhältnis zur Kündigung

8.1 Gleichartigkeit der Vertragsverstöße

Literatur: Sibben, Abschied vom Erfordernis der „einschlägigen" Abmahnung, NZA 1993, 583

Im Falle der Notwendigkeit einer Abmahnung ist eine nachfolgende Kündigung nach herrschender Auffassung nur dann sozial gerechtfertigt, wenn die Abmahnung einem Fehlverhalten gegolten hat, das auf einer Ebene mit der zum Anlass für die Kündigung genommenen Pflichtverletzung liegt.[323] Der Arbeitgeber kann sich bei einer verhaltensbedingten Kündigung nur dann auf eine Abmahnung berufen, wenn sie einen vergleichbaren Sachverhalt betraf. Andernfalls würde es an der Wiederholung des gerügten Fehlverhaltens bzw. Leistungsmangels fehlen.

Dieser Grundsatz hat aufgrund der neuen Rechtsprechung des BAG[324] zur Funktion der Abmahnung, die der Objektivierung der negativen Verhaltensprognose dienen soll, seine Geltung nicht verloren.

Das BAG hat bereits lange Zeit vor seiner Rechtsprechungsänderung die eingangs genannte Auffassung vertreten. Es hat dies in einer Entscheidung aus dem Jahre 1985[325] damit begründet, durch eine Abmahnung solle dem Arbeitnehmer Gelegenheit gegeben werden, durch Änderung seines Verhaltens eine Kündigung abzuwenden. Die abgemahnten Leistungsmängel oder Verhaltensweisen könnten erst dann zur Rechtfertigung einer Kündigung herangezogen werden, wenn nach der Abmahnung zumindest ein Leistungs- oder Verhaltensmangel der gerügten Art auftritt. In dem entschiedenen Fall war der Arbeitnehmer dreimal abgemahnt worden, nämlich wegen Arbeitszeitverstößen, dem Nichterscheinen zu Besprechungsterminen und der nicht termingerechten Fertigstellung eines Berichtes. Nach der Ansicht des BAG rechtfertigten selbst drei Abmahnungen bei einer erneuten Ver-

---

[323] vgl. Becker-Schaffner in DB 1985, 650 und in ZTR 1999, 105, 109; von Hoyningen-Huene in RdA 1990, 193, 207 f.; Berger-Delhey in PersV 1988, 430, 434; Schmid in NZA 1985, 409, 411; Hauer a.a.O. (= Fn. 226) S. 112 ff. m.w.N.; Pflaum a.a.O. (= Fn. 221) S. 234 ff.; ErfK/Müller-Glöge § 626 BGB Rn. 29b m.w.N.;. a.A. Sibben in NZA 1993, 583
[324] Urt. v. 13.12.2007 = NZA 2008, 589 sowie Fn. 28
[325] Urt. v. 27.2.1985 = RzK Abmahnung Nr. 5

Verhältnis zur Kündigung

fehlung des Arbeitnehmers eine Kündigung nicht, wenn die erneute Verfehlung mit keiner der abgemahnten Pflichtverstöße der Art nach vergleichbar sei.

In einem weiteren Urteil[326], dem eine Kündigung wegen häufiger Unpünktlichkeiten nach mehrfachen Abmahnungen zugrunde lag, hat das BAG Folgendes ausgeführt:

„Die letzte Verspätung des Klägers vor Ausspruch der Kündigung unterscheidet sich zwar in ihrem äußeren Verlauf von den früheren Unpünktlichkeiten, indem er sich nicht zu Schichtbeginn verspätet, sondern einen ihm gestatteten späteren Dienstantritt nach dem Vortrag der Beklagten nicht unerheblich überzogen hat. Dieses Verhalten kann aber gleichwohl ebenfalls auf den Tatbestand der ‚Unpünktlichkeit' zurückgeführt werden, wegen der der Kläger mehrfach vergeblich abgemahnt worden ist. Dem Kläger konnte und musste aufgrund der vorhergehenden Abmahnungen klar sein, dass die Beklagte auch eine Unpünktlichkeit in dieser Form nicht dulden und nicht sanktionslos hinnehmen werde."

Später hat das BAG in einer Entscheidung die Formulierung verwendet, Pflichtverletzungen im Leistungsbereich könnten nur dann einen verhaltensbedingten Kündigungsgrund abgeben, wenn der Arbeitnehmer vorher wegen „gleichartigen Fehlverhaltens" abgemahnt worden sei. Abmahnung und Kündigung müssten „in einem inneren Zusammenhang stehen".[327]

Es bleibt abzuwarten, wie das BAG diese Frage unter Berücksichtigung des neuerdings von ihm vertretenen Prognoseprinzips beurteilt. Danach dürfte es eher geboten sein, bei dem sachlichen Zusammenhang oder der Vergleichbarkeit zwischen dem abgemahnten und dem anschließenden, möglicherweise kündigungsrelevanten Fehlverhalten keinen zu engen Maßstab anzulegen. Wenn ein Arbeitnehmer trotz einer Kündigungsandrohung seines Arbeitgebers erneut eine Pflichtverletzung begeht, lässt er zumindest erkennen, dass ein störungsfreier Verlauf des Arbeitsverhältnisses künftig nicht unbedingt erwartet werden kann.

Unter diesem Gesichtspunkt erscheinen die in diesem Zusammenhang gemachten Ausführungen des BAG in der sog. Emmely-Entscheidung[328] zumindest bedenklich. Unter Rz. 47 dieses Urteils heißt es wörtlich:

Für die Zumutbarkeit der Weiterbeschäftigung kann es von erheblicher Bedeutung sein, ob der Arbeitnehmer bereits geraume Zeit in einer Vertrauensstellung beschäftigt

---
[326] Urt. v. 17.3.1988 – AP Nr. 99 zu § 626 BGB
[327] Urt. v. 16.1.1992 = NZA 1992, 1023
[328] Urt. v. 10. 6. 2010 – NZA 2010, 1227

war, ohne vergleichbare [Hervorhebung durch den Verfasser] *Pflichtverletzungen begangen zu haben.*

Unter Rz. 49 dieses Urteils heißt es wörtlich:

Gegenstand einer der Klägerin erteilten Abmahnung war eine vor Kunden abgegebene, abfällige Äußerung gegenüber einem Arbeitskollegen. Dieses Verhalten steht mit dem Kündigungsvorwurf in keinerlei Zusammenhang; im Übrigen wurde die Abmahnung ein Jahr später aus der Personalakte entfernt.

Wenn das BAG für die Frage der Zumutbarkeit der Weiterbeschäftigung wesentlich auf eine für lange Jahre ungestörte Vertrauensbeziehung bzw. die Dauer des Arbeitsverhältnisses und dessen „störungsfreien" Verlauf (Rz. 34) abstellt, dürfen nicht nur „einschlägige" Abmahnungen berücksichtigt werden, sondern müssen sämtliche Pflichtverletzungen gewürdigt werden, selbst wenn sie nicht zu einer Abmahnung geführt haben, aber anderweitig dokumentiert sind und vom Arbeitgeber dargelegt und ggf. bewiesen werden können.

Wenn ein Arbeitnehmer bereits vom Arbeitgeber ermahnt oder unter Kündigungsandrohung abgemahnt worden ist und gleichwohl erneut Pflichtverletzungen begeht, kann es für die Frage der „negativen Verhaltensprognose" nicht entscheidend darauf ankommen, ob es sich bei den erneuten Pflichtverletzungen um „gleichartige" handelt. Ein Arbeitnehmer, der wiederholt negativ auffällt, gibt damit zu erkennen, dass er ein „gestörtes" Pflichtbewusstsein hat und demzufolge die Wahrscheinlichkeit weiterer Störungen wesentlich größer ist als bei einem Arbeitnehmer mit einem „störungsfreien" Verlauf des Arbeitsverhältnisses. Mit anderen Worten: Nicht nur einschlägige Pflichtverletzungen, sondern jeder Pflichtenverstoß ist ein Indiz für eine negative Prognose.

> **TIPP**
>
> Eine Identität von Abmahnungs- und Kündigungssachverhalt ist nicht erforderlich und in der Praxis nur selten gegeben. „Gleichartigkeit" im weiteren Sinne muss vielmehr genügen.

Durch eine zu enge Rechtsprechung werden Arbeitnehmer, die sich verschiedenartige Pflichtverletzungen zuschulden kommen lassen, in einer nicht zu rechtfertigenden Weise vor Kündigungen geschützt. Der Arbeitnehmer, der zuerst zu spät kommt, beim nächsten Mal sein Fehlen nicht entschuldigt und nach einigen weiteren Wochen volltrunken zur Arbeit erscheint — dabei jedes Mal abgemahnt wird —, könnte in ähnlicher Form immer weitermachen, ohne kündigungsrechtliche Folgen befürchten zu müssen. Anders ausgedrückt: Der „Phantasiereichtum"

Verhältnis zur Kündigung

des Arbeitnehmers, der sich immer wieder eines anderen Fehlverhaltens schuldig macht, würde belohnt, wenn der Arbeitgeber nicht mit einer Kündigung reagieren könnte.[329]

So ist z. B. die Auffassung des LAG Berlin-Brandenburg[330] abzulehnen, eine verhaltensbedingte Kündigung wegen verspäteter Krankmeldung sei unwirksam, wenn der Arbeitnehmer zuvor (nur) wegen falscher Angaben abgemahnt worden sei, die er im Zusammenhang mit einer nicht unverzüglichen Krankmeldung im Hinblick auf die voraussichtliche Dauer seiner Arbeitsunfähigkeit gemacht hatte. Ein derart enger Sachzusammenhang (beide Vorfälle betreffen das Verhalten bei krankheitsdingten Fehlzeiten) muss in jedem Fall ausreichen.

In einer späteren Entscheidung hat das LAG Berlin-Brandenburg[331] die Meinung vertreten, beim Vorwurf der Arbeitsverweigerung und dem Vorwurf von Schlechtleistungen fehle es an der Gleichartigkeit der Pflichtverstöße. Beide Pflichtverletzungen beträfen zwar die Arbeitsleistung, lägen aber gleichwohl nicht auf derselben Ebene. Eine Schlechtleistung sei nicht mit dem wesentlich schwereren Vorwurf der Arbeitsverweigerung vergleichbar. Auch diese Auffassung ist bedenklich, denn sie schützt den Arbeitnehmer in einer nicht gerechtfertigten Weise.

Für die Praxis sollte aus der Rechtsprechung die Folgerung gezogen werden, arbeitsrechtliche Konsequenzen nicht nur für ein ganz konkretes Fehlverhalten anzukündigen, sondern die Androhung so weit wie möglich zu verallgemeinern (vgl. die Muster).

Die Formulierung „Sollten Sie nochmals zu spät kommen ..." macht nur im entsprechenden Wiederholungsfall eine Abmahnung „einschlägig". Der Arbeitgeber hat dann nämlich nur für ein erneutes Zuspätkommen des Arbeitnehmers arbeitsrechtliche Folgen in Aussicht gestellt. Andere Vertragsverstöße würden von einer Abmahnung dieses Inhalts nicht erfasst und machten eine erneute Kündigungsandrohung erforderlich.[332]

Hat die Abmahnung mehrere, verschiedenartige Vertragsverletzungen zum Gegenstand oder ist sie die Folge einer allgemeinen Unzufriedenheit mit den Leistungen bzw. dem Verhalten des Arbeitnehmers, so kann unter Umständen etwas anderes

---

[329] zust. Wolf a.a.O. (= Fn. 226) S. 147 f.
[330] Urt. v. 18.12.2009 – ZTR 2010, 163
[331] Urt. v. 3.3.2011 – NZA-RR 2011, 522
[332] ebenso Sibben in NZA 1993, 583, 587

gelten[333], nämlich in dem Sinne, dass bei erneuten Beanstandungen eine Kündigung gerechtfertigt sein kann. In solchen Fällen sollte dies auch bei der Androhung arbeitsrechtlicher Konsequenzen entsprechend zum Ausdruck gebracht werden. Der Hinweis „Sollten sich diese oder ähnliche Pflichtverletzungen wiederholen ..." macht deutlich, dass der Arbeitgeber auch bei ähnlichen Verstößen des Arbeitnehmers gegen seine Vertragspflichten Konsequenzen zu ziehen gewillt ist.

Auch die rechtliche Begründung und die Zweckbestimmung der Abmahnung sprechen gegen eine zu enge Betrachtungsweise. Ein Arbeitnehmer, der fortlaufend andersartige Vertragsverstöße begeht, kann sich im Falle einer Kündigung nicht darauf berufen, er sei noch nicht einschlägig abgemahnt worden und habe mit einer solchen Reaktion des Arbeitgebers nicht rechnen müssen. Das gilt jedenfalls dann, wenn die arbeitsrechtliche Konsequenz in allgemeiner Form angekündigt worden ist.

> **TIPP**
>
> Die Androhung arbeitsrechtlicher Konsequenzen sollte nicht auf einen bestimmten Wiederholungsfall beschränkt werden.

Der Anlass für die Kündigung darf im Vergleich zum Abmahnungssachverhalt nicht von untergeordneter Bedeutung sein. Wer wegen einer Belanglosigkeit kündigt und zuvor eine erhebliche Pflichtverletzung nur abgemahnt hat, reagiert unverhältnismäßig.

Praktische Konsequenz: Abmahnung und Kündigung müssen nicht nur zeitlich, sondern auch inhaltlich in einem angemessenen Verhältnis zueinander stehen.

8.2 Anzahl der Abmahnungen

Die Frage, ob mehrere Abmahnungen notwendig sind, bevor eine Kündigung Aussicht auf Erfolg hat, lässt sich nicht allgemeingültig, sondern nur unter Berücksichtigung der jeweiligen Umstände des Einzelfalles beantworten.[334]

---

[333] Urt. d. LAG Rheinland-Pfalz v. 5.11.1982 = DB 1983, 1544; vgl. auch Urt. d. LAG Hamm v. 27. 5.1992 = LAGE § 1 KSchG Verhaltensbedingte Kündigung Nr. 38; Bader in ZTR 1999, 200, 204

[334] ähnlich Hunold in BB 1986, 2050, 2054; vgl. auch Hauer a.a.O. (= Fn. 226) S. 131; Pflaum a.a.O. (= Fn. 221) S. 246 ff.; Koffka a.a.O. (= Fn. 226) S. 130 f.

Verhältnis zur Kündigung

Bei hohem sozialen Bestandsschutz des Arbeitnehmers können durchaus mehrere Abmahnungen erforderlich sein, bevor der Arbeitgeber mit guten Chancen von seinem Kündigungsrecht Gebrauch machen kann.[335] Dies gilt insbesondere bei Arbeitnehmern, die aufgrund tarifrechtlicher Vorschriften „unkündbar" sind, denen also nur noch aus wichtigem Grund gekündigt werden kann. So hat z. B. das LAG Hamm[336] entschieden, trotz vorangehender einschlägiger Abmahnung könne nach dem Grundsatz der Verhältnismäßigkeit ausnahmsweise vor Ausspruch einer verhaltensbedingten Kündigung wegen Arbeitsverweigerung eine erneute Abmahnung im Sinne einer „letzten Warnung" geboten sein, wenn das Arbeitsverhältnis langjährig (18 Jahre) störungsfrei verlaufen ist und die Weigerungshaltung des Arbeitnehmers allein auf arbeitsbedingten Problemen in der Zusammenarbeit mit einem Kollegen beruht.

Andererseits muss vor zu zahlreichen Abmahnungen gewarnt werden, da mit zunehmender Häufigkeit die Abmahnungen an Gewicht verlieren und beim Arbeitnehmer der unter Umständen berechtigte Eindruck entstehen kann, die Ankündigung arbeitsrechtlicher Konsequenzen sei nur eine leere Drohung. In dem vom BAG entschiedenen Fall[337] war der Kläger vor der Kündigung siebenmal wegen Verspätungen abgemahnt worden. Der Kläger meinte, er habe spätestens seit der dritten Abmahnung keine arbeitsrechtlichen Konsequenzen wegen seiner häufigen Verspätungen mehr befürchten müssen. Das BAG ist dem nicht gefolgt, sondern hat die Kündigung bestätigt. Die beiden letzten Abmahnungen seien so deutlich abgefasst worden, dass für den Kläger erkennbar war, dass ihm im Wiederholungsfall die Kündigung drohte.

Nach einer weiteren Entscheidung des BAG kann angesichts der im Arbeitsleben verbreiteten Praxis, bei als leichter empfundenen Vertragsverstößen einer Kündigung mehrere Abmahnungen vorausgehen zu lassen, in aller Regel nicht bereits die dritte Abmahnung als „entwertet" angesehen werden.[338]

Übertriebene Geduld und Nachsicht sowie zu weitgehendes soziales Verständnis können insoweit durchaus fehl am Platze sein. Der Arbeitgeber darf seine Glaubwürdigkeit nicht aufs Spiel setzen, indem er immer wieder arbeitsrechtliche Schritte ankündigt und diese im Wiederholungsfall dann doch nicht realisiert. Es

---

[335] vgl. auch Sibben in NZA 1993, 583, 586
[336] Urt. v. 25.9.1997 = LAGE § 1 KSchG Verhaltensbedingte Kündigung Nr. 59
[337] Urt. d. BAG v. 15.11.2001 – AP Nr. 4 zu § 1 KSchG 1969 Abmahnung; ebenso ErfK/Müller-Glöge § 626 BGB Rn. 29b
[338] Urt. d. BAG v. 16.9.2004 – AP Nr. 50 zu § 1 KSchG 1969 Verhaltensbedingte Kündigung; Urt. d. BAG v. 27.9.2012 = NZA 2013, 425

empfiehlt sich, bei weiteren Abmahnungen die Formulierungen in sprachlicher Hinsicht zu verschärfen, um den Eindruck widersprüchlichen Verhaltens zu entkräften (vgl. hierzu auch die beiden nachfolgenden Muster).[339]

> **TIPP**
> Sofern sich der Arbeitgeber zu einer letztmaligen Abmahnung entschließt, muss er sich darüber im Klaren sein, dass er bei einem erneuten kündigungsrelevanten Fehlverhalten des Arbeitnehmers die Kündigung aussprechen muss. Andernfalls kann ihm der Einwand der Verwirkung entgegengehalten werden.

Zwei Kriterien sind von ausschlaggebender Bedeutung: der Abmahnungssachverhalt und die Dauer der Betriebszugehörigkeit des Arbeitnehmers.

> **TIPP**
> Eine Abmahnung ist nicht immer ausreichend.
> Zu viele Abmahnungen können Rechtsnachteile zur Folge haben.

Je gravierender der Sachverhalt, umso weniger wird dem Arbeitgeber eine zweite Abmahnung zumutbar sein; je länger die Beschäftigungszeit des Arbeitnehmers, umso mehr wird die Fürsorgepflicht eine weitere Abmahnung gebieten.

Wiederholte Abmahnung

Vorbemerkung: Bei einer wiederholten Abmahnung ist in jedem Fall auf die vorangegangene Abmahnung Bezug zu nehmen und diese datumsmäßig mit kurzer Inhaltsangabe zu benennen. Wiederholte Abmahnungen kommen insbesondere bei Arbeitnehmern in Betracht, die schon länger im Betrieb tätig sind. Zu häufige Abmahnungen sind gefährlich, da die Rücksichtnahme des Arbeitgebers in solchen Fällen von den Arbeitsgerichten häufig zu dessen Nachteil ausgelegt wird.

> **MUSTERBRIEF**
> Wiederholte Abmahnung   Datum
>
> Sehr geehrte/r Frau/Herr ...,

---

[339] so zutreffend von Hoyningen-Huene in RdA 1990, 193, 208

Verhältnis zur Kündigung

Am …… mussten wir Sie wegen unentschuldigten Fernbleibens von Ihrer Arbeit schriftlich abmahnen. Wir haben Sie damals darauf hingewiesen, dass Sie bei erneuten Pflichtverletzungen mit einer Kündigung Ihres Arbeitsverhältnisses rechnen müssen.
In der vergangenen Woche, nämlich am ……, sind Sie erneut nicht zur Arbeit erschienen, ohne uns über den Grund Ihres Fernbleibens unterrichtet zu haben. Wir weisen Sie mit allem Nachdruck darauf hin, dass durch diese wiederholte Pflichtverletzung der Bestand Ihres Arbeitsverhältnisses in hohem Maße gefährdet ist. Ausschließlich mit Rücksicht auf Ihre familiären / persönlichen / wirtschaftlichen Verhältnisse sehen wir zum jetzigen Zeitpunkt davon ab, das Arbeitsverhältnis zu kündigen. Wir weisen Sie jedoch ausdrücklich darauf hin, dass Sie mit einer Beendigung des Arbeitsverhältnisses rechnen müssen, wenn Sie erneut Anlass zu Beanstandungen geben sollten.

Mit freundlichen Grüßen

Letztmalige Abmahnung

Vorbemerkung: Wer als Arbeitgeber „letztmals" abmahnt, setzt sich in Zugzwang. Er muss sich darüber im Klaren sein, dass er bei erneutem Fehlverhalten des Arbeitnehmers kündigen muss, wenn er sich selbst nicht unglaubwürdig und die bislang erfolgten Abmahnungen nicht wertlos machen will.

Zahlreiche Abmahnungen wegen gleichartiger Pflichtverletzungen, denen keine weiteren Konsequenzen folgen, können die Warnfunktion der Abmahnungen abschwächen. Der Arbeitgeber muss deshalb die letzte Abmahnung vor Ausspruch der Kündigung besonders eindringlich gestalten, um dem Arbeitnehmer klar zu machen, dass weitere derartige Pflichtverletzungen unweigerlich zum Ausspruch der Kündigung führen werden.[340]

MUSTERBRIEF

Letztmalige Abmahnung   Datum

Sehr geehrte/r Frau/Herr …,

Bereits mit Schreiben vom …………… und …………… mussten wir Sie wegen alkoholbedingten Fehlverhaltens abmahnen.

---

[340] Urt. d. LAG Rheinland-Pfalz v. 23.4.2009 = ZTR 2009, 443

Offensichtlich haben unsere deutlichen Hinweise bei Ihnen nicht den erhofften Erfolg gehabt. Wir mussten kürzlich feststellen, dass Sie am .... während Ihrer Arbeitszeit trotz des ausdrücklich bestehenden betrieblichen Alkoholverbotes erneut unter Alkoholeinfluss standen. Sie wurden dabei beobachtet, wie Sie gegen 10.00 Uhr aus einer Kognak-Flasche getrunken haben. Außerdem haben Sie ohne ersichtlichen Grund den Monteur der Fa. Auto-Heinz angebrüllt und ihm mit undeutlicher Sprache vorgeworfen, was ihm einfiele, so kurz vor Feierabend in die Geschäftsräume zu kommen, obwohl es erst etwa 14.30 Uhr war. Der Monteur hat sich wegen Ihres Verhaltens bei Ihrem zuständigen Meister beschwert und hierbei geäußert, dass Sie angetrunken gewesen seien.

Wir sind nicht mehr bereit, dieses untragbare Verhalten länger hinzunehmen. Ausschließlich aus sozialen Gründen sehen wir heute davon ab, Ihnen zu kündigen. Sie werden hiermit letztmals abgemahnt mit dem ausdrücklichen Hinweis, dass Ihr Arbeitsverhältnis bei dem nächsten Fehlverhalten unweigerlich gekündigt wird und Sie mit weiterer Nachsicht nicht mehr rechnen können.

Mit freundlichen Grüßen

8.3 Verzicht auf Kündigung durch Abmahnung

Es ist nicht zulässig, wegen desselben Sachverhalts den Arbeitnehmer abzumahnen und kurz darauf zu kündigen. Dies entspricht der ständigen Rechtsprechung des BAG.[341]

Das BAG weist zutreffend darauf hin, der Arbeitgeber könne eine spätere Kündigung nicht allein auf die abgemahnten Gründe stützen, sondern hierauf nur dann unterstützend zurückgreifen, wenn weitere kündigungsrechtlich erhebliche Umstände eintreten oder ihm nachträglich bekannt werden.

Nimmt der Arbeitgeber ein bestimmtes Verhalten des Arbeitnehmers zum Anlass für eine Abmahnung, so gibt er damit zu erkennen, dass er dieses Verhalten noch nicht als für eine Kündigung ausreichend ansieht, jedenfalls aber eine Beendigung des Arbeitsverhältnisses nicht herbeiführen, sondern lediglich in Aussicht stellen will. Zugleich räumt er mit der Abmahnung dem Arbeitnehmer eine Bewährungs-

---

[341] Urt. v. 26.11.2009 = NZA 2010, 823 m.w.N.; Urt. v. 12.5.2011 = ZTR 2011, 739

Verhältnis zur Kündigung

chance ein.[342] Aus diesem Grund wäre es ein Verstoß gegen Treu und Glauben, nämlich ein widersprüchliches Verhalten (venire contra factum proprium), wenn der Arbeitgeber zunächst abmahnt und danach wegen derselben Gründe doch kündigt.[343] Aus der Funktion der Abmahnung folgt eine Selbstbindung des Arbeitgebers in der Weise, dass er nach erfolgter Abmahnung nicht auch noch wegen des bereits abgemahnten Verhaltens eine Kündigung aussprechen darf. In der Abmahnung liegt quasi ein *Kündigungsverzicht*.

Diese Grundsätze gelten auch außerhalb des Anwendungsbereichs des Kündigungsschutzgesetzes. Sie beruhen nach der Rechtsprechung des BAG[344] nämlich nicht auf spezifischen kündigungsrechtlichen Erwägungen, sondern auf allgemeinen zivilrechtlichen Grundsätzen. Auch wenn das Kündigungsschutzgesetz auf das Arbeitsverhältnis keine Anwendung findet (§ 1 Abs. 1 bzw. § 23 Abs. 1 KSchG), kann der Arbeitgeber auf eine Kündigung aus einem bestimmten Grund verzichten, indem er wegen dieses Grundes nur abmahnt mit der Folge, dass das Kündigungsrecht erlischt.

---

[342] Urt. d. LAG Köln v. 7.10.1987 = LAGE § 1 KSchG Verhaltensbedingte Kündigung Nr. 15; Urt. d. LAG Köln v. 6. 11.1987 = LAGE § 611 BGB Abmahnung Nr. 14

[343] ebenso Koffka a.a.O. (= Fn. 226) S. 138

[344] Urt. v. 13.12.2007 = NZA 2008, 403

9 Abmahnung und Betriebsrat (Personalrat)

9.1 Beteiligung des Betriebsrats (Personalrats)

Literatur: Beckerle, Zur Beteiligung des Personalrates bei Abmahnungen, PersV 1989, 150; Dedert, Zuständigkeit der Einigungsstelle für Abmahnungen, BB 1986, 320; Welkoborsky, Die Abmahnung — Rechte der Beschäftigten und Beteiligung des Personalrats, PersR 2014, 98

Die Abmahnung ist sowohl im Geltungsbereich des Betriebsverfassungsgesetzes als auch im Rahmen des Bundespersonalvertretungsgesetzes nach ganz herrschender Auffassung mitbestimmungsfrei.[345] Es handelt sich hierbei nicht um eine Maßnahme im Sinne des § 87 Abs. 1 Nr. 1 BetrVG bzw. des § 75 Abs. 3 Nr. 15 BPersVG, wonach Regelungen der Ordnung im Betrieb/in der Dienststelle und Regelungen des Verhaltens der Arbeitnehmer der Zustimmung des Betriebsrates bzw. Personalrates bedürfen. Die Abmahnung ist keine kollektivrechtliche Maßnahme, sondern eine aus der Gläubigerstellung des Arbeitgebers abzuleitende individualrechtliche Rüge eines bestimmten Fehlverhaltens des Arbeitnehmers.

9.2 Die Rechtslage in den einzelnen Bundesländern

Anders ist die Rechtslage zum Teil im Geltungsbereich der Landespersonalvertretungsgesetze. Im Einzelnen gilt hier Folgendes:

---

[345] vgl. Urt. d. BAG v. 30.1.1979 – AP Nr. 2 zu § 87 BetrVG 1972 Betriebsbuße; Urt. d. BAG v. 7.11.1979 – AP Nr. 3 zu § 87 BetrVG 1972 Betriebsbuße; vgl. f.d. Personalvertretungsrecht Beschl. d. BAG v. 23 10.1984 –dash; AP Nr. 82 zu Art. 9 GG Arbeitskampf; Beschl. d. BVerwG v. 23.8.1982 = PersV 1983, 375; aus dem Schrifttum vgl. Beckerle in PersV 1989, 150 ff.; Ilbertz/Widmaier/Sommer, BPersVG, 12. Aufl. 2012, § 75 Rz 186 m.w.N.; Lorenzen/Etzel/Gerhold/Schlatmann/Rehak/Faber, BPersVG, Stand Nov. 2014, § 75 Rz 187a

9.2.1 Baden-Württemberg

Nach § 76 Abs. 2 Satz 1 Nr. 2 LPVG Baden-Württemberg hat der Personalrat bei Erteilung schriftlicher Abmahnungen mitzuwirken, wenn der Arbeitnehmer dies beantragt. In diesen Fällen gilt § 72 Abs. 3 LPVG entsprechend (§ 77 Abs. 2 LPVG). Danach ist der Arbeitnehmer von der beabsichtigten Abmahnung rechtzeitig vorher in Kenntnis zu setzen und auf sein Antragsrecht hinzuweisen. Mitwirkungsfrei sind demnach mündlich erteilte Abmahnungen. Gleichfalls werden vom Wortlaut des Gesetzes z. B. auch Aktenvermerke über mündlich erteilte Abmahnungen nicht erfasst.

Das Verfahren der Mitwirkung ist in § 77 LPVG geregelt. Danach unterrichtet die Dienststelle den Personalrat über die beabsichtigte Maßnahme, nämlich über die schriftliche Abmahnung im Entwurf (§ 77 Abs. 1 LPVG). Der Personalrat kann verlangen, dass die Dienststelle die beabsichtigte Maßnahme begründet (§ 77 Abs. 3 LPVG). Erhebt der Personalrat Einwendungen gegen eine beabsichtigte Abmahnung, so hat er der Dienststelle die Gründe mitzuteilen (§ 77 Abs. 5 Satz 1 LPVG). In diesem Fall gilt § 72 Abs. 9 Satz 2 LPVG entsprechend. Danach hat die Dienststelle dem Beschäftigten, der abgemahnt werden soll, Gelegenheit zur Äußerung zu geben, soweit dabei Beschwerden oder Behauptungen tatsächlicher Art vorgetragen werden, die für den Beschäftigten ungünstig sind oder ihm nachteilig werden können. Dies ist bei einer beabsichtigten Abmahnung regelmäßig der Fall, da dem Beschäftigten für den Wiederholungsfall arbeitsrechtliche Konsequenzen angedroht werden. Entspricht die Dienststelle den Einwendungen des Personalrats nicht oder nicht in vollem Umfang, so teilt sie dem Personalrat ihre Entscheidung unter Angabe der Gründe schriftlich mit (§ 77 Abs. 6 LPVG).

9.2.2 Bayern

Das Bayerische Personalvertretungsgesetz (BayPVG) enthält keine irgendwie geartete Regelung der Beteiligung des Personalrats im Zusammenhang mit Abmahnungen.

9.2.3 Berlin

Das Personalvertretungsgesetz (PersVG) des Landes Berlin sieht lediglich bei Disziplinarverfügungen ein Mitwirkungsrecht des Personalrats vor (§ 90 Nr. 8 PersVG). Abmahnungen sind jedoch keine „Disziplinarverfügungen". Darunter sind nur beamtenrechtliche Maßnahmen zu verstehen, nicht aber auf dem Arbeitsrecht beruhende individualrechtliche Rügen des Arbeitgebers. Deshalb besteht in Berlin kein Beteiligungsrecht des Personalrats bei Abmahnungen.

9.2.4 Brandenburg

Das Personalvertretungsgesetz für das Land Brandenburg (Landespersonalvertretungsgesetz — PersVG) sieht demgegenüber ein Mitwirkungsrecht des Personalrats bei Abmahnungen vor (§ 68 Abs. 1 Nr. 1 PersVG). Dies gilt unabhängig davon, ob die Abmahnung schriftlich oder mündlich erfolgt. Das Mitwirkungsverfahren ist in § 67 PersVG geregelt.

9.2.5 Bremen

Das Bremische Personalvertretungsgesetz enthält in § 52 Abs. 1 Satz 1 eine Generalklausel: Danach hat der Personalrat die Aufgabe, für alle in der Dienststelle weisungsgebunden tätigen Personen in allen sozialen, personellen und organisatorischen Angelegenheiten gleichberechtigt mitzubestimmen. Eine Abmahnung ist jedoch keine personelle Angelegenheit in dem vorgenannten Sinne. Der Zustimmung des Personalrats unterliegen nämlich nur Regelungen mit Maßnahmecharakter (§ 58 BremPersVG). Dabei handelt es sich um solche, die eine Veränderung des bestehenden Zustandes bewirken (z. B. Einstellung, Versetzung, Höhergruppierung). Die Abmahnung hat jedoch keine unmittelbaren praktischen Auswirkungen, denn sie macht lediglich dem Arbeitnehmer eine Pflichtverletzung zum Vorwurf und droht für den Wiederholungsfall arbeitsrechtliche Konsequenzen an, ohne dass die Abmahnung selbst schon arbeitsrechtliche Konsequenzen hätte. Die Abmahnung ist daher keine Maßnahme im Sinne des § 58 BremPersVG und folglich nicht mitbestimmungspflichtig.[346]

9.2.6 Hamburg

Der Personalrat hat nach § 88 Abs. 1 Nr. 22 des Hamburgischen Personalvertretungsgesetzes (HmbPersVG) ein Mitbestimmungsrecht „bei Erlass einer Disziplinarverfügung und Ausspruch einer schriftlichen Missbilligung".

Die einem Angestellten schriftlich erteilte Abmahnung arbeitsvertragswidrigen Verhaltens stellt nach einem Beschluss des VG Hamburg[347] keinen mitbestimmungspflichtigen „Ausspruch einer schriftlichen Missbilligung" im Sinne von § 87 Abs. 1

---

[346] Urt. des BAG v. 23.10.1984 (= Fn. 88); Beschl. d. BVerwG v. 10.1.1983 = PersV 1983, 507
[347] Beschl. v. 16.3.1990 = PersR 1990, 381

Abmahnung und Betriebsrat (Personalrat)

Nr. 20 HmbPersVG a.F. dar. Diese Auffassung hat das OVG Hamburg bestätigt.[348] Unter den genannten Mitbestimmungstatbestand fällt nur die schriftliche missbilligende Äußerung eines Dienstvorgesetzten, durch die einem Beamten ein Dienstvergehen zur Last gelegt wird, nicht aber eine arbeitsrechtliche Abmahnung.

9.2.7 Hessen

Das Hessische Personalvertretungsgesetz (HPVG) enthält keine Regelung, wonach der Personalrat bei einer Abmahnung zu beteiligen wäre.

9.2.8 Mecklenburg-Vorpommern

Ein Mitwirkungsrecht des Personalrats besteht nach § 68 Abs. 2 Nr. 5 des Personalvertretungsgesetzes für das Land Mecklenburg-Vorpommern (Personalvertretungsgesetz – PersVG) bei dem Erlass einer Disziplinarverfügung, mit der eine Kürzung der Dienstbezüge, eine Kürzung des Ruhegehalts oder eine Zurückstufung ausgesprochen werden soll, sowie bei Erhebung der Disziplinarklage. Dabei handelt es sich erkennbar ausschließlich um beamtenrechtliche Maßnahmen. Abmahnungen werden hiervon nicht erfasst und unterliegen daher nicht der Beteiligung des Personalrats.

9.2.9 Niedersachsen

Nach § 75 Abs. 1 des Niedersächsischen Personalvertretungsgesetzes (NPersVG) hat die Dienststelle bei verschiedenen Maßnahmen das Benehmen mit dem Personalrat herzustellen. Hierzu gehören auch Abmahnungen, wenn die Beteiligung des Personalrats beantragt wird; die Dienststelle hat auf das Antragsrecht des Arbeitnehmers, der abgemahnt werden soll, rechtzeitig hinzuweisen (§ 75 Abs. 1 Nr. 2 NPersVG).

Das Verfahren zur Herstellung des Benehmens ist in § 76 NPersVG geregelt. Danach ist dem Personalrat vor der Abmahnung Gelegenheit zur Stellungnahme zu geben. Entspricht die Dienststelle den Einwendungen des Personalrats nicht oder nicht in vollem Umfang, kann der Personalrat die Entscheidung der übergeordneten Dienststelle beantragen (§ 76 Abs. 4 NPersVG).

---

[348] Beschl. v. 10. 6.1991 = PersR 1992, 255

Im Übrigen gilt für Abmahnungen § 65 Abs. 3 Nr. 1 und 2 NPersVG entsprechend (§ 75 Abs. 2 NPersVG).Nach diesen Bestimmungen scheidet bei Beschäftigten in leitender Position, die dort abschließend aufgeführt sind, ein Beteiligungsrecht des Personalrats aus.

9.2.10 Nordrhein-Westfalen

Seit der Neufassung von § 74 des Personalvertretungsgesetzes für das Land Nordrhein-Westfalen (LPVG) durch das Gesetz vom 9. Oktober 2007 (GV. NRW. S. 394) hatte der Personalrat im Zusammenhang mit Abmahnungen kein Beteiligungsrecht mehr.

Mit der Neufassung des LPVG durch das Gesetz zur Änderung des Landespersonalvertretungsgesetzes und des WDR-Gesetzes vom 5. Juli 2011 hat der Gesetzgeber im Wesentlichen die Novellierung aus dem Jahr 2007 rückgängig gemacht und den früheren Rechtszustand wiederhergestellt, und zwar mit Wirkung vom 16. Juli 2011.

Nach § 74 Abs. 2 LPVG ist der Personalrat unter anderem vor Abmahnungen anzuhören. Hierbei sind die Gründe, auf die sich die beabsichtigte Abmahnung stützen soll, vollständig anzugeben. Der Personalrat kann vor einer Stellungnahme den betroffenen Beschäftigten anhören (§ 74 Abs. 4 Satz 1 LPVG).

9.2.11 Rheinland-Pfalz

Das Personalvertretungsgesetz für das Land Rheinland-Pfalz (Personalvertretungsgesetz — LPersVG —) hat bis zum 6. Oktober 2010 ein Mitbestimmungsrecht des Personalrats nur bei Erteilung schriftlicher Abmahnungen vorgesehen, sofern der Beschäftigte die Mitbestimmung beantragt (§ 78 Abs. 2 Satz 1 Nr. 15 LPersVG a.F.). Seit dem 6. Oktober 2010 muss der Personalrat auch mündlich erklärten Abmahnungen vorher zustimmen, sofern der Beschäftigte die Mitbestimmung beantragt (§ 78 Abs. 2 Satz 1 Nr. 15 LPersVG n.F.). Der Arbeitnehmer ist von der beabsichtigten (schriftlichen oder mündlichen) Abmahnung rechtzeitig vorher in Kenntnis zu setzen und auf sein Antragsrecht hinzuweisen (§ 78 Abs. 2 Satz 2 LPersVG). Da es sich bei Abmahnungen um personelle Einzelmaßnahmen handelt, hat nach der Entscheidung des Verfassungsgerichtshofs Rheinland-Pfalz[349] bei Meinungsverschiedenheiten zwischen Dienststelle und Personalrat die Einigungsstelle kein Letztentscheidungsrecht, sondern kann nur eine Empfehlung aussprechen (§ 75 Abs. 5 Nr. 2 LPersVG).

---

[349] Urt. v. 18.4.1994 = PersV 1994, 307

Abmahnung und Betriebsrat (Personalrat)

9.2.12 Saarland

Das Saarländische Personalvertretungsgesetz (SPersVG) räumt dem Personalrat ein Anhörungsrecht vor Abmahnungen ein (§ 80 Abs. 3 Satz 1 SPersVG). § 80 Abs. 3 Satz 4 SPersVG enthält die ausdrückliche Regelung, dass eine ohne Anhörung des Personalrats ausgesprochene außerordentliche Kündigung unwirksam ist. Daraus folgt im Umkehrschluss, dass die unterbliebene oder fehlerhafte Anhörung des Personalrats vor einer Abmahnung nicht deren Unwirksamkeit zur Folge hat.

9.2.13 Sachsen

Das Sächsische Personalvertretungsgesetz (SächsPersVG) sieht — ähnlich wie in Mecklenburg-Vorpommern — lediglich eine eingeschränkte Mitbestimmung bei Erhebung der Disziplinarklage gegen einen Beamten vor, und auch dies nur auf Antrag des Beschäftigten (§ 80 Abs. 1 Satz 1 Nr. 12, Satz 2 SächsPersVG). Damit unterliegt auch hier die Abmahnung nicht der Beteiligung des Personalrates.

9.2.14 Sachsen-Anhalt

Anders ist die Rechtslage nach dem Landespersonalvertretungsgesetz Sachsen-Anhalt (PersVG LSA). Dort ist der Personalrat vor Abmahnungen anzuhören (§ 67 Abs. 2 Satz 1 PersVG LSA). Ebenso wie im Saarland ist die Unwirksamkeit der vom Arbeitgeber durchgeführten Maßnahme bei unterbliebener Anhörung des Personalrats nur für den Fall der außerordentlichen Kündigung geregelt (§ 67 Abs. 2 Satz 4 PersVG LSA). Demzufolge führt die fehlende oder fehlerhafte Anhörung nicht zur Umwirksamkeit der Abmahnung.

9.2.15 Schleswig-Holstein

Das Gesetz über die Mitbestimmung der Personalräte (Mitbestimmungsgesetz Schleswig-Holstein — MBG Schl.-H.) enthält — ähnlich wie Bremen — eine Generalklausel, wonach der Personalrat bei allen personellen, sozialen, organisatorischen und sonstigen innerdienstlichen Maßnahmen mitbestimmt, die die Beschäftigten der Dienststelle insgesamt, Gruppen von ihnen oder einzelne Beschäftigte betreffen oder sich auf sie auswirken (§ 51 Abs. 1 Satz 1 MBG).

Obwohl es sich bei der Abmahnung um eine personelle Maßnahme handelt, die einzelne Beschäftigte betrifft, unterliegt sie nach der Amtlichen Begründung (Drucksache 12/996) nicht der Mitbestimmung des Personalrats. Von § 51 MBG werden nur Maßnahmen erfasst, die auf eine Veränderung des bestehenden Zustandes abzielen. Nach Durchführung der Maßnahme müssen das Arbeitsverhältnis oder die Arbeitsbedingungen eine Änderung erfahren haben. Dies ist bei einer Abmahnung nicht der Fall. Sie ist keine Maßnahme im Sinne von § 51 MBG.[350]

9.2.16 Thüringen

Das Thüringer Personalvertretungsgesetz (ThürPersVG) sieht in § 75 Abs. 2 Satz 1 Nr. 9 lediglich eine eingeschränkte Mitbestimmung bei Erhebung der Disziplinarklage gegen einen Beamten vor, sofern der Beschäftigte die Mitbestimmung beantragt (§ 75 Abs. 2 Satz 2 ThürPersVG). Der Arbeitgeber braucht daher im Geltungsbereich dieses Gesetzes den Personalrat vor Abmahnungen nicht zu beteiligen.

Aus all dem folgt:

In den Fällen, in denen der Personalrat im Zusammenhang mit Abmahnungen zu beteiligen ist, wird das Rügerecht des Arbeitgebers bei arbeitsvertraglichen Pflichtverletzungen in der praktischen Umsetzung erheblich erschwert. Dies gilt insbesondere dann, wenn der Personalrat nur auf Antrag des Betroffenen zu beteiligen ist. Dies machen folgende Verfahrensschritte deutlich:

Wenn der Arbeitgeber abmahnen will, muss er zunächst den Arbeitnehmer von der beabsichtigten Maßnahme in Kenntnis setzen und auf dessen Antragsrecht hinweisen. Dadurch tritt bereits eine gewisse Verzögerung ein.

Sofern der Arbeitnehmer die Beteiligung des Personalrats wünscht, was regelmäßig der Fall ist, muss der Arbeitgeber den Personalrat von der beabsichtigten Maßnahme unterrichten. Dies geschieht am besten durch die Vorlage des Entwurfs der vorgesehenen Abmahnung und die Erteilung der hierzu notwendigen Informationen.

Wenn der Personalrat Einwendungen gegen die Abmahnung erhebt, was erfahrungsgemäß aus falsch verstandener Solidarität mit dem Betroffenen häufig vorkommt, kann der Arbeitgeber — je nach Gesetzeslage — die Abmahnung noch nicht

---

[350] ebenso Fuhrmann/Neumann/Thorenz, Personalvertretungsrecht Schleswig-Holstein, 4. Aufl., § 51 Rz. 22

Abmahnung und Betriebsrat (Personalrat)

zustellen, sondern muss weitere personalvertretungsrechtliche Schritte einleiten, die Zeit kosten und eine schnelle Reaktion auf das Fehlverhalten des Arbeitnehmers praktisch unmöglich machen.

Bei voller Mitbestimmung stellt sich im Falle einer Zustimmungsverweigerung des Personalrats die in der Praxis nicht selten umstrittene Rechtsfrage, ob die Zustimmungsverweigerung rechtlich beachtlich ist oder nicht.

Sind die Einwendungen des Personalrats beachtlich, muss der Arbeitgeber — je nach Gesetzeslage — sogar ein Einigungsverfahren durchführen, bevor er abmahnen kann. Damit kann sich das gesamte Beteiligungsverfahren im Extremfall über mehrere Monate hinziehen.

9.2.17 Information des Betriebsrats (Personalrats)

Der Arbeitgeber ist rechtlich nicht dazu verpflichtet, dem Betriebsrat bzw. Personalrat von jeder Abmahnung eine Durchschrift oder Fotokopie zu überlassen bzw. ihn vor einer Abmahnung zu unterrichten.[351] Wenn das LAG Niedersachsen[352] demgegenüber meint, der Betriebsrat habe zwar keinen Anspruch auf Unterrichtung vor jeder schriftlichen Abmahnung, jedoch Anspruch auf Information, wenn die Abmahnung ausgesprochen worden sei, so kann dies wohl nur für die Fälle gemeint sein, in denen der Arbeitgeber später die angedrohten Konsequenzen ziehen will.

HINWEIS

Es ist allgemein anerkannt, dass der Arbeitgeber im Rahmen des Anhörungsverfahrens nach § 102 Abs. 1 BetrVG dem Betriebsrat alle wesentlichen Kündigungsgründe mitzuteilen hat und hierzu auch vorangegangene Abmahnungen gehören.[353] Das gilt auch für eine bereits vorliegende Gegendarstellung des Arbeitnehmers.

Nach dem Grundsatz der subjektiven Determination der Kündigungsgründe im Rahmen des § 102 BetrVG hat der Arbeitgeber dem Betriebsrat nur die Gründe mitzuteilen, auf die er die auszusprechende Kündigung stützen will. Deshalb braucht er eine vorangegangene Abmahnung sowie eine hierzu abgegebene Gegendar-

---

[351] Für das BetrVG: LAG Schleswig-Holstein, Beschl. v. 27.5.1983 = BB 1983, 1282; für das BPersVG: Ilbertz/Widmaier/Sommer, BPersVG, 12. Aufl. 2012, § 68 Rz 4 m.w.N.

[352] Beschl. v. 24.2.1984 = ArbuR 1985, 99

[353] Urt. d. BAG v. 18.12.1980 – AP Nr. 22 zu § 102 BetrVG 1972; Urt. d. BAG v. 31. 8.1989 – AP Nr. 1 zu § 77 LPVG Schleswig-Holstein

stellung des Arbeitnehmers dem Betriebsrat nicht mitzuteilen, wenn er seine Kündigung auf einen Sachverhalt stützt, für den er diese Vorgeschichte nicht für kündigungsrelevant hält.[354]

Es kann durchaus zweckmäßig und sinnvoll sein, den Betriebsrat oder Personalrat über Abmahnungen zu unterrichten und dem Gremium jeweils Fotokopien zu überlassen, da eine frühzeitige Information im Falle einer späteren Kündigung umfangreiche Darlegungen des Arbeitgebers zur Vorgeschichte entbehrlich machen kann.[355]

Schmid[356] meint, dass im Regelfall gegen diese häufig geübte Praxis nichts einzuwenden sei, aber in Ausnahmefällen das allgemeine Persönlichkeitsrecht des Arbeitnehmers beachtet werden müsse. Er empfiehlt deshalb, stets die Einwilligung des Mitarbeiters zur Weitergabe der Information an den Betriebsrat einzuholen. Diese Meinung ist zu weitgehend und würde zu einem unnötigen Verwaltungsaufwand führen, wenn auch nicht zu verkennen ist, dass in Ausnahmefällen (z. B. bei Abmahnung wegen alkoholbedingten Fehlverhaltens) der Schutz des Arbeitnehmers Vorrang gegenüber dem Informationsbedürfnis des Betriebsrates haben kann. In den Standardfällen (z. B. bei Abmahnung wegen Schlechtleistungen oder Unpünktlichkeit) sind jedoch keine schutzwürdigen Rechte des Arbeitnehmers tangiert, zumal die Mitglieder des Betriebsrates bzw. Personalrates einer besonderen Schweigepflicht unterliegen (vgl. § 79 BetrVG und §§ 10, 101 Abs. 2 BPersVG). Im Falle der Einsichtnahme in die Personalakten hat das Betriebsratsmitglied über deren Inhalt Stillschweigen zu bewahren (vgl. § 83 Abs. 1 Satz 3 BetrVG).

Nach § 80 Abs. 2 BetrVG hat der Arbeitgeber den Betriebsrat zur Durchführung seiner Aufgaben nach diesem Gesetz rechtzeitig und umfassend zu unterrichten. Dem Betriebsrat sind auf Verlangen jederzeit die zur Durchführung seiner Aufgaben erforderlichen Unterlagen zur Verfügung zu stellen.

Hieraus folgt ein entsprechender Anspruch des Betriebsrats, wenn die begehrte Information zur Aufgabenwahrnehmung erforderlich ist. Anspruchsvoraussetzung ist damit zum einen, dass überhaupt eine Aufgabe des Betriebsrats gegeben ist, und zum anderen, dass im Einzelfall die begehrte Information zur Wahrnehmung dieser Aufgabe erforderlich ist. Dies hat der Betriebsrat darzulegen. Anhand seiner Angaben kann der Arbeitgeber und im Streitfall das Arbeitsgericht prüfen, ob die Voraussetzungen der Vorlagepflicht vorliegen.[357]

---

[354] Urt. d. BAG v. 11.3.1999 – AP Nr. 149 zu § 626 BGB
[355] vgl. hierzu auch Beckerle in PersV 1989, 150 ff.
[356] NZA 1985, 409, 414 (dort Fn. 43)
[357] BAG, Beschl. v. 17.9.2013 = NZA 2014, 269

Abmahnung und Betriebsrat (Personalrat)

In dem vom BAG entschiedenen Fall hatte der Betriebsrat beantragt, den Arbeitgeber zu verpflichten, ihm über die ab September 2010 bei ihr beschäftigten Mitarbeiter mit Ausnahme der leitenden Angestellten und der Geschäftsführung erteilten Abmahnungen durch Vorlage des Abmahnungsschreibens in anonymisierter Form Auskunft zu erteilen. Nach der Entscheidung des BAG besteht dieser Auskunftsanspruch nicht. Es war keine betriebsverfassungsrechtliche Aufgabe des Betriebsrats ersichtlich, die die Vorlage aller Abmahnungsschreiben erforderlich machen könnte.

Aus der individualrechtlichen Bedeutung der Abmahnung ergibt sich eine solche Aufgabe des Betriebsrats nicht. Dieser ist außerhalb des Mitwirkungsverfahrens bei Kündigung nach § 102 BetrVG bei der Erteilung von Abmahnungen nicht zu beteiligen. Mitwirkungsrechte des Betriebsrats entstehen erst dann, wenn der Arbeitgeber das Unterrichtungsverfahren nach § 102 Abs. 1 BetrVG einleitet.

Im öffentlichen Dienst dürfen Personalakten nur mit Zustimmung des Beschäftigten von Personalratsmitgliedern eingesehen werden (vgl. § 68 Abs. 2 Satz 3 und § 101 Abs. 3 Satz 2 BPersVG). Soweit das Beteiligungsrecht des Personalrats bei Abmahnungen nur auf Antrag des betroffenen Arbeitnehmers besteht, dürften Bedenken wegen des Persönlichkeitsrechts ohnehin unbegründet sein. Wenn der Beschäftigte nämlich die Beteiligung des Personalrats beantragt, willigt er damit zwangsläufig in die Weitergabe der entsprechenden Informationen ein, die der Abmahnung zugrunde liegen. Andernfalls kann der Personalrat seine Aufgabe nämlich nicht ordnungsgemäß wahrnehmen.

Das LAG Köln hat entschieden, dass die Einigungsstelle nach dem Betriebsverfassungsgesetz nicht im Sinne des § 98 Abs. 1 Satz 2 ArbGG „offensichtlich unzuständig" zur Behandlung der Beschwerde eines Arbeitnehmers über eine Abmahnung des Arbeitgebers sei, auch wenn der Arbeitnehmer gegenüber dem Arbeitgeber einen Anspruch auf Rücknahme der Abmahnung geltend gemacht habe. Im Hinblick auf § 85 Abs. 2 Satz 3 BetrVG hat das Gericht die Ansicht vertreten, Abmahnungen seien keine Rechtsansprüche, sondern „(geschäftsähnliche) Handlungen des Arbeitgebers".[358]

Dedert[359] hat diese Entscheidung kritisch gewürdigt und auf die Gefahr hingewiesen, dass den Arbeitgebern die kostenintensive Errichtung einer Einigungsstelle in Fällen auferlegt werde, in denen § 85 Abs. 2 Satz 3 BetrVG den betroffenen Arbeitnehmern den Weg zum Arbeitsgericht vorschreibe und dem Betriebsrat das

---

[358] Beschl. v. 16.11.1984 = NZA 1985, 191; ebenso Beschl. d. LAG Hamburg v. 10.7.1985 = BB 1985, 1729
[359] BB 1986, 320

9 Die Rechtslage in den einzelnen Bundesländern

Anrufen der Einigungsstelle untersage. Er meint zu Recht, bei einem eindeutigen Begehren des Arbeitnehmers auf Rücknahme einer Abmahnung verbiete sich die Einrichtung einer Einigungsstelle.

Auch das LAG Rheinland-Pfalz vertritt den Standpunkt, in den entsprechenden Fällen sei die Einigungsstelle offensichtlich unzuständig. Bei der vom Arbeitnehmer begehrten Herausnahme einer Abmahnung aus den Personalakten handele es sich um einen Rechtsanspruch und nicht um eine Regelungsstreitigkeit.[360] Das LAG Berlin hält die Einigungsstelle ebenfalls dann für offensichtlich unzuständig, wenn die Beschwerde des Arbeitnehmers eine Abmahnung betrifft. Das gleiche gilt hiernach, wenn mit ihr eine Vorfrage aufgegriffen wird, die auch im Rahmen eines Verfahrens zur Entfernung der Abmahnung aus der Personalakte überprüft werden muss.[361]

Diese Auffassung, die auch von Schmid[362] und Berger-Delhey[363] geteilt wird, steht in Einklang mit dem allgemeinen Rechtsgrundsatz, dass der Betriebsrat/Personalrat grundsätzlich nicht Sachwalter individualrechtlicher Ansprüche einzelner Arbeitnehmer ist, sondern Interessenvertreter der gesamten Belegschaft zur Durchsetzung kollektivrechtlicher Belange. Eine Doppelgleisigkeit des Verfahrens ist nach dem Wortlaut des Gesetzes erkennbar nicht gewollt.

Das BAG hatte sich mit dem Spruch einer Einigungsstelle über den Einsatz einer Telefonanlage zu befassen. Darin war für den Fall, dass der Arbeitgeber aufgrund der gesammelten Daten eine Abmahnung gegenüber einem Arbeitnehmer ins Auge fasst, eine Mitbestimmung des Betriebsrats in entsprechender Anwendung des § 99 BetrVG vorgesehen. Das BAG hat hierzu festgestellt, die Einigungsstelle sei nicht befugt, eine derartige Regelung zu treffen.[364] Für die Einführung eines Mitbestimmungsrechts bei Abmahnungen besteht keine Kompetenz der Einigungsstelle nach § 76 Abs. 5 BetrVG, denn es handelt sich hierbei nicht um eine Frage, in der nach dem Betriebsverfassungsgesetz der Spruch der Einigungsstelle die Einigung zwischen Arbeitgeber und Betriebsrat ersetzt.

> **ZUSAMMENFASSUNG**
>
> Abmahnungen sind nach dem Betriebsverfassungsrecht und nach dem Bundespersonalvertretungsgesetz mitbestimmungsfrei. Im Geltungsbereich der Landespersonalvertretungsgesetze sind unterschiedliche Regelungen zu beachten.

---

[360] Beschl. v. 17.1.1985 = NZA 1985, 190; Beschl. d. LAG Hamm v. 16. 4.1986 = BB 1986, 1359
[361] Beschl. v. 19.8.1988 = LAGE § 98 ArbGG 1979 Nr. 11
[362] NZA 1985, 409, 413/414
[363] PersV 1988, 430, 435 a. E.; ebenso von Hoyningen-Huene in RdA 1990, 193, 209; Nebendahl/Lunk in NZA 1990, 676, 680 m.w.N.
[364] Urt. v. 30.8.1995 – AP Nr. 29 zu § 87 BetrVG 1972 Überwachung

Abmahnung und Betriebsrat (Personalrat)

Bei Kündigungen ist der Betriebsrat (Personalrat) über vorangegangene Abmahnungen zu unterrichten.

Bei Klagen gegen Abmahnungen ist regelmäßig keine Zuständigkeit des Betriebsrats (Personalrats) gegeben.

9.3 Abmahnung von Betriebsratsmitgliedern (Personalratsmitgliedern)

Literatur: Kania, Die betriebsverfassungsrechtliche Abmahnung, DB 1996, 374; Schleusener, Die betriebsverfassungsrechtliche Abmahnung, NZA 2001, 640

Eine Abmahnung gegenüber einem Personalratsmitglied ist unzulässig, wenn keine Pflichten aus dem Arbeitsverhältnis verletzt worden sind und allein das Verhalten im Bereich der Personalratstätigkeit gerügt wird.[365]

Die Abmahnung von Betriebsrats- und Personalratsmitgliedern ist allerdings grundsätzlich dann zulässig, wenn die Verletzung von allgemeinen Arbeitspflichten gerügt wird, da insoweit die Mitglieder des Betriebs- bzw. Personalrats wie alle anderen Arbeitnehmer ohne entsprechende Funktionen und Ämter zu behandeln sind.[366] Dies gilt selbst dann, wenn das vom Arbeitgeber beanstandete Verhalten auch als Verletzung der Pflichten als Betriebsratsmitglied anzusehen wäre.[367] Die Abmahnung eines Mitglieds einer Tarifkommission mit der Begründung, es habe zu Unrecht bezahlte Freistellungen in Anspruch genommen, erhält nicht deswegen einen Bezug zur kollektiven Ordnung, weil der Arbeitnehmer in Ausübung seines Amtes gehandelt hat, das im kollektiven Arbeitsrecht seine Grundlage hat. Auch eine solche Abmahnung ist daher nicht mitbestimmungspflichtig.[368]

In einer späteren Entscheidung[369] hat das BAG ausgeführt, bei der beabsichtigten Kündigung eines Betriebsratsmitgliedes sei zu differenzieren, ob diesem lediglich eine Verletzung einer Pflicht aus dem Arbeitsverhältnis vorgeworfen werde oder

---

[365] OVG Berlin-Brandenburg, Beschl. v. 18.5.2010 – NZA-RR 2011, 54; ebenso LAG Baden-Württemberg, Beschl. v. 6.7.2011 – NZA-RR 2011, 528 m.w.N.; VG Berlin, Beschl. v. 20.11.2013 = PersR 2014, 227

[366] Urt. d. BAG v. 6.8.1981 – AP Nr. 39 zu § 37 BetrVG 1972

[367] Urt. d. BAG v. 6.8.1981 – AP Nr. 40 zu § 37 BetrVG 1972; Urt. d. LAG Köln v. 26.11.2001 = PersV 2002, 419 (L)

[368] Urt. d. BAG v. 19.7.1983 – AP Nr. 5 zu § 87 BetrVG 1972 Betriebsbuße

[369] Beschl. v. 16.10.1986 – AP Nr. 95 zu § 626 BGB; vgl. auch Urt. v. 26.1.1994 = ArbuR 1994, 273 (L); vgl. auch ErfK/Koch § 23 BetrVG Rn. 4 m.w.N.

9 Abmahnung von Betriebsratsmitgliedern (Personalratsmitgliedern)

ob die Arbeitspflichtverletzung im Zusammenhang mit seiner Tätigkeit als Betriebsratsmitglied stehe. Werde einem Betriebsratsmitglied nur die Verletzung einer Amtspflicht zum Vorwurf gemacht, so sei die Kündigung unzulässig, jedoch ein Ausschlussverfahren nach § 23 BetrVG möglich. Eine außerordentliche Kündigung komme dann in Betracht, wenn zugleich eine schwere Verletzung der Pflichten aus dem Arbeitsverhältnis vorliege, wobei an die Berechtigung der fristlosen Entlassung ein „strengerer Maßstab" anzulegen sei als bei einem Arbeitnehmer, der dem Betriebsrat nicht angehöre.

Bezogen auf den konkreten Fall hat das BAG die Ansicht vertreten, die Bereitschaft, in einem Arbeitsgerichtsverfahren gegen den Arbeitgeber bewusst falsch auszusagen, sei auch unter Zugrundelegung eines strengen Prüfungsmaßstabes nicht zu rechtfertigen, sondern stelle als schwere Pflichtverletzung einen wichtigen Grund zur Kündigung dar. Dieses Verhalten sei im Rahmen der Interessenabwägung nach § 626 BGB nicht allein wegen des Betriebsratsamtes milder zu beurteilen als bei einem nicht durch § 15 KSchG geschützten Arbeitnehmer.

Das LAG Köln vertritt denselben Standpunkt.[370] Hiernach ist bei der Beurteilung der Abmahnung eines Personalratsmitgliedes besonders zu würdigen, ob das Personalratsmitglied gleichzeitig gegen seine Amts- und seine Arbeitsvertragspflichten verstoßen hat. Sei beides der Fall, sei ein besonders strenger Maßstab zu Lasten des Arbeitgebers anzulegen, während das Personalratsmitglied jedem anderen Arbeitnehmer gleichstehen müsse, wenn allein die Verletzung seiner arbeitsvertraglichen Pflichten zu beurteilen sei. Diese Wertung stelle keine Begünstigung des Personalratsmitglieds dar, sondern trage nur dem Umstand Rechnung, dass es ohne die Wahrnehmung des Personalratsamtes gar nicht zu den Vertragsverletzungen gekommen wäre.

Dies entspricht der neueren Rechtsprechung des BAG. Wenn in dem Verhalten des Funktionsträgers zugleich eine Vertragspflichtverletzung zu sehen ist, ist an die Berechtigung der fristlosen Entlassung – so das BAG – ein „strengerer" Maßstab anzulegen als bei einem Arbeitnehmer, der dem Betriebsrat nicht angehört.[371] In dem konkreten Fall ging es um die vorsätzliche Falschaussage eines Betriebsratsmitglieds in einem den eigenen Arbeitgeber betreffenden Beschlussverfahren. In diesem Verhalten hat das BAG nicht nur eine Verletzung von Amtspflichten, sondern auch eine Vertragspflichtverletzung gesehen.

Die Pflicht eines nicht freigestellten Betriebsratsmitgliedes, sich vor Beginn seiner unter § 37 Abs. 2 BetrVG fallenden Betriebsratstätigkeit beim Arbeitgeber abzu-

---

[370] Urt. v. 12.3.1986 = LAGE § 611 BGB Abmahnung Nr. 3
[371] Urt. v. 5.11.2009 – ZTR 2010, 334

Abmahnung und Betriebsrat (Personalrat)

melden, beruht nach Ansicht des BAG jedenfalls auch auf dem Arbeitsvertrag. Die Verletzung dieser Pflicht kann deshalb Gegenstand einer entsprechenden Abmahnung sein.[372] Das Gericht hat damit das Urteil des LAG Berlin aufgehoben, in dem die Auffassung vertreten worden war, der Freistellungsanspruch nach § 37 Abs. 2 BetrVG sei allein kollektiv-rechtlicher Natur, so dass die Verletzung der Abmeldepflicht keine individualrechtliche Abmahnung rechtfertigen könne.[373]

Das LAG Bremen[374] hat — anknüpfend an diese Rechtsprechung — den Standpunkt vertreten, lediglich die Abmeldung als solche sei eine arbeitsvertragliche, also dem Individualrecht zuzuordnende Nebenpflicht, deren Verletzung einer Abmahnung zugänglich sei. Etwas anderes soll danach jedoch für die Substantiierungspflicht gelten. Fehle die notwendige, in groben Zügen vorzunehmende Begründung für die begehrte Arbeitsbefreiung und erfolge die Abmeldung lediglich „wegen Betriebsratsarbeit", die auch unstreitig der Grund war, so sei die mangelnde Begründung eine im betriebsverfassungsrechtlichen Bereich angesiedelte Pflichtverletzung und könne deshalb nicht abgemahnt werden.

Das Arbeitsgericht Berlin hat entschieden, die Stempelpflicht eines Arbeitnehmers, also die Obliegenheit, die Zeiterfassungskarte zu benutzen, werde durch sein Betriebsratsamt nicht berührt. Eine Abmahnung wegen eines Verstoßes hiergegen sei daher möglich und zulässig.[375]

Die herrschende Rechtsprechung geht davon aus, dass eine individualrechtliche Abmahnung nur wegen vom Arbeitnehmer begangener Verletzungen seiner ihm nach dem Arbeitsvertrag obliegenden Pflichten erklärt werden kann und wegen Betriebsratstätigkeiten eine Abmahnung unzulässig ist. Sowohl das BAG[376] als auch das LAG Hamm[377], LAG Berlin[378] und LAG Düsseldorf[379] vertreten die Ansicht, dass mit einer Abmahnung nur Pflichtverletzungen des Arbeitnehmers aus dem Arbeitsverhältnis, nicht aber Verhaltensweisen aus dem Bereich der Betriebsrats- oder Personalratstätigkeit gerügt werden können.

---

[372] Urt. v. 15. 7.1992 – AP Nr. 9 zu § 611 BGB Abmahnung; ebenso Fitting/Engels/Schmidt/Trebinger/Linsenmaier, BetrVG, 27. Aufl. 2014, § 37 Rz 56 m.w.N.

[373] Urt. v. 6.9.1991 = LAGE § 611 BGB Abmahnung Nr. 28

[374] Urt. v. 6.1.1995 = LAGE § 611 BGB Abmahnung Nr. 38

[375] Urt. v. 9.8.1983 = DB 1983, 2476

[376] Urt. v. 16.9.1987 = PersR 1989, 14; vgl. hierzu auch Conze in DB 1989, 778, 779. Das BAG hat mit dieser Entscheidung das Urt. d. LAG Köln (= Fn. 370) bestätigt.

[377] Urt. v. 17.4.1985 = LAGE § 611 BGB Abmahnung Nr. 1; Urt. v. 3.11.1987 = LAGE § 611 BGB Abmahnung Nr. 9

[378] Urt. v. 23.2.1988 = DB 1988, 863

[379] Urt. v. 31.8.1988 = ArbuR 1989, 152; ebenso Beschl. v. 23.2.1993 = LAGE § 23 BetrVG 1972 Nr. 31

9 Abmahnung von Betriebsratsmitgliedern (Personalratsmitgliedern)

In dieselbe Richtung geht auch ein späteres Urteil des LAG Hamm.[380] Danach ist der Arbeitgeber nicht berechtigt, einem Betriebsratsmitglied eine schriftliche Abmahnung zu erteilen, wenn das Mitglied trotz aufgezeigter notwendiger arbeitsvertraglicher Tätigkeiten an einer Betriebsratssitzung teilnimmt. Es seien zwar Fälle denkbar, in denen ausnahmsweise einmal die Teilnahmepflicht des Betriebsratsmitglieds an der Sitzung des Betriebsrats hinter einer betrieblichen Tätigkeit zurückstehen müsse. Dies müsse jedoch auf betriebliche Notsituationen (z. B. Feuer, Überschwemmung) beschränkt bleiben. Betriebliche Notwendigkeiten reichen nicht aus, um die Teilnahmepflicht des Betriebsratsmitglieds zu suspendieren. Das BAG hat die Revision des Arbeitgebers gegen diese Entscheidung des LAG Hamm zurückgewiesen.[381] Es hat ebenso wie die Vorinstanz die vom Arbeitgeber erteilte Abmahnung für unberechtigt gehalten.

Da dem Arbeitgeber in solchen Fällen praktisch keine erfolgversprechenden rechtlichen Möglichkeiten eingeräumt sind, um auf Pflichtverletzungen mit betriebsverfassungsrechtlichem Hintergrund reagieren zu können, spricht sich Kania[382] für die Anerkennung der Möglichkeit einer sog. betriebsverfassungsrechtlichen Abmahnung als Vorstufe eines Verfahrens nach § 23 Abs. 1 BetrVG aus.

Vom Arbeitgeber ist daher stets zu prüfen, ob das von ihm beanstandete Verhalten eines Arbeitnehmers wegen dessen Funktion als Betriebsrats- oder Personalratsmitglied überhaupt erst möglich wurde. Ist das Fehlverhalten nur eine mittelbare Folge des Amtes und könnte es auch bei Arbeitnehmern gegeben sein, die keine entsprechende Funktion innehaben, so kann der Arbeitgeber grundsätzlich mit einer Abmahnung reagieren, sollte sich hierbei aber auf die arbeitsvertragliche Pflichtverletzung beschränken. Dementsprechend kommt eine Pflichtverletzung durch ein Betriebsratsmitglied als Gegenstand einer Abmahnung in Betracht, wenn es zumindest auch seine arbeitsvertraglichen Pflichten verletzt hat. Umgekehrt ist eine Abmahnung nicht ausgeschlossen, wenn das Verhalten des Arbeitnehmers zugleich auch eine Verletzung seiner Pflichten als Betriebsratsmitglied darstellt.

Diese Grundsätze hat das BAG in späteren Entscheidungen bestätigt. Danach ist die Abmahnung eines Betriebsratsmitgliedes wegen Arbeitsverweigerung aufgrund einer nicht nach § 37 Abs. 6 BetrVG erforderlichen Schulungsteilnahme jedenfalls dann berechtigt, wenn bei sorgfältiger objektiver Prüfung für jeden Dritten ohne

---

[380] Urt. v. 10.1.1996 = LAGE § 611 BGB Abmahnung Nr. 46
[381] Urt. v. 11.6.1997 = ArbuR 1997, 288
[382] DB 1996, 374

Abmahnung und Betriebsrat (Personalrat)

weiteres erkennbar war, dass die Teilnahme an der Schulungsmaßnahme für dieses Betriebsratsmitglied nicht erforderlich war.[383]

Ist ein Betriebsratsmitglied der objektiv fehlerhaften Ansicht, eine Betriebsratsaufgabe wahrzunehmen, kommt eine Abmahnung des Arbeitgebers wegen einer dadurch bedingten Versäumnis der Arbeitszeit nach Auffassung des BAG nicht in Betracht, wenn es sich um die Verkennung schwieriger oder ungeklärter Rechtsfragen handelt.[384] In dem entschiedenen Fall war ein Betriebsratsmitglied wegen der Teilnahme an einer arbeitsgerichtlichen Verhandlung in einem Kündigungsschutzverfahren abgemahnt worden. Das BAG hat die Frage, unter welchen Voraussetzungen die Teilnahme als Zuhörer einer Gerichtsverhandlung eine Betriebsratsaufgabe ist, im Hinblick auf seine Entscheidungen vom 19.5.1983[385] und 31.5.1989[386] als geklärt angesehen. Deshalb sei die Abmahnung des Arbeitgebers wegen unentschuldigten Fernbleibens von der Arbeit gerechtfertigt.

Nach § 74 Abs. 2 Satz 3 BetrVG haben Arbeitgeber und Betriebsrat jede parteipolitische Betätigung im Betrieb zu unterlassen. Das BAG hat hierzu entschieden, eine Abmahnung gegenüber einem Betriebsratsmitglied wegen Verletzung arbeitsvertraglicher Pflichten infolge parteipolitischer Betätigung im Betrieb sei nicht berechtigt, wenn das Betriebsratsmitglied nur in seiner Eigenschaft als Arbeitnehmer und Vertrauensmann seiner Gewerkschaft, nicht aber in seiner Eigenschaft als Betriebsratsmitglied tätig geworden sei und durch sein Verhalten Arbeitsablauf und Betriebsfrieden weder gestört noch gefährdet wurden.[387]

Sofern Betriebsratsmitglieder z. B. wegen der Teilnahme an aus der Sicht des Arbeitgebers nicht erforderlichen Schulungsveranstaltungen abgemahnt worden sind und deswegen gegen die Abmahnung klagen, ist der Rechtsstreit im arbeitsgerichtlichen Urteilsverfahren und nicht im Beschlussverfahren durchzuführen.[388]

Die Mitglieder des Betriebsrats dürfen in der Ausübung ihrer Tätigkeit nicht gestört oder behindert und wegen ihrer Tätigkeit nicht benachteiligt oder begünstigt werden; dies gilt auch für ihre berufliche Entwicklung (§ 78 BetrVG). Der Betriebsrat als

---

[383] Urt. v. 10.11.1993 – AP Nr. 4 zu § 78 BetrVG 1972. Das BAG hat mit dieser Entscheidung das Urteil des LAG Düsseldorf vom 15.10.1992 = LAGE § 611 BGB Abmahnung Nr. 33 aufgehoben und im gegenteiligen Sinne entschieden; zust. Schiefer in NZA 1995, 454, 456

[384] Urt. v. 31.8.1994 – AP Nr. 98 zu § 37 BetrVG 1972

[385] AP Nr. 44 zu § 37 BetrVG 1972

[386] AP Nr. 9 zu § 38 BetrVG 1972

[387] Urt. v. 12.6.1986 = NZA 1987, 153; vgl. hierzu auch die zutreffende Wertung von Conze in DB 1989, 778, 779; ferner Urt. d. LAG Köln v. 11.4.1995 = LAGE § 611 BGB Abmahnung Nr. 40

[388] Beschl. d. LAG Berlin-Brandenburg v. 2.1.2012 = LAGE § 2 ArbGG 1979 Nr. 53

Gremium hat keinen aus § 78 Satz 1 BetrVG folgenden Anspruch auf Entfernung einer Abmahnung aus der Personalakte, die der Arbeitgeber gegenüber einem Mitglied des Betriebsrats ausgesprochen hat.[389]

Bei dem Anspruch auf Entfernung einer Abmahnung aus der Personalakte handelt es sich um ein höchstpersönliches Recht des betroffenen Betriebsratsmitglieds. Personalakten sind eine Sammlung von Urkunden und Vorgängen, die die persönlichen und dienstlichen Verhältnisse eines Arbeitnehmers betreffen und in einem inneren Zusammenhang mit dem Arbeitsverhältnis stehen. Dementsprechend kann der Betriebsrat nicht die Vorlage der gesamten Personalakte verlangen. Dies folgt mittelbar aus § 83 BetrVG. Würde man dem Betriebsrat ein eigenständiges Recht auf „Bereinigung" der Personalakte zuerkennen, tangierte dies — so das BAG — das durch Art. 1 und Art. 2 GG gewährleistete allgemeine Persönlichkeitsrecht des betroffenen Betriebsratsmitglieds.

Das abgemahnte Betriebsratsmitglied kann unter bestimmten Voraussetzungen einen Anspruch auf Entfernung der Abmahnung aus seiner Personalakte haben. Stützt es einen solchen Anspruch auf § 78 BetrVG, sind die Gerichte für Arbeitssachen nicht gehindert, den Anspruch auch unter dem rechtlichen Gesichtspunkt der §§ 242, 1004 Abs. 1 Satz 1 BGB zu beurteilen.

Praktische Konsequenz: Abmahnungen von Betriebsratsmitgliedern (Personalratsmitgliedern) sind zulässig, wenn zumindest auch die Verletzung arbeitsvertraglicher Pflichten vorliegt.

9.4 Abgrenzung zur Betriebsbuße

Literatur: Heinze, Zur Abgrenzung von Betriebsbuße und Abmahnung, NZA 1990, 169; Leßmann, Betriebsbuße statt Kündigung, DB 1989, 1769; Schlochauer. Mitbestimmungsfreie Abmahnung und mitbestimmungspflichtige Betriebsbuße, DB 1977, 254

Wenn die Abmahnung einen über die Warnfunktion hinausgehenden Sanktionscharakter (Strafcharakter) hat, also das beanstandete Verhalten nicht nur gerügt, sondern geahndet wird, liegt eine Betriebsbuße vor, die der Mitbestimmung des Betriebsrates (§ 87 Abs. 1 Nr. 1 BetrVG) bzw. des Personalrates (§ 75 Abs. 3 Nr. 15

---

[389] Beschl. d. BAG v. 4.12.2013 = NZA 2014, 803

Abmahnung und Betriebsrat (Personalrat)

BPersVG) unterliegt.[390] Abmahnung und Betriebsbuße schließen sich also grundsätzlich nicht aus, sondern können auch nebeneinander in Betracht kommen. Die nicht immer einfache[391] Abgrenzung zwischen beiden Rechtsinstituten ist nicht nur theoretischer Natur, sondern hat erhebliche praktische Auswirkungen.

Das BAG hat zunächst die Ansicht vertreten, eine Betriebsbuße könne nur zur Durchsetzung der generellen betrieblichen Ordnung verhängt werden.[392] Hierfür sei Voraussetzung, dass eine solche Maßnahme in einer mit dem Betriebsrat vereinbarten Bußordnung vorgesehen ist. Bestehe keine Bußordnung, sei der Arbeitgeber nicht berechtigt, aufgrund seines Direktionsrechts im Einzelfall Bußen zu verhängen, selbst wenn die Zustimmung des Betriebsrates vorläge. Schriftliche Abmahnungen wegen Schlechterfüllung des Arbeitsvertrags oder sonstiger Verletzungen der arbeitsvertraglichen Pflichten seien keine Betriebsbußen. Etwas anderes gelte bei der Verletzung betriebsverfassungsrechtlicher Pflichten; in diesem Fall sei die Abmahnung nicht mitbestimmungsfrei.

Da diese Entscheidung zum Teil missverstanden wurde und im Schrifttum auf Kritik gestoßen ist, hat sich das BAG später zu der Klarstellung veranlasst gesehen, dass eine mitbestimmungsfreie Abmahnung der Vertragspflichtverletzung des Arbeitnehmers durch den Arbeitgeber auch dann möglich sei, wenn das Verhalten zugleich einen Verstoß gegen die kollektive betriebliche Ordnung darstelle.[393] Ob eine Rüge des Arbeitgebers im Einzelfall als bloße Abmahnung vertragswidrigen Verhaltens oder als Betriebsbuße anzusehen ist, bedarf im Zweifel der Auslegung der Erklärung unter Berücksichtigung ihres Wortlauts, ihres Gesamtzusammenhangs und ihrer Begleitumstände.

! WICHTIG

Eine mitbestimmungspflichtige Betriebsbuße liegt vor, wenn die Erklärung des Arbeitgebers über die Geltendmachung seines Gläubigerrechts auf vertragsgemäßes Verhalten des Arbeitnehmers einschließlich der Androhung individualrechtlicher Konsequenzen für den Wiederholungsfall hinausgeht und Strafcharakter annimmt, wenn also das beanstandete Verhalten geahndet werden soll.

---

[390] vgl. hierzu Schlochauer in DB 1977, 254; siehe ferner Hunold in BB 1986, 2050, 2055; Germelmann in RdA 1977, 75; Schmid in NZA 1985, 409, 414; Kraft in NZA 1989, 777, 783; Fitting/Engels/Schmidt/Trebinger/Linsenmaier, BetrVG, 27. Aufl. 2014, § 87 Rz 76 ff.

[391] vgl. hierzu Heinze in NZA 1990, 169 ff.

[392] Urt. v. 5.12.1975 – AP Nr. 1 zu § 87 BetrVG 1972 Betriebsbuße

[393] vgl. Urt. v. 30.1.1979 – AP Nr. 2 zu § 87 BetrVG 1972 Betriebsbuße

9 Abgrenzung zur Betriebsbuße

In einer weiteren Entscheidung aus dem Jahre 1979 hat das BAG erneut zu der Abgrenzung Stellung genommen. Eine Betriebsbuße kommt danach nur für Verstöße in Betracht, die sich gegen die betriebliche Ordnung richten, die also ein gemeinschaftswidriges Verhalten darstellen. Es muss ein kollektiver Bezug vorhanden sein.[394] Betriebsbußen dienen der Durchsetzung der zur Ordnung des Betriebes und des Verhaltens der Arbeitnehmer im Betrieb (vgl. § 87 Abs. 1 Nr. 1 BetrVG) aufgestellten Regeln und haben Strafcharakter. Sie sollen nicht nur pflichtgemäßes Verhalten der Arbeitnehmer bewirken, sondern auch begangenes Unrecht sanktionieren.

Die nach der Feststellung eines Fehlbestandes gegenüber einem Fahrbediensteten angekündigte Verstärkung von Kontrollen der Fahrschein- und Geldbestände hat das BAG nicht als Strafmaßnahme gewertet. Das beim Arbeitnehmer festgestellte Manko berühre die betriebliche Ordnung kaum. Der Arbeitgeber habe ihm lediglich eine Verletzung der sich aus dem Arbeitsvertrag ergebenden und durch die Dienstanweisung für Schaffner konkretisierten Vertragspflicht vorgehalten.[395]

Der Entzug der Vergünstigung, ermäßigte Flugscheine erwerben zu können, ist nach einer Entscheidung des BAG nur dann als Betriebsbuße zu werten, wenn der Arbeitgeber damit auf Verstöße des Arbeitnehmers gegen die betriebliche Ordnung oder gegen die nach § 87 Abs. 1 Nr. 1 BetrVG begründeten Verhaltenspflichten reagiert, nicht aber dann, wenn damit die Verletzung anderer arbeitsvertraglicher Pflichten geahndet werden soll.[396] Das BAG hat hervorgehoben, nicht jede über eine Abmahnung hinausgehende Maßnahme des Arbeitgebers sei allein schon aus diesem Grund eine Betriebsbuße, und dazu ausgeführt:

„Der Arbeitgeber kann auf Vertragsverletzungen nicht nur mit Abmahnungen oder Betriebsbußen reagieren. Er kann kündigen oder die Vertragsverletzungen zum Anlass nehmen, von vertraglich vereinbarten Widerrufsrechten bei der Gewährung freiwilliger sozialer Leistungen Gebrauch zu machen, er kann mit allen ihm von der Rechtsordnung zur Verfügung gestellten Mitteln versuchen, die Arbeitsbedingungen des Arbeitnehmers zu ändern. Bei diesen zuletzt genannten Reaktionen auf Vertragsverletzungen des Arbeitnehmers handelt es sich weder um Abmahnungen noch um Betriebsbußen".

---

[394] Urt. v. 7.11.1979 – AP Nr. 3 zu § 87 BetrVG 1972 Betriebsbuße
[395] Urt. v. 7.11.1979 (= Fn. 394)
[396] Beschl. v. 22.10.1985 – AP Nr. 18 zu § 87 BetrVG 1972 Lohngestaltung mit Anm. v. Glaubitz; vgl. hierzu auch Koffka a.a.O. (= Fn. 226) S. 82 ff.

Abmahnung und Betriebsrat (Personalrat)

Nach einer Entscheidung des BAG hat der Personalrat nach § 75 Abs. 1 Nr. 12 NPersVG a.F. beim Erlass einer Disziplinarmaßnahme mitzubestimmen.[397] Diese Vorschrift (heute: § 66 Abs. 1 Nr. 10 NPersVG) räumte dem Personalrat ein Mitbestimmungsrecht bei der Regelung der Ordnung in der Dienststelle und des Verhaltens der Bediensteten ein. Für die inhaltsgleiche Vorschrift des § 87 Abs. 1 Nr. 1 BetrVG hat das BAG in ständiger Rechtsprechung entschieden, dass das Mitbestimmungsrecht des Betriebsrats bei den Fragen der Ordnung des Betriebs und des Verhaltens der Arbeitnehmer im Betrieb das Recht beinhalte, sowohl bei der Aufstellung einer Bußordnung als auch bei der Verhängung einer Betriebsbuße im Einzelfall mitzubestimmen.

Spricht ein Arbeitgeber Abmahnungen in Form von Rügen usw. aus und tritt hierdurch eine faktische Beförderungssperre ein, indem ohne Prüfung des Einzelfalles schematisch ein Bewerber, der eine Rüge erhielt, für ein Jahr als ungeeignet gilt und so aus dem tarifvertraglichen Senioritätssystem herausfällt, stellt die Ablehnung einer Bewerbung aus diesem Grund eine über den individualrechtlichen Warnzweck hinausgehende Sanktion des beanstandeten Verhaltens dar. Diese Sanktion unterliegt nach der Meinung des LAG Frankfurt als Betriebsbuße der Mitbestimmung der Personalvertretung.[398]

Die von der Gruppenvertretung gegen diese Entscheidung des LAG Frankfurt eingelegte Rechtsbeschwerde hatte teilweise Erfolg. Das BAG hat seinem grundlegenden Beschluss vom 17.10.1989[399] folgende Leitsätze vorangestellt:

„Auf Verstöße des Arbeitnehmers gegen seine arbeitsvertraglichen Pflichten kann der Arbeitgeber mit individualrechtlichen Mitteln, einer Abmahnung, einer Versetzung, einer Kündigung oder einer vereinbarten Vertragsstrafe reagieren. Hinsichtlich solcher Maßnahmen ist der Betriebsrat nur nach § 99 bzw. § 102 BetrVG zu beteiligen. Dabei ist es unerheblich, ob die gerügten Verstöße solche gegen die kollektive betriebliche Ordnung oder solche gegen Anordnungen hinsichtlich des Arbeitsverhaltens sind.

Sanktionen für Verstöße des Arbeitnehmers gegen seine vertraglichen Verpflichtungen, die über die individualrechtlichen Möglichkeiten des Arbeitgebers hinausgehen, sind nur als Betriebsbußen möglich.

---

[397] Urt. v. 7. 4.1992 – AP Nr. 4 zu § 75 LPVG Niedersachsen
[398] Beschl. v. 18.10.1988 = DB 1989, 1931
[399] AP Nr. 12 zu § 87 BetrVG 1972 Betriebsbuße mit Anm. v. Brox

Betriebsbußen können nur aufgrund einer zwischen den Betriebspartnern vereinbarten Betriebsbußenordnung und nur für Verstöße gegen die Regeln über das Ordnungsverhalten verhängt werden.

Aus dem Mitbestimmungsrecht des Betriebsrats hinsichtlich der Aufstellung einer Betriebsbußenordnung und der Verhängung von Betriebsbußen im Einzelfall folgt – solange eine Betriebsbußenordnung nicht besteht – nicht, dass bei einer vom Arbeitgeber gleichwohl verhängten Betriebsbuße der Betriebsrat mitzubestimmen hat. Die einseitig vom Arbeitgeber verhängte Betriebsbuße ist vielmehr unwirksam."

In einem weiteren Urteil hat das BAG klargestellt, der Grundsatz der Verhältnismäßigkeit gebiete es nicht, dass in einer Arbeitsordnung geregelte Maßnahmen (Betriebsbußen) neben einer Abmahnung der Kündigung als „milderes Mittel" vorausgehen müssen.[400]

Als Betriebsbußen, die im Rahmen einer zwischen Arbeitgeber und Betriebsrat vereinbarten Bußordnung geregelt sein müssen, können formelle Rügen unterschiedlicher Intensität wie z. B. Missbilligung, Verwarnung und Verweis sowie insbesondere Geldbußen in Betracht kommen.[401]

TIPP
Betriebsbußen sind mitbestimmungspflichtig.
Abmahnungen dürfen keinen Strafcharakter haben; andernfalls unterliegen sie der Mitbestimmung.

9.5 Beteiligung der Schwerbehindertenvertretung

Nach § 95 Abs. 2 SGB IX ist die Schwerbehindertenvertretung vom Arbeitgeber in allen Angelegenheiten, die einen einzelnen Schwerbehinderten oder die Schwerbehinderten als Gruppe berühren, unverzüglich und umfassend zu unterrichten und vor einer Entscheidung zu hören; die getroffene Entscheidung ist der Schwerbehindertenvertretung unverzüglich mitzuteilen.

---

[400] Urt. v. 17. 1.1991 – AP Nr. 25 zu § 1 KSchG 1969 Verhaltensbedingte Kündigung; ebenso ErfK/Müller-Glöge § 626 BGB Rn. 26; einen anderen Fall behandelt das BAG im Urt. v. 16. 9.1999 – AP Nr. 1 zu Art. 4 GrO kath. Kirche mit Anm. v. Thüsing; vgl. auch Leßmann in DB 1989, 1769 ff.

[401] vgl. hierzu Becker-Schaffner in DB 1985, 650, 652; Schmid in NZA 1985, 409, 414; Schlochauer in DB 1977, 254

Abmahnung und Betriebsrat (Personalrat)

Nach einer Entscheidung des BAG[402] handelt es sich bei der Abmahnung um eine Angelegenheit im Sinne von § 95 Abs. 2 Satz 1 SGB IX.

Auch wenn die Abmahnung als eine Angelegenheit oder Entscheidung im Sinne des § 95 Abs. 2 Satz 1 SGB IX anzusehen ist, hätte die Verletzung des Anhörungsrechts der Schwerbehindertenvertretung durch den Arbeitgeber nicht die Unwirksamkeit der Abmahnung zur Folge.[403]

> **HINWEIS**
> Die Anhörung der Schwerbehindertenvertretung vor dem Ausspruch einer Abmahnung ist zwar erforderlich, aber keine Wirksamkeitsvoraussetzung für die Abmahnung.

---

[402] Beschl. v. 18.5.2010 = NZA 2010, 1433; ebenso Wiegand, SGB IX, Stand Okt. 2014, § 95 Rz 97; Beyer/Seidel, SGB IX, 3. Aufl. 2010, S. 342

[403] so für die Kündigung Urt. d. BAG v. 28. 7.1983 – AP Nr. 1 zu § 22 SchwbG mit Anm. v. Herschel; vgl. auch Neumann/Pahlen/Majerski-Pahlen, SGB IX, 12. Aufl. 2010, § 95 Rz. 9

10 Rechte des Arbeitnehmers

10.1 Entfernung unberechtigter Abmahnungen

Literatur: Bader, Die arbeitsrechtliche Abmahnung und ihre Entfernung aus der Personalakte — Versuch einer Rückbesinnung auf die Grundlagen, ZTR 1999, 200; Bahntje, Behält eine unwirksame Abmahnung für eine spätere Kündigung ihre Warnfunktion?, ArbuR 1996, 250; Conze, Die aktuelle Rechtsprechung des BAG zur Entfernung von Vorgängen aus Personalakten, DB 1989, 778; Germelmann, Die gerichtliche Überprüfbarkeit von Verwarnungen, RdA 1977, 75; Herfs-Röttgen, Rechtsfragen rund um die Personalakte, NZA 2013, 478; Salamon/Rogge, Funktionen der Abmahnung und Entfernungsanspruch nach „Emmely", NZA 2013, 363; Schnupp, Anspruch von Arbeitnehmern auf Entfernung von unrichtigen/unzutreffenden Vorgängen aus der Personalakte, PersV 1987, 276; Schunck, Gescheiterte Abmahnung: Kündigungsrechtliche Konsequenzen, NZA 1993, 828

Es ist allgemein anerkannt, dass die Abmahnung Gegenstand einer gerichtlichen Überprüfung sein kann.[404] Der Arbeitnehmer kann allerdings nicht jede Rüge des Arbeitgebers mit einer Klage angreifen. Hat die missbilligende Äußerung lediglich den Sinn, den Arbeitnehmer an die gewissenhafte Erfüllung seiner Vertragspflichten zu erinnern, und erschöpft sich darin ihre Wirkung, dann hat der Arbeitnehmer im Regelfall kein schutzwürdiges Interesse daran, die Äußerung des Arbeitgebers gerichtlich auf ihre Berechtigung überprüfen zu lassen.

Das BAG vertritt in ständiger Rechtsprechung die Auffassung[405], der Arbeitnehmer könne die Entfernung einer missbilligenden Äußerung aus den Personalakten vom Arbeitgeber verlangen, wenn diese unrichtige Tatsachenbehauptungen enthalte, die ihn in seiner Rechtsstellung und seinem beruflichen Fortkommen beeinträchtigen könnten. Dies folge aus der allgemeinen Fürsorgepflicht des Arbeitgebers, die auf dem Grundsatz von Treu und Glauben beruhe. Hiernach hat der Arbeitgeber das allgemeine Persönlichkeitsrecht des Arbeitnehmers in Bezug auf Ansehen, so-

---

[404] vgl. Hauer a.a.O. (= Fn. 226) S. 158 ff.; von Hoyningen-Huene in RdA 1990, 193, 209 ff.; differenzierend Jurkat in DB 1990, 2218 ff.; vgl. auch Schaub in NJW 1990, 872, 877

[405] grundlegend Urt. v. 27.11.1985 – AP Nr. 93 zu § 611 BGB Fürsorgepflicht mit Anm. v. Echterhölter; Urt. v. 27.11.2008 = NZA 2009, 842 m.w.N.; vgl. hierzu auch Conze in DB 1989, 778

Rechte des Arbeitnehmers

ziale Geltung und berufliches Fortkommen zu beachten. Bei einem objektiv rechtswidrigen Eingriff in sein Persönlichkeitsrecht habe der Arbeitnehmer in entsprechender Anwendung der §§ 242, 1004 BGB Anspruch auf Widerruf bzw. Beseitigung der Beeinträchtigung.[406]

Ein Anspruch auf Entfernung **berechtigter** Abmahnungen aus Personalakten besteht grundsätzlich nicht.[407] Er besteht nur dann, wenn das gerügte Verhalten für das Arbeitsverhältnis in jeder Hinsicht bedeutungslos geworden ist.

Es handelt sich dabei um einen individualrechtlichen Anspruch. Aus diesem Grund kann ein Betriebsrat nicht unter Berufung auf § 78 BetrVG verlangen, dass der Arbeitgeber die Abmahnung gegenüber einem Mitglied des Betriebsrats aus dessen Personalakten entfernt.[408]

Das BAG hat außerdem entschieden, der Entfernungsanspruch des Arbeitnehmers werde nicht dadurch ausgeschlossen, dass ihm zugestanden werde, eine Gegendarstellung zu den Personalakten zu reichen.[409] Dies hat auch das LAG München angenommen. Enthalte eine Personalakte unrichtige oder abwertende Angaben über die Person des Arbeitnehmers, so würden diese durch dessen Gegenerklärung nicht neutralisiert. Im Übrigen hat das LAG festgestellt, das Widerrufs- bzw. Beseitigungsrecht des Arbeitnehmers komme nicht nur bei unrichtigen Tatsachenbehauptungen in Betracht, sondern auch dann, wenn der Arbeitgeber eine unstreitige Tatsache zu Unrecht als Vertragsverletzung rüge.[410]

Das LAG Hamm hat in zwei Entscheidungen einen Anspruch des Arbeitnehmers auf Entfernung einer von ihm für unberechtigt oder unzutreffend gehaltenen Abmahnung aus seinen Personalakten verneint. Zur Begründung hat es ausgeführt, die Abmahnung werde erst im Kündigungsschutzprozess relevant, so dass der Arbeitnehmer durch sein Recht zur Gegendarstellung hinreichend geschützt sei und

---

[406] zur Anspruchsgrundlage vgl. Bock in ArbuR 1987, 217, 220 f.; Falkenberg in NZA 1988, 489, 491; Misera in SAE 1986, 199 f.; Tschöpe in NZA Beil. 2/1990, S. 15 f.; Fromm in DB 1989, 1409 ff.; von Hoyningen-Huene in RdA 1990, 193, 209 ff.; Hauer a.a.O. (= Fn. 226) S. 167 ff.; Pflaum a.a.O. (= Fn. 221) S. 303 ff.; vgl. hierzu auch Urt. d. LAG Köln v. 7.1.1998 = PersV 1999, 37 (L); Urt. d. ArbG München v. 2. 5.2000 = NZA-RR 2000, 524, das den Antrag auf Widerruf einer Abmahnung mangels Rechtsschutzbedürfnisses für unzulässig hält

[407] Urt. d. BAG v. 19.7.2012 = NZA 2013, 91

[408] Urt. d. BAG v. 4.12.2013 = NZA 2014, 803; ebenso LAG Baden-Württemberg, Beschl. v. 6.7.2011 = NZA-RR 2011, 528

[409] Urt. v. 27.11.1985 – AP Nr. 93 zu § 611 BGB Fürsorgepflicht

[410] Urt. v. 23.3.1988 = LAGE § 611 BGB Abmahnung Nr. 13

deshalb einer Klage auf Entfernung der Abmahnung aus den Personalakten das Rechtsschutzbedürfnis fehle.[411]

Das BAG hat ausdrücklich gegen diese Rechtsprechung des LAG Hamm Stellung bezogen und seinen Standpunkt bekräftigt, dass der Arbeitnehmer die Entfernung einer zu Unrecht erteilten Abmahnung aus seinen Personalakten beanspruchen könne.[412]

Die Klage auf Entfernung einer Abmahnung aus den Personalakten ist nach einem Urteil des LAG Frankfurt unzulässig, wenn das Arbeitsverhältnis des klagenden Arbeitnehmers zur Zeit der letzten mündlichen Verhandlung nicht mehr besteht.[413] In einer späteren Entscheidung hat das LAG Frankfurt eine Einschränkung vorgenommen: Hiernach besteht für eine Klage auf Rücknahme und Entfernung einer Abmahnung aus den Personalakten nur dann ein Rechtsschutzbedürfnis des Arbeitnehmers, wenn er eine konkret drohende Beeinträchtigung darlegt.[414]

Die Frage, ob der Arbeitnehmer nach Beendigung seines Arbeitsverhältnisses einen Anspruch auf Entfernung einer zu Unrecht erteilten Abmahnung aus seinen Personalakten hat, hat das BAG entschieden. Danach besteht ein solcher Anspruch regelmäßig nicht. Er kann aber dann gegeben sein, wenn objektive Anhaltspunkte dafür bestehen, dass die Abmahnung dem Arbeitnehmer auch noch nach Beendigung des Arbeitsverhältnisses schaden kann. Dafür ist der Arbeitnehmer darlegungs- und beweispflichtig.[415]

Das BAG hat seine Auffassung damit begründet, die Abmahnung habe nach Beendigung des Arbeitsverhältnisses in aller Regel erheblich an Bedeutung verloren. Allerdings könne auch nicht von vornherein ausgeschlossen werden, dass die Abmahnung dem Arbeitnehmer noch schaden kann. So könne sich der Arbeitgeber bei der Erteilung eines Zeugnisses vom Inhalt der Abmahnung leiten lassen. Der Arbeitnehmer könne aber nach der Beendigung des Arbeitsverhältnisses sein Interesse daran, insgesamt nicht falsch beurteilt zu werden, in einem Zeugnisrechtsstreit durchsetzen.

---

[411] Urt. v. 13.6.1991 = LAGE § 611 BGB Abmahnung Nr. 30; Teilurt. v. 16.4.1992 = LAGE § 611 BGB Abmahnung Nr. 32
[412] Urt. v. 5. 8.1992 – AP Nr. 8 zu § 611 BGB Abmahnung
[413] Urt. v. 28.8.1987 = LAGE § 611 BGB Abmahnung Nr. 15; a. A. von Hoyningen-Huene in RdA 1990, 193, 211
[414] Urt. v. 23.9.1988 = NZA 1989, 513 (L); ebenso Urt. d. LAG Niedersachsen v. 6.4.1993 = LAGE § 611 BGB Abmahnung Nr. 34; ähnlich Urt. d. LAG Köln v. 25.8.1993 = LAGE § 611 BGB Abmahnung Nr. 36
[415] Urt. v. 14.9.1994 – AP Nr. 13 zu § 611 BGB Abmahnung; Urt. v. 19.4.2012 = NZA 2012, 1449

Rechte des Arbeitnehmers

Das LAG Köln[416] und das Sächsische LAG[417] haben sich dieser Rechtsprechung angeschlossen und vertreten ebenfalls die Ansicht, dass nach Beendigung des Arbeitsverhältnisses ein Anspruch auf Entfernung einer Abmahnung grundsätzlich nicht mehr besteht. Die Abmahnung könne in einem solchen Fall „keine Störungsquelle mehr bilden" (so die Formulierung des LAG Köln).

Auch nach der Entfernung einer Abmahnung aus der Personalakte ist der Arbeitnehmer nach Auffassung des BAG[418] nicht gehindert, einen Anspruch auf Widerruf der in der Abmahnung abgegebenen Erklärungen gerichtlich geltend zu machen. Die Klägerin, Mitglied des Betriebsrats, war wegen unentschuldigten Fernbleibens abgemahnt worden. Nachdem sie ihren Arbeitgeber auf Widerruf und Entfernung der Abmahnung aus der Personalakte in Anspruch genommen hatte, entfernte der Arbeitgeber wegen Zeitablaufs die Abmahnung aus der Personalakte. Daraufhin erklärten beide Parteien den Rechtsstreit insoweit übereinstimmend für erledigt. Die Klägerin hat jedoch weiterhin den Widerruf der Abmahnung mit der Begründung begehrt, die darin enthaltenen Vorwürfe seien unberechtigt. Das BAG hat — im Gegensatz zu den Vorinstanzen — diesen Antrag für zulässig erachtet, allerdings eine fortdauernde Rechtsbeeinträchtigung der Klägerin verneint und deshalb die Widerrufsklage als unbegründet abgewiesen.

Nach Meinung von Becker-Schaffner[419] dürfte grundsätzlich nach der Beendigung des Arbeitsverhältnisses kein Anspruch auf Entfernung von Abmahnungen aus den Personalakten bestehen. Falkenberg[420] ist anderer Auffassung und verweist auf die insbesondere im öffentlichen Dienst besondere Bedeutung des Personalakteninhalts im Falle späterer Bewerbungen des ausgeschiedenen Arbeitnehmers. Das LAG Frankfurt[421] hat diesen Gesichtspunkt berücksichtigt und kommt zu dem Ergebnis, allein für die Zukunft denkbare Pflichtverletzungen des Arbeitgebers (z. B. Verletzung der Wahrheits- und Fürsorgepflicht bei Auskünften) begründeten kein Rechtsschutzbedürfnis für eine Klage auf Entfernung von Abmahnungen des bisherigen Arbeitgebers.

---

[416] Urt. v. 29.6.2001 = ZTR 2002, 191
[417] Urt. v. 14.1.2014 = ZTR 2014, 294
[418] Urt. v. 15.4.1999 – AP Nr. 22 zu § 611 BGB Abmahnung
[419] in DB 1985, 650, 654
[420] in NZA 1988, 489, 491; ebenso Bader in ZTR 1999, 200, 206; vgl. hierzu auch Urt. d. LAG Köln v. 16.9.1994 = ZTR 1995, 377
[421] Urt. v. 28.8.1987 = LAGE § 611 BGB Abmahnung Nr. 15

10 Entfernung unberechtigter Abmahnungen

Für die Praxis bleibt festzuhalten, dass der Arbeitnehmer nach der ständigen Rechtsprechung des BAG[422] die Entfernung einer Abmahnung aus seiner Personalakte jedenfalls dann verlangen kann, wenn der erhobene Vorwurf objektiv nicht gerechtfertigt ist. Ob diese Voraussetzungen vorliegen, ist nicht eine Frage der Zulässigkeit, sondern der Begründetheit der Klage.[423] Für die Frage, ob eine Abmahnung zu Recht erfolgt ist, kommt es also allein darauf an, ob der erhobene Vorwurf objektiv gerechtfertigt ist, nicht aber, ob das beanstandete Verhalten dem Arbeitnehmer auch subjektiv vorgeworfen werden kann.[424]

Zur Tilgung von berechtigten Abmahnungen infolge Zeitablaufs vgl. Abschnitt „Wirkungsdauer und Tilgung".

ZUSAMMENFASSUNG

Abmahnungen sind gerichtlich nachprüfbar.
Ein Anspruch auf Entfernung der Abmahnung aus den Personalakten besteht vor allem dann,
- wenn die Abmahnung keine arbeitsvertragliche Pflichtverletzung zum Inhalt hat,
- wenn der in der Abmahnung dargestellte Sachverhalt objektiv unzutreffend ist,
- wenn der in der Abmahnung dargestellte Sachverhalt zu pauschal beschrieben ist,
- wenn die Abmahnung eine unverhältnismäßige Reaktion auf das Fehlverhalten des Arbeitnehmers darstellt,
- wenn der in der Abmahnung dargestellte Sachverhalt nur teilweise zutrifft,
- wenn der in der Abmahnung dargestellte Sachverhalt vom Arbeitgeber im Bestreitensfall nicht nachgewiesen werden kann,
- wenn die Abmahnung Wertungen enthält, die das Persönlichkeitsrecht des Arbeitnehmers verletzen.

Nach Beendigung des Arbeitsverhältnisses sind Abmahnungen nur ausnahmsweise überprüfbar.
Auch Äußerungen, die das Persönlichkeitsrecht des Arbeitnehmers erheblich beeinträchtigen können, unterliegen im Regelfall der gerichtlichen Kontrolle.

---

[422] vgl. Urt. v. 23.9.1986 – AP Nr. 20 zu § 75 BPersVG m.w.N.; vgl. hierzu auch Conze in DB 1989, 778, 779; siehe ferner Urt. v. 12.6.1986 = NZA 1987, 153

[423] vgl. Urt. d. BAG v. 23.9.1986 – AP Nr. 45 zu Art. 9 GG

[424] so Urt. d. BAG v. 12.1.1988 – AP Nr. 90 zu Art. 9 GG Arbeitskampf; Urt. d. BAG v. 7.9.1988 – AP Nr. 2 zu § 611 BGB Abmahnung mit Anm. v. Conze; Urt. d. BAG v. 21.4.1993 = ArbuR 1993, 252; Urt. d. BAG v. 27.4.1994 = ZTR 1995, 41 (L); Urt. d. BAG v. 31.8.1994 – AP Nr. 98 zu § 37 BetrVG 1972; Fromm in DB 1989, 1409, 1415; Schmid in NZA 1985, 409, 410; Wolf a.a.O. (= Fn. 226) S. 139 f.; Hauer a.a.O. (= Fn. 226) S. 96 ff.; a. A. Hunold in BB 1986, 2050, 2053; Urt. d. LAG Köln v. 2.11.1988 = DB 1989, 1294; differenzierend von Hoyningen-Huene in RdA 1990, 193, 200 f.

10.2 Anhörungsrecht des Arbeitnehmers?

Literatur: Brierley, Die Anhörung des Beschäftigten vor Ausspruch einer Abmahnung nach TVöD, öAT 2013, 95; Bruse, Anhörungspflicht vor Erteilung einer Abmahnung, PersR 1990, 175; Nebendahl, Anspruch auf Entfernung eines Vorgangs aus der Personalakte nach einem Verstoß gegen § 13 Abs. 2 BAT, ZTR 1990, 418; Wilhelm, Anhörung des Arbeitnehmers vor Ausspruch einer Abmahnung?, NZA-RR 2002, 449

Bei der Frage eines etwaigen Anhörungsrechts des Arbeitnehmers im Zusammenhang mit einer Abmahnung sind zwei Fälle voneinander zu unterscheiden: Zum einen geht es um die Frage, ob dem Arbeitnehmer vor Erteilung der Abmahnung ein Anhörungsrecht zusteht. Zum anderen geht es darum, ob der Arbeitnehmer angehört werden muss, bevor die erteilte Abmahnung zu seinen Personalakten genommen wird.

10.2.1 Anhörung vor Erteilung der Abmahnung

Nach herrschender Auffassung ist die Anhörung des Arbeitnehmers vor Erteilung einer Abmahnung nicht verpflichtend.[425] Es fehlt nämlich an einer entsprechenden Rechtsgrundlage. Auch aus § 82 Abs. 1 BetrVG lässt sich eine solche Verpflichtung nicht herleiten.[426] Diese Vorschrift bezieht sich nach ihrem eindeutigen Wortlaut auf betriebliche Angelegenheiten. Bei der Abmahnung handelt es sich jedoch um eine personelle Einzelmaßnahme.

Die vorherige Anhörung des Arbeitnehmers ist auch keine formelle Wirksamkeitsvoraussetzung für die Abmahnung. Dies folgt allein schon daraus, dass nach der Rechtsprechung des BAG selbst die Anhörung des Arbeitnehmers vor einer Kündigung – mit Ausnahme der Verdachtskündigung[427] – keine Wirksamkeitsvoraussetzung für die Kündigung ist. Wenn aber schon die für den Arbeitnehmer gegenüber der Abmahnung viel einschneidendere Maßnahme der Kündigung nicht allein wegen fehlender Anhörung des Arbeitnehmers unwirksam sein kann, muss dies erst recht für die Abmahnung gelten.

---

[425] Bernstein a.a.O. (= Fn. 234) S. 126; Hauer a.a.O. (= Fn. 226) S. 104/105; Koffka a.a.O. (= Fn. 226) S. 118/119; Kranz in DB 1998, 1464, 1466; Wilhelm in NZA-RR 2002, 449, 456; vgl. auch Urt. d. ArbG Frankfurt/Oder v. 20.2.2003 = NZA-RR 2003, 527

[426] Wilhelm a.a.O. (= Fn. 425); a.A. Schaub in NJW 1990, 872, 876; ebenso Kohte in Anm. zu LAGE § 611 BGB Abmahnung Nr. 27; Urt. d. ArbG Frankfurt/Oder v. 7.4.1999 = DB 2000, 146; differenzierend Pflaum a.a.O. (= Fn. 221) S. 221 ff.

[427] grundlegend Urt. v. 11.4.1985 – AP Nr. 39 zu § 102 BetrVG 1972; zuletzt Urt. v. 20.3.2014 = NZA 2014, 1015

10.2.2 Anhörung vor Aufnahme der Abmahnung in die Personalakten

Das frühere Tarifrecht des öffentlichen Dienstes hat ein besonderes Anhörungsrecht des Arbeitnehmers vor der Aufnahme belastender Schriftstücke in die Personalakten vorgesehen (§ 13 Abs. 2 BAT; § 13a Abs. 2 MTArb; § 11a Abs. 2 BMT-G II).[428] Hiernach musste der Angestellte/Arbeiter über Beschwerden und Behauptungen tatsächlicher Art, die für ihn ungünstig sind oder ihm nachteilig werden konnten, vor Aufnahme in die Personalakten gehört werden. Diese Tarifregelungen haben insbesondere im Zusammenhang mit Abmahnungen eine große praktische Bedeutung gehabt.

Der am 1. Oktober 2005 in Kraft getretene Tarifvertrag für den öffentlichen Dienst (TVöD) enthält keine § 13 Abs. 2 BAT entsprechende Regelung. Deshalb hat die nachfolgend dargestellte Rechtsprechung für die Anwendung des TVöD keine Bedeutung mehr. Die Auffassung von Brierley (öAT 2013, 95), aus dem öffentlich-rechtlichen Institut der Selbstbindung der Verwaltung könne sich eine Pflicht zur Anhörung des Beschäftigten vor Ausspruch einer Abmahnung im Hinblick auf ein Rundschreiben des BMI vom 22. Dezember 2005 ergeben, ist zumindest hinsichtlich der kommunalen Arbeitgeber, die auf die Arbeitsverhältnisse ihrer Beschäftigten den TVöD (VKA) anwenden, abzulehnen. Diese Arbeitgeber sind nicht an Verlautbarungen in Rundschreiben des BMI gebunden.

Anders ist die Rechtslage hingegen nach dem Tarifvertrag für den öffentlichen Dienst der Länder (TV-L), der am 1. November 2006 in Kraft getreten ist. Die Nachfolgeregelung zu den Personalakten in § 3 Abs. 6 Satz 4 und 5 TV-L ist mit § 13 Abs. 2 BAT inhaltsgleich. Für die Beschäftigten der Länder hat sich also die Rechtslage gegenüber dem BAT insoweit nicht geändert (ebenso Brierley, öAT 2013, 95). Die nachfolgend wiedergegebene Rechtsprechung ist somit auch für die Auslegung und Anwendung von § 3 Abs. 6 TV-L von Bedeutung.

Die Verletzung des in § 13 Abs. 2 BAT vorgeschriebenen Anhörungsrechts hatte nach herrschender Auffassung einen Anspruch des Angestellten auf Entfernung der Abmahnung aus seinen Personalakten zur Folge. Dies wurde selbst dann angenommen, wenn die Abmahnung in der Sache gerechtfertigt war, also auf zutreffenden Tatsachen beruhte.[429]

---

[428] vgl. hierzu auch Schnupp in PersV 1987, 276

[429] Urt. d. BAG v. 16.11.1989 – AP Nr. 2 zu § 13 BAT mit Anm. v. Conze = EzBAT § 13 BAT Nr. 17 mit Anm. v. Beckerle; Urt. d. LAG Frankfurt v. 7.8.1986 = EzBAT § 13 BAT Nr. 8 mit Anm. v. Beckerle; Urt. d. ArbG Augsburg v. 6. 7.1989 = EzBAT § 13 BAT Nr. 15 mit Anm. v. Beckerle; Berger-Delhey in PersV

Rechte des Arbeitnehmers

Das BAG[430] hat einschränkend darauf hingewiesen, die wegen unterbliebener Anhörung zu entfernende Abmahnung könne ggf. nach entsprechender Würdigung des Vorbringens des Angestellten wieder zu den Personalakten genommen werden. Die Abmahnung wird also im Falle der Verletzung des Anhörungsrechts nicht unwirksam, sondern unterliegt in personalaktenrechtlicher Hinsicht vorübergehend einem Verwertungsverbot.[431]

Diese Rechtsprechung des Sechsten Senats des BAG ist durch eine spätere Entscheidung des für Kündigungssachen zuständigen Zweiten Senats des BAG erheblich relativiert worden. Der Senat unterscheidet bei der Abmahnung zwischen der formellen Unwirksamkeit einerseits sowie der materiell-rechtlichen Bedeutung in Form der Warnfunktion andererseits. Die Verletzung des Anhörungsrechts nach § 13 Abs. 2 Satz 1 BAT habe nur die formelle Unwirksamkeit der Abmahnung zur Folge; gleichwohl behalte die Abmahnung die regelmäßig vor einer verhaltensbedingten Kündigung erforderliche Warnfunktion.[432] In dem konkreten Fall hat das BAG die Wirksamkeit einer verhaltensbedingten Kündigung bestätigt, obwohl sich der Arbeitgeber auf zwei Abmahnungen gestützt hatte, die er ohne die nach § 13 BAT erforderliche Anhörung des Klägers zu dessen Personalakten genommen hatte.

Diese Entscheidung, die der Zweite Senat in einem weiteren Urteil[433] bestätigt hat, stellt die eingeschränkte Bedeutung des tarifrechtlich vorgeschriebenen Anhörungsrechts heraus. Die Verletzung dieses Rechts begründet zwar (zunächst) einen Entfernungsanspruch des abgemahnten Arbeitnehmers, hindert den Arbeitgeber aber nicht daran, bei einer weiteren gleichartigen Pflichtverletzung eine Kündigung in Erwägung zu ziehen und hierbei unterstützend auf die (formell unwirksame) Abmahnung zurückzugreifen.

Die Rechtsprechung des Zweiten Senats des BAG ist zu begrüßen. Sie stellt klar, dass die Verletzung des Anhörungsrechts nach § 13 Abs. 2 BAT bzw. § 3 Abs. 6 TV-L hauptsächlich personalaktenrechtliche Konsequenzen hat. Die kündigungsrechtliche Wirkung der Abmahnung, nämlich deren Warnfunktion, wird hierdurch nicht beseitigt.

1988, 430, 434; Bruse in PersR 1990, 175 f.; Becker-Schaffner in DB 1985, 650, 654 m.w.N.; Fromm in DB 1989, 1409, 1415; Nebendahl in ZTR 1990, 418 ff.; Schaub in NJW 1990, 872, 876; kritisch Pflaum a.a.O. (= Fn. 221) S. 334 ff.

[430] Urt. v. 16.11.1989 (= Fn. 429)

[431] ebenso Urt. d. LAG Rheinland-Pfalz v. 24.1.1992 = ARSt. 1993, 75

[432] Urt. v. 21.5.1992 – AP Nr. 28 zu § 1 KSchG 1969 Verhaltensbedingte Kündigung; ebenso Urt. d. LAG Hamm v. 9. 1.1992 = ZTR 1992, 202; vgl. hierzu auch Schunck in NZA 1993, 828, 829 f.

[433] Urt. v. 15.12.1994 = ZTR 1995, 265 (L)

10 Anhörungsrecht des Arbeitnehmers?

Für die Erfüllung der Warnfunktion kommt es nach der nunmehr ständigen Rechtsprechung des BAG auf die sachliche Berechtigung der Abmahnung sowie darauf an, ob der Arbeitnehmer aus ihr den Hinweis entnehmen kann, der Arbeitgeber erwäge für den Wiederholungsfall die Kündigung. Sind diese Voraussetzungen gegeben, ist der Arbeitnehmer unabhängig von formellen Unvollkommenheiten der Abmahnung gewarnt. Aus der formellen Unwirksamkeit einer Abmahnung kann der Arbeitnehmer nicht entnehmen, der Arbeitgeber billige das abgemahnte Verhalten.[434]

Zu der Frage, ob die Anhörung des Beschäftigten vor der Erteilung der Abmahnung die nochmalige Anhörung vor Aufnahme derselben in die Personalakten überflüssig macht, hat das BAG noch nicht Stellung genommen. Die Frage ist zu verneinen. Das Anhörungsrecht des Beschäftigten bezieht sich nämlich nicht darauf, welche arbeitsrechtliche Konsequenz der Arbeitgeber möglicherweise zu ergreifen beabsichtigt, sondern will den Schutz des Beschäftigten vor der Aufnahme ihn belastender Schriftstücke in seine Personalakten gewährleisten.

Auch der neuen Tarifvorschrift in § 3 Abs. 6 TV-L ist vielmehr dann Rechnung getragen, wenn der Arbeitgeber dem Beschäftigten die Abmahnung aushändigt und ihn erst dann (vor Aufnahme der Abmahnung in die Personalakten) zur Stellungnahme auffordert. Nach dem eindeutigen Wortlaut der genannten Tarifbestimmung bezieht sich das Anhörungsrecht des Beschäftigten auf die Führung der Personalakten und kommt folglich erst dann in Betracht, wenn der belastende Vorgang zu den Personalakten genommen werden soll. Aus diesen Gründen kann der Auffassung von Fromm[435], das Anhörungsrecht sei auch bei mündlichen sowie nicht zu den Personalakten genommenen Abmahnungen zu beachten, nicht gefolgt werden.

Fromm weist allerdings zutreffend darauf hin, dass die Erforderlichkeit der Anhörung nur dann zu begründen ist, wenn tariflich oder arbeitsvertraglich eine dem § 13 Abs. 2 BAT entsprechende Regelung vereinbart ist. Ungenau ist allerdings die von ihm verwendete Formulierung „Anhörung vor Ausspruch einer Abmahnung", da die genannte Tarifvorschrift gerade nicht die Anhörung vor Erteilung der Abmahnung, sondern lediglich die Anhörung vor Aufnahme der Abmahnung in die Personalakten zur Pflicht macht.

Das BAG hat in einem anderen Zusammenhang ausdrücklich klargestellt, dass es sich bei § 13 Abs. 2 BAT um eine Sondervorschrift für die Führung der Personalakten während eines bestehenden Arbeitsverhältnisses handelt.[436] Eine generelle Anhörungspflicht des Arbeitgebers lässt sich daraus nicht ableiten.

---

[434] Urt. d. BAG v. 19.2.2009 = NZA 2009, 894
[435] DB 1989, 1409, 1415
[436] Urt. v. 4. 10.1990 – AP Nr. 12 zu § 626 BGB Druckkündigung

Rechte des Arbeitnehmers

Dem Arbeitgeber, der dem Geltungsbereich des TV-L unterliegt, ist daher zu empfehlen, den Beschäftigten in der schriftlichen Abmahnung darauf hinzuweisen, dass beabsichtigt ist, das Schreiben zu seinen Personalakten zu nehmen (vgl. das nachstehende Muster). Hierbei sollte ihm anheimgestellt werden, eine Gegendarstellung abzugeben, die gleichzeitig mit der Abmahnung zu den Personalakten zu nehmen ist (§ 3 Abs. 6 Satz 5 TV-L). Im Interesse einer möglichst baldigen Klarheit empfiehlt es sich für den Arbeitgeber, dem Beschäftigten eine (angemessene) Frist zu setzen.

HINWEIS

Der Arbeitgeber, der den TV-L anwendet, muss den Beschäftigten anhören, bevor er Abmahnungen zu den Personalakten nimmt. Die Verletzung dieser Pflicht macht die Abmahnung nicht endgültig unwirksam. Sie beseitigt insbesondere nicht deren Warnfunktion.

Abmahnung im öffentlichen Dienst (nur TV-L)

Vorbemerkung: Das tarifliche Anhörungsrecht der Beschäftigten nach § 3 Abs. 6 Satz 4 TV-L ist unbedingt zu beachten. Im Übrigen gibt es keine bestimmte Frist, nach deren Ablauf die Abmahnung aus den Personalakten zu entfernen ist.[437]

MUSTERBRIEF

Abmahnung   Datum

Sehr geehrte Frau ...,

in der Zeit vom 26.10. .... bis 30.10. .... waren Sie nach der uns vorgelegten ärztlichen Bescheinigung infolge Krankheit arbeitsunfähig. Am Abend des 28.10. .... wurden Sie ca. zwei Stunden dabei beobachtet, wie Sie in der Gaststätte Ihres Lebensgefährten, nämlich in der Gaststätte „Zum goldenen Adler", eine Tätigkeit als Bedienung ausgeübt haben. Sie werden verstehen, dass wir aufgrund Ihres Verhaltens begründete Zweifel daran bekommen haben, ob Sie während des in der ärztlichen Bescheinigung angegebenen Zeitraums tatsächlich arbeitsunfähig gewesen sind. Auf jeden Fall stellt Ihr Verhalten eine schwerwiegende Vertragsverletzung und einen Missbrauch des von uns in Sie gesetzten Vertrauens dar. Ihr Verhalten wird von uns ausdrücklich gerügt. Wir raten Ihnen dringend, derartige Pflichtverletzungen zukünftig zu

---

[437] Satz 2 gilt auch für Privatbetriebe.

unterlassen. Sollten Sie erneut Anlass zu Beanstandungen geben, müssen Sie mit einer Kündigung Ihres Arbeitsverhältnisses rechnen.
Wir beabsichtigen, diese Abmahnung zu Ihren Personalakten zu nehmen. Gemäß § 3 Abs. 6 Satz 4 TV-L erhalten Sie hiermit Gelegenheit, sich zu den Vorwürfen zu äußern. Ihre Äußerung werden wir gemäß § 3 Abs. 6 Satz 5 TV-L zu den Personalakten nehmen. Sollten wir bis zum ....[438] nichts von Ihnen hören, gehen wir davon aus, dass Sie von Ihrem Anhörungsrecht keinen Gebrauch machen wollen
Mit freundlichen Grüßen

10.3 Klagefrist bei Abmahnung

Der Arbeitnehmer ist grundsätzlich nicht gehalten, innerhalb einer bestimmten Frist die Unwirksamkeit einer erfolgten Abmahnung klageweise geltend zu machen bzw. deren Entfernung aus den Personalakten zu verlangen. Da die Abmahnung gesetzlich nicht geregelt ist, fehlt es an einer entsprechenden Rechtsgrundlage. Die dreiwöchige Klagefrist des § 4 Satz 1 KSchG ist bei der Abmahnung nicht entsprechend anwendbar, da Kündigung und Abmahnung nicht miteinander vergleichbar sind und völlig unterschiedliche Rechtsfolgen haben.[439]

Die Auffassung von Hunold[440], vom Arbeitnehmer sei die Einhaltung einer Frist von vier Wochen für die Klage auf Entfernung der Abmahnung aus der Personalakte zu verlangen, ist abzulehnen. Eine rechtlich überzeugende Begründung hierfür gibt es nicht.[441]

Zur Verwirkung des Entfernungsanspruchs vgl. Kapitel „Verwirkung des Entfernungsanspruchs".

---

[438] als Anhörungsfrist sollten im Regelfall zwei Wochen eingeräumt werden.
[439] ebenso Koffka a.a.O. (= Fn. 226) S. 188; vgl. auch Bernstein a.a.O. (= Fn. 234) S. 127 ff.
[440] BB 1986, 2050, 2054
[441] ebenso Pflaum a.a.O. (= Fn. 221) S. 342 f.

Rechte des Arbeitnehmers

10.4 Tarifliche Ausschlussfrist bei Abmahnung

Bislang war umstritten, ob der Arbeitnehmer tarifliche Ausschlussfristen beachten muss, wenn er sich gegen eine Abmahnung zur Wehr setzen will. Tarifliche Verfallklauseln beziehen sich üblicherweise auf „Ansprüche aus dem Arbeitsverhältnis".

Das BAG hatte sich zunächst in seinen Urteilen vom 12.1.1988[442] und 8.2.1989[443] für die Anwendbarkeit tariflicher Ausschlussfristen ausgesprochen. Beiden Entscheidungen lag die für das Angestelltenrecht des öffentlichen Dienstes maßgebende Regelung des § 70 BAT zugrunde, wonach Ansprüche aus dem Arbeitsverhältnis innerhalb einer Ausschlussfrist von sechs Monaten verfallen.

Auch das LAG Hamm[444], das LAG Düsseldorf[445] und das LAG Berlin[446] haben in diesem Sinne entschieden.

Später hat das BAG seine bisherige Rechtsprechung aufgegeben und im gegenteiligen Sinne entschieden. Es vertritt jetzt die Auffassung, das Recht des Arbeitgebers, den Arbeitnehmer schriftlich abzumahnen und die Abmahnung zur Personalakte zu nehmen, sei kein Anspruch im Sinne des § 70 BAT. Der Anspruch des Arbeitnehmers auf Entfernung einer Abmahnung aus der Personalakte verfalle daher nicht sechs Monate nach Kenntnis von der Abmahnung.[447]

Diese Rechtsprechung ist auch auf die inhaltsgleichen Nachfolgeregelungen in § 37 TVöD und § 37 TV-L übertragbar und für die Auslegung dieser neuen Tarifregelungen von Bedeutung.

Das BAG hat seine Auffassung damit begründet, das Recht, vom Vertragspartner eines Dauerschuldverhältnisses für die Zukunft ein vertragsgetreues Verhalten (Tun oder Unterlassen) zu verlangen, sei eine — selbstverständliche — dauernde Befugnis des Gläubigers und kein Anspruch im Sinne des § 194 Abs. 1 BGB. Das Gericht hat

---

[442] AP Nr. 90 zu Art. 9 GG Arbeitskampf
[443] EzBAT § 70 BAT Nr. 28
[444] Urt. v. 21.10.1980 = EzBAT § 13 BAT Nr. 4
[445] Urt. v. 23.11.1987 = LAGE § 4 TVG Ausschlussfristen Nr. 7
[446] Urt. v. 16.11.1990 = ARSt. 1991, 78 (L); Urt. v. 4.7.1994 = ZTR 1994, 469 (L)
[447] Urt. v. 14.12.1994 – AP Nr. 15 zu § 611 BGB Abmahnung

damit den insbesondere von Mayer-Maly[448], von Hoyningen-Huene[449] und Schaub[450] vorgebrachten Bedenken gegen die frühere Rechtsprechung Rechnung getragen.

Das BAG hat in der Entscheidung, mit der es seine frühere Rechtsprechung aufgegeben hat, allerdings ausdrücklich festgestellt, das Recht des Arbeitgebers, dem Arbeitnehmer eine schriftliche Abmahnung zu erteilen und diese zur Personalakte zu nehmen, könne ebenso wie der Anspruch des Arbeitnehmers auf Entfernung einer Abmahnung aus der Personalakte verwirken.

Conze[451] hat die frühere Rechtsprechung des BAG für „nicht ganz unproblematisch" gehalten, da sich der Entfernungsanspruch gleichermaßen auf die §§ 12, 862, 1004 BGB analog stützen lasse. Der Anspruch wegen Verletzung des allgemeinen Persönlichkeitsrechts unterliege aber nicht der tariflichen Ausschlussfrist. Conze verweist in diesem Zusammenhang u. a. auf ein Urteil des BAG vom 15.7.1987.[452] Danach fallen Ansprüche aus Persönlichkeitsverletzungen als absolute Rechte nicht unter Ausschlussklauseln, die ihren Wirkungsbereich auf Ansprüche aus dem Arbeitsvertrag oder dem Arbeitsverhältnis erstrecken.

Auch Falkenberg[453] und Koffka[454] haben die frühere Rechtsprechung des BAG abgelehnt und sich gegen die Anwendbarkeit tariflicher Ausschlussfristen für Ansprüche ausgesprochen, die auf die Entfernung von Abmahnungen gerichtet sind.

Gegen diese Ansicht spricht, dass nach Sinn und Zweck tariflicher Ausschlussfristen deren Reichweite möglichst groß sein muss, was das BAG immer wieder bestätigt hat. In seinem Urteil vom 15.7.1987, das im Übrigen insoweit keine eigenständige Begründung enthält, verweist das BAG u. a. auf ein Urteil vom 25.4.1972.[455] Dort hatte das BAG aber ausdrücklich Folgendes festgestellt:

„Dass es sich bei den von dem Kl. geltend gemachten Ansprüchen um Ansprüche aus dem Arbeitsvertrag handelt, braucht nicht ausführlich dargetan zu werden; nähere Anspruchsgrundlage ist, um es in diesem Zusammenhang noch einmal zu sagen, die der Bekl. gegenüber dem Kl. obliegende Fürsorgepflicht (BAG AP Nr. 1 und 6 zu § 611

---

[448] Anm. in SAE 1988, 310
[449] RdA 1990, 193, 211 ff.
[450] NJW 1990, 872, 877
[451] Anm. in ZTR 1988, 393, 394 sowie in AP Nr. 2 zu § 13 BAT (dort Bl. 1038)
[452] AP Nr. 14 zu § 611 BGB Persönlichkeitsrecht; vgl. hierzu auch Conze in DB 1989, 778, 780
[453] NZA 1988, 489, 492
[454] a.a.O. (= Fn. 226) S. 185/186
[455] AP Nr. 9 zu § 611 BGB Öffentlicher Dienst

BGB Fürsorgepflicht; BGH AP Nr. 6 zu § 839 BGB). Danach ist die Bekl. gehalten, von dem Kl. nach Möglichkeit alle Nachteile fernzuhalten, die diesen in seinem weiteren Fortkommen hindern können. Dazu gehören auch solche Nachteile, die dem Kl. etwa entstehen können, weil die in seine Personalakte aufgenommenen Berichte und Schriftstücke Dritten, anderen Dienstvorgesetzten, Angehörigen seiner Behörde oder anderen ArbGeb. des öffentl. Dienstes, die den Angestellten nicht kennen, ein unrichtiges ungünstiges Bild über die Person des Angestellten zu vermitteln vermögen."

Nach dieser Rechtsprechung wäre also zumindest danach zu differenzieren, ob der Anspruch des Arbeitnehmers auf Entfernung der Abmahnung in der Fürsorgepflicht des Arbeitgebers seine Grundlage hat oder aufgrund einer Verletzung des Persönlichkeitsrechts des Arbeitnehmers durch den Arbeitgeber gegeben ist, z. B. wenn die Abmahnung unsachliche oder ehrverletzende Wertungen enthält.

Mayer-Maly[456] ist entgegenzuhalten, dass es auch einen einleuchtenden Grund dafür gibt, die Erteilung der Abmahnung nicht an eine Ausschlussfrist zu binden, den Widerrufs- bzw. Entfernungsanspruch hingegen doch. Die Ausübung des Rügerechts soll — ähnlich wie das ordentliche Kündigungsrecht — nicht von einer Frist abhängig sein, um den Arbeitgeber nicht zu möglicherweise voreiligen und unüberlegten Entschlüssen zu verleiten. Ist die Abmahnung jedoch ausgesprochen, so dient es der Rechtssicherheit, wenn alsbald feststeht, ob die Abmahnung unangefochten bleibt oder angegriffen wird. Gerade wegen der arbeitsrechtlichen Folgen der Abmahnung liegt es im Interesse beider Vertragsparteien, möglichst bald zu erfahren, ob die erklärte Abmahnung Bestand hat und zu einer Gefährdung von Inhalt oder Bestand des Arbeitsverhältnisses führen kann. Ein besonderes Interesse des Arbeitnehmers daran, möglichst bald zu erfahren, ob der Arbeitgeber ein Fehlverhalten zum Anlass arbeitsrechtlicher Konsequenzen nimmt, hat der Gesetzgeber lediglich für den Fall der außerordentlichen Kündigung anerkannt. In allen anderen Fällen soll der Arbeitgeber sein Ermessen ohne Zeitdruck ausüben dürfen.

HINWEIS

Ansprüche auf Berichtigung oder Entfernung von Abmahnungen unterliegen nicht tariflichen Ausschlussfristen. Dies gilt insbesondere bei Verletzung des Persönlichkeitsrechts.

Zur Beachtung von Ausschlussfristen durch den Arbeitgeber bei der Erteilung von Abmahnungen vgl. Abschnitt „Wann muss spätestens abgemahnt werden?"

---

[456] siehe oben Fn. 448

10.5 Verwirkung des Entfernungsanspruchs

Es ist allgemein anerkannt, dass der Anspruch des Arbeitnehmers auf Entfernung einer Abmahnung aus seiner Personalakte — ebenso wie das Recht des Arbeitgebers, dem Arbeitnehmer eine Abmahnung zu erteilen — verwirken kann. Dies hat das BAG bereits im Jahre 1994 bestätigt.[457]

> **WICHTIG**
>
> Eine Verwirkung setzt — abgesehen von einem entsprechenden Zeitablauf — ein Verhalten des Arbeitnehmers voraus, aus dem der Arbeitgeber berechtigterweise schließen darf, der Arbeitnehmer habe seine Vertragsverletzungen eingesehen und wolle sich nicht gegen die Abmahnung wehren (sog. „Umstandsmoment").[458]

Von der Geltendmachung des Entfernungsanspruchs im Allgemeinen ist die klageweise Geltendmachung des Entfernungsanspruchs zu unterscheiden. Hierzu hat das BAG im Jahre 1987 eine für die Praxis grundlegende Entscheidung getroffen. Es hat entschieden, für den Arbeitnehmer bestehe weder eine arbeitsvertragliche Nebenpflicht noch eine entsprechende Obliegenheit, gegen die Richtigkeit einer Abmahnung gerichtlich vorzugehen. Habe er davon abgesehen, die Berechtigung einer Abmahnung gerichtlich überprüfen zu lassen, so sei er deshalb grundsätzlich nicht gehindert, die Richtigkeit der abgemahnten Pflichtwidrigkeiten in einem späteren Kündigungsschutzprozess zu bestreiten.[459]

Um den im Kündigungsschutzprozess darlegungs- und beweispflichtigen Arbeitgeber vor einem unredlichen Verhalten des Arbeitnehmers zu schützen, bedarf es nach Ansicht des BAG im Regelfall keines Zurückgreifens auf das Rechtsinstitut der Verwirkung. Bei arglistigem Verhalten des Prozessgegners böten die §§ 427, 444 ZPO der beweisbelasteten Partei die Möglichkeit erleichterter Beweisführung. Aus diesen gesetzlichen Bestimmungen hätten Rechtsprechung und Lehre den das gesamte Beweisverfahren beherrschenden Grundsatz abgeleitet, dass die Beweisführung dem Gegner nicht in arglistiger Weise erschwert oder gar vereitelt werden dürfe. Mit diesem zivilprozessualen Instrumentarium könne einer Verschlechterung der Darlegungs- und Beweissituation des Arbeitgebers jedenfalls dann entgegengewirkt werden, wenn sie vom abgemahnten Arbeitnehmer in unredlicher Weise „(mit-)verursacht" worden sei. Dies sei z. B. dann der Fall, wenn der Arbeitneh-

---

[457] Urt. v. 14.12.1994 – AP Nr. 15 zu § 611 BGB Abmahnung
[458] vgl. Urt. d. BAG v. 17.2.1988 – AP Nr. 17 zu § 630 BGB; Urt. v. 20.5.1988 – AP Nr. 5 zu § 242 BGB Prozessverwirkung mit Anm. v. Kreitner
[459] Urt. v. 13.3.1987 – AP Nr. 18 zu § 1 KSchG 1969 Verhaltensbedingte Kündigung

mer mündlich oder schriftlich erklärt habe, gegen die Richtigkeit der abgemahnten Pflichtwidrigkeiten in tatsächlicher Hinsicht keine Einwendungen erheben zu wollen, und der Arbeitgeber deshalb davon abgesehen habe, entsprechende Beweismittel zu sichern.

> **TIPP**
>
> Das bloße Untätigbleiben des Arbeitnehmers gegenüber einer Abmahnung stellt nach Auffassung des BAG noch kein unredliches vorprozessuales Verhalten dar.

Dies gelte ebenso, wenn der Arbeitnehmer lediglich durch seine Unterschrift auf dem Abmahnungsschreiben zum Ausdruck gebracht habe, von den abgemahnten Pflichtwidrigkeiten Kenntnis genommen zu haben.

Eine andere Betrachtungsweise entspreche auch nicht der Interessenlage der Arbeitsvertragsparteien. Abgesehen davon, dass es ungewiss sei, ob eine Abmahnung jemals kündigungsschutzrechtliche Bedeutung erlange, würden bestehende Arbeitsverhältnisse durch gerichtliche Auseinandersetzungen über die Berechtigung von Abmahnungen belastet. Für Arbeitnehmer könnten derartige Prozesse dazu führen, dass der Bestand ihrer Arbeitsverhältnisse zumindest faktisch gefährdet werde. Auch der Arbeitgeber habe in der Regel kein Interesse daran, dass die Berechtigung von Abmahnungen bereits vor Durchführung eines Kündigungsschutzprozesses gerichtlich geprüft werde. Das BAG folgert daraus:

> **TIPP**
>
> Aus dem bloßen Untätigbleiben des Arbeitnehmers kann noch kein rechtlich schutzwürdiges Vertrauen des Arbeitgebers erwachsen, dass die für die Kündigung relevanten Umstände in einem späteren Kündigungsschutzprozess tatsächlich unstreitig bleiben.

Diese Rechtsprechung ist im Grundsatz zu billigen.[460] Richtig ist vor allem, dass sich eine Pflicht des Arbeitnehmers, gegen eine Abmahnung klageweise vorzugehen, rechtlich nicht begründen lässt. Es ist bereits darauf hingewiesen worden, dass die dreiwöchige Klagefrist des § 4 Satz 1 KSchG nach Zugang der Abmahnung nicht entsprechend anwendbar und auch keine sonstige Rechtsgrundlage für ein fristgebundenes Vorgehen des Arbeitnehmers ersichtlich ist.

---

[460] ebenso Falkenberg in NZA 1988, 489, 492, 493; von Hoyningen-Huene in RdA 1990, 193, 211; Jurkat in DB 1990, 2218, 2221; Reinecke in NZA 1989, 577, 585 f.; Koffka a.a.O. (= Fn. 226) S. 188; Pflaum a.a.O. (= Fn. 221) S. 349 f.; differenzierend Tschöpe in NZA Beil. 2/1990, S. 17, 18; Wolf a.a.O. (= Fn. 226) S. 201 ff.

Andererseits könnte es der Rechtsklarheit dienen und zur Entlastung des Kündigungsschutzprozesses von der Prüfung zeitraubender Vorfragen beitragen, die Verwirkung in Betracht zu ziehen.[461] Es kann auch ein Interesse des Arbeitgebers bestehen, möglichst bald nach der Abmahnung zu erfahren, ob der Arbeitnehmer diese akzeptiert oder nicht.

> **WICHTIG**
>
> Auch bei Untätigkeit des Arbeitnehmers muss der Arbeitgeber mit einer späteren gerichtlichen Überprüfung von Abmahnungen rechnen.

---

[461] vgl. hierzu auch Tschöpe in NZA Beil. 2/1990, S. 18

11 Abmahnungsprozess

Literatur: Jurkat, Gerichtliche Feststellung der Rechtswirksamkeit einer Abmahnung auf Antrag des Arbeitgebers?, DB 1990, 2218

Arbeitsgerichtliche Auseinandersetzungen um die Wirksamkeit von Abmahnungen werfen eine ganze Reihe von Rechtsfragen auf. Die praktisch häufigsten und deshalb wichtigsten werden nachfolgend behandelt.

11.1 Darlegungs- und Beweislast

Im Rahmen der arbeitsgerichtlichen Auseinandersetzung trägt der Arbeitgeber unabhängig davon, ob es in dem Prozess nur um die Wirksamkeit einer Abmahnung geht oder dies als Vorfrage im Rahmen des Kündigungsschutzverfahrens geprüft wird, die Darlegungs- und Beweislast.[462] Im Abmahnungsprozess hat der Arbeitgeber darzulegen und ggf. zu beweisen, dass die Abmahnung auf zutreffenden Tatsachen beruht.[463] Im Kündigungsschutzprozess muss der Arbeitgeber darüber hinaus vortragen, dass er abgemahnt hat, und dies ggf. beweisen.

Das LAG Bremen hat die vom BAG für das Kündigungsschutzverfahren aufgestellten Grundsätze der Darlegungs- und Beweislast auf den Abmahnungsprozess übertragen: Danach hat der Arbeitgeber die Darlegungs- und Beweislast für die Behauptung, es liege ein Pflichtverstoß vor. Macht der Arbeitnehmer Rechtfertigungsgründe geltend, muss er substantiiert die Tatsachen vortragen, aus denen sich z. B. eine „Genehmigung" des vom Arbeitgeber gerügten Verhaltens ergeben soll. Der Arbeitgeber wiederum muss dann beweisen, dass dieser Rechtfertigungsgrund nicht bestanden hat.[464]

Die den Arbeitgeber treffende Darlegungs- und Beweislast im Abmahnungsprozess bezieht sich auf alle entscheidungsrelevanten Umstände. Dies gilt insbesondere für sämtliche vom Arbeitgeber in das Abmahnungsschreiben aufgenommenen Tatsachenbehauptungen. Wenn der Arbeitgeber z. B. in der Abmahnung eine „unge-

---

[462] Urt. d. BAG v. 24.11.1983 – AP Nr. 76 zu § 626 BGB mit Anm. v. Baumgärtel
[463] ErfK/Müller-Glöge § 626 BGB Rn. 35a
[464] Urt. v. 6.3.1992 = LAGE § 611 BGB Abmahnung Nr. 31

Abmahnungsprozess

heure Beeinträchtigung der kollegialen Zusammenarbeit" behauptet, diese aber nicht schlüssig darlegen und im Streitfall beweisen kann, muss er die Abmahnung aus der Personalakte entfernen.[465] Gleiches gilt, wenn der Arbeitgeber zwar die Pflichtverletzung des Arbeitnehmers in der Abmahnung korrekt beschreibt, nicht aber deren Folgen. Behauptet der Arbeitgeber z. B., ihm sei durch das Fehlverhalten des Arbeitnehmers ein schwerer Image-Schaden entstanden, dann muss er diesen Schaden auch beweisen können, wenn die Abmahnung Bestand haben soll.[466]

Hält der Arbeitgeber eine Abmahnung für entbehrlich und hat er deshalb ohne vorherige Abmahnung gekündigt, so muss er bei entsprechendem Einwand des Gerichts oder der Gegenseite die Entbehrlichkeit der Abmahnung darlegen und erforderlichenfalls beweisen. Dies ergibt sich daraus, dass vor verhaltensbedingten Kündigungen, zu denen auch Kündigungen wegen Leistungsmängeln gehören, im Regelfall mindestens eine vergebliche Abmahnung erforderlich ist, so dass der Arbeitgeber den Ausnahmetatbestand, der für ihn günstig ist, nach den allgemeinen Beweisregeln des Prozessrechts darzulegen und zu beweisen hat.

Dies gilt auch dann, wenn der Arbeitgeber den Einwand geltend machen will, der Arbeitnehmer habe sein Recht verwirkt, die Unrichtigkeit der Abmahnung geltend zu machen.[467] Auch in diesem Fall hat der Arbeitgeber die Tatsachen darzulegen und ggf. zu beweisen, aus denen sich sowohl das für die Verwirkung erforderliche Zeitmoment als auch das Umstandsmoment ergibt.

WICHTIG

Abmahnungen und deren Berechtigung hat der Arbeitgeber darzulegen und zu beweisen.

11.2 Nachschieben von Abmahnungsgründen

Literatur: Leisten, Das Nachschieben von Abmahnungsgründen, ArbuR 1991, 206

---

[465] Urt. d. LAG Düsseldorf v. 23.2.1996 = LAGE § 611 BGB Abmahnung Nr. 45
[466] Urt. d. ArbG Hamburg v. 14.8.1995 = DB 1995, 2616
[467] Urt. d. LAG Frankfurt v. 31.10.1986 = LAGE § 611 BGB Abmahnung Nr. 5

Durch eine Entscheidung des LAG Berlin[468] ist eine lebhafte Diskussion darüber ausgelöst worden, ob der Arbeitgeber im Abmahnungsprozess Abmahnungsgründe nachschieben kann.[469] Das Gericht hat die Ansicht vertreten, der Arbeitgeber könne unter denselben Voraussetzungen wie beim Nachschieben von Kündigungsgründen weitere Abmahnungsgründe nachschieben.

Diese Rechtsprechung überzeugt nicht. Abmahnungs- und Kündigungsschutzprozess unterscheiden sich so grundlegend, dass die vom LAG Berlin gezogene Parallele verfehlt ist. Im Kündigungsschutzverfahren geht es darum, ob die vom Arbeitgeber erklärte Kündigung wirksam ist und die Beendigung des Arbeitsverhältnisses zur Folge hat. Streitgegenstand des Abmahnungsprozesses ist demgegenüber die Frage, ob die in einem bestimmten Schreiben enthaltenen konkreten Vorwürfe und Formulierungen (!) objektiv gerechtfertigt sind und den abgemahnten Arbeitnehmer in seinem Persönlichkeitsrecht verletzen. Könnte der Arbeitgeber Abmahnungsgründe nachschieben, würde dies einem Auswechseln des Streitgegenstandes gleichkommen, da die Abmahnung vom Arbeitgeber nicht mehr in unveränderter Form aufrechterhalten wird.

Von Hoyningen-Huene[470] spricht deshalb zu Recht von einem „Scheinproblem", da es dem Arbeitgeber völlig unbenommen ist, die streitgegenständliche Abmahnung für gegenstandslos zu erklären und an deren Stelle eine neue Abmahnung zu formulieren und dem Arbeitnehmer auszuhändigen, falls er das Gefühl haben muss, die abgemahnten Gründe seien nicht konkret genug, nicht beweisbar oder in der Formulierung ehrverletzend usw.

Praktische Konsequenz: Das Nachschieben von Abmahnungsgründen ist unzulässig. Neue oder andere Gründe können nur zum Gegenstand einer neuen Abmahnung gemacht werden.

11.3 Prüfungsumfang der Gerichte

Die Gerichte haben zu prüfen, ob eine Abmahnung rechtswidrig ist und deshalb aus den Personalakten entfernt werden muss.

---

[468] Urt. v. 21.8.1989 = LAGE § 611 BGB Abmahnung Nr. 19

[469] Diese Rechtsprechung wird abgelehnt von Schaub in NJW 1990, 872, 874; von Hoyningen-Huene in RdA 1990, 193, 210; Leisten in ArbuR 1991, 206 ff.; Koffka a.a.O. (= Fn. 226) S. 170 ff.; Kohte in Anm. zu LAGE § 611 BGB Abmahnung Nr. 27

[470] RdA 1990, 193, 210

Abmahnungsprozess

> **TIPP**
>
> Die Prüfungspflicht erstreckt sich in erster Linie darauf, ob die Abmahnung auf zutreffenden Tatsachen beruht.[471]

Darüber hinaus prüfen die Arbeitsgerichte vielfach die Frage, ob der zum Anlass für die Abmahnung genommene Sachverhalt eine entsprechende Reaktion des Arbeitgebers rechtfertigt. Untersucht wird also, ob das Fehlverhalten des Arbeitnehmers erheblich genug war, um die nachfolgende Abmahnung als angemessene Reaktion hierauf bezeichnen zu können. Diese Überlegungen beruhen auf dem Grundsatz der Verhältnismäßigkeit, der nach allgemeiner Auffassung zur Begründung der Erforderlichkeit der Abmahnung herangezogen wird. Eine solch weitgehende Prüfungskompetenz der Gerichte ist abzulehnen.

Im Jahre 1979 hat das BAG entschieden, der schriftlich erteilte Verweis sei „nicht unverhältnismäßig" im Vergleich zum Fehlverhalten des Klägers, und zwar schon deshalb nicht, weil der Arbeitgeber auf Sanktionen verzichtet und sich mit einer Abmahnung begnügt habe. Sein Schreiben enthalte weder unwahre Behauptungen noch verletze es durch seine Form die Ehre des Klägers.[472]

Zwei Jahre später hat das BAG[473] Folgendes ausgeführt:

„Schließlich kommt es entgegen der Auffassung des LAG nicht darauf an, ob sein Verhalten dem Kläger subjektiv vorwerfbar ist. . . Für die vertragliche Abmahnung ist vielmehr nur maßgeblich, dass der Arbeitnehmer seine Pflichten aus dem Arbeitsverhältnis nicht oder nicht richtig erfüllt hat. Ob dem Kläger sein Verhalten zum Vorwurf gemacht werden kann, ist nicht Gegenstand dieses Rechtsstreits, sondern nur, ob die Abmahnung auf zutreffende Tatsachen gestützt wird, nämlich, ob eine Arbeitspflichtverletzung gegeben ist, sowie weiter, ob die Abmahnung nicht unverhältnismäßig im Vergleich zum Fehlverhalten des Klägers ist. . .

Die dem Kläger erteilte Abmahnung ist schließlich auch nicht unverhältnismäßig im Vergleich zum Fehlverhalten des Klägers. Die Beklagte hat sich darauf beschränkt, den Kläger darauf hinzuweisen, dass er seinen Arbeitsplatz unbefugt verlassen habe. Dass die Beklagte die Abmahnung zur Personalakte des Klägers genommen hat, ist sach-

---

[471] vgl. hierzu grundlegend Urt. d. BAG v. 27.11.1985 – AP Nr. 93 zu § 611 BGB Fürsorgepflicht mit Anm. v. Echterhölter; vgl. hierzu auch Conze in DB 1989, 778; ebenso schon Germelmann in RdA 1977, 75, 78/79

[472] Urt. v. 7.11.1979 – AP Nr. 3 zu § 87 BetrVG 1972 Betriebsbuße

[473] Urt. v. 6.8.1981 – AP Nr. 39 zu § 37 BetrVG 1972; ähnlich Urt. d. LAG Hamm v. 17.4.1985 = LAGE § 611 BGB Abmahnung Nr. 1

gerecht. Ihr Schreiben enthielt weder unwahre Behauptungen noch verletzt es durch seine Form das Persönlichkeitsrecht des Klägers."

1986 hatte sich das BAG[474] mit der Wirksamkeit einer Abmahnung zu befassen, die dem Kläger wegen des Verteilens von Flugblättern im Betrieb und in der Betriebskantine erteilt worden war. Die Flugblätter, die von einer Gewerkschaft herausgegeben worden waren, riefen zu einer „Volksversammlung für den Frieden!" auf. Der Kläger war Mitglied des Betriebsrates.

Das BAG hat hierzu ausgeführt, eine konkrete Störung oder Beeinträchtigung des Arbeitsverhältnisses, die es rechtfertigen würde, die schriftliche Abmahnung zu den Personalakten des Klägers zu nehmen bzw. dort zu belassen, sei nicht ersichtlich. Die möglichen Nachteile, die der Kläger durch ein Belassen der Abmahnung in den Personalakten bezüglich seines beruflichen Fortkommens erleiden könne, stünden bei Abwägung der beiderseitigen Interessen auch in „keinem vertretbaren Verhältnis zu dem die Abmahnung auslösenden Anlass". Das BAG hat damit erstmals erkennen lassen, dass es eine Prüfung der Verhältnismäßigkeit der Abmahnung auch schon im Vorfeld einer Kündigung je nach Fallgestaltung für nicht ausgeschlossen hält.

Die Rechtsprechung der Instanzgerichte zu dieser Thematik ist nicht einheitlich. Vielfach sind Abmahnungen unter dem Gesichtspunkt der Verletzung des Verhältnismäßigkeitsgrundsatzes geprüft worden.[475] Andere Gerichte wiederum lehnen die Prüfung der Abmahnung nach dem Verhältnismäßigkeitsgrundsatz ab bzw. vertreten zumindest den Standpunkt, dass es auf die Schwere der Pflichtverletzung, die der Arbeitgeber zum Anlass für die Abmahnung genommen hat, nicht ankomme.[476]

Das LAG Düsseldorf[477] hatte über folgenden Sachverhalt zu entscheiden: Ein Arbeitnehmer — zugleich Betriebsratsmitglied — war abgemahnt worden, weil er un-

---

[474] Urt. v. 12.6.1986 = NZA 1987, 153; vgl. hierzu auch Conze in DB 1989, 778, 779
[475] LAG Hamm, Urt. v. 9.12.1986 = ArbuR 1988, 256; Urt. v. 10.5.2000 = NZA-RR 2001, 238; LAG Bremen, Urt. v. 28.6.1989 = DB 1990, 742; LAG Frankfurt, Urt. v. 19.9.1989 = LAGE § 611 BGB Abmahnung Nr. 21; ArbG Berlin, Urt. v. 15.8.2003 = NZA-RR 2004, 406 (L)
[476] LAG Düsseldorf, Urt. v. 15.10.1981 = DB 1982, 1730; Urt. v. 24.1.1990 = LAGE § 611 BGB Abmahnung Nr. 27 mit Anm. v. Kohte; LAG Berlin, Urt. v. 22.10.1984 = BB 1985, 271; LAG Köln, Urt. v. 14.3.1990 = LAGE § 611 BGB Abmahnung Nr. 22; Urt. v. 6.3.1991 = ARSt. 1991, 216; Urt. v. 30.9.1993 = ARSt. 1994, 93 (L); LAG Hamm, Teilurt. v. 16.4.1992 = LAGE § 611 BGB Abmahnung Nr. 32; LAG Schleswig-Holstein, Beschl. v. 31.7.1986 = LAGE § 611 BGB Abmahnung Nr. 6; Urt. v. 11.5.2004 = NZA-RR 2005, 244; LAG Hamm, Urt. v. 29.11.2005 = NZA-RR 2006, 180; ArbG Kaiserslautern – Auswärtige Kammern Pirmasens –, Urt. v. 10.10.1990 = ARSt. 1991, 41
[477] Urt. v. 2.11.1990 = LAGE § 611 BGB Abmahnung Nr. 26

Abmahnungsprozess

streitig während der Arbeitszeit einem anderen Mitarbeiter den Leistungsausweis einer Gewerkschaft übergeben hatte. Das Gericht hat zwar die Verletzung einer vertraglichen Nebenpflicht bejaht, aber die von dem Arbeitgeber in Aussicht gestellte Warnfunktion der Abmahnung als „übersetzt" bezeichnet, weil er im Falle einer Wiederholung eines derartigen Vorgangs nicht ernsthaft an eine Kündigung des Arbeitsverhältnisses denken konnte.

Das BAG hat diese Entscheidung des LAG Düsseldorf aufgehoben und die Klage auf Entfernung der Abmahnung aus den Personalakten abgewiesen. Es hat zutreffend darauf hingewiesen, die Frage, ob die dem Arbeitnehmer zum Vorwurf gemachte Pflichtverletzung den Arbeitgeber später zur Kündigung berechtige, könne erst im Rechtsstreit über die Kündigung selbst und nicht schon vorher abschließend beurteilt werden.[478]

Das BAG hat damit den Grundsatz der Verhältnismäßigkeit, der — wie in diesem Urteil nochmals hervorgehoben — bei Abmahnungen zu berücksichtigen ist, erheblich relativiert. Dieser Grundsatz — so das BAG — setzt voraus, dass der Arbeitgeber zwischen verschiedenen Reaktionsmöglichkeiten wählen kann (Ausweichprinzip). Weiter heißt es in den Entscheidungsgründen wörtlich:

„Es ginge zu weit, der Beklagten die Abmahnung und die Aufnahme eines Vermerks hierüber in die Personalakte zu untersagen, weil man über den erhobenen Vorwurf auch hinwegsehen könnte. Damit würde die Beklagte zwangsläufig zu erkennen geben, sie nehme an der Verletzung der Arbeitsleistungspflicht keinen Anstoß. Es ist sogar ihre Obliegenheit, darauf hinzuweisen, wenn sie später aus einer gleichartigen Verletzung weitere Konsequenzen herleiten will. Der Beklagten ist ferner zuzubilligen, gegenüber anderen Mitarbeitern durch diese Abmahnung deutlich zu machen, dass sie es nicht hinnimmt, wenn die Arbeitnehmer während der Arbeitszeit beschäftigungsfremden Tätigkeiten nachgehen. ..."

Diese Entscheidung des BAG vom 13.11.1991 hat das Bundesverfassungsgericht[479] mit der Begründung aufgehoben, sie verletze das abgemahnte Betriebsratsmitglied in seinem Grundrecht aus Art. 9 Abs. 3 GG. Das als Vertragsverletzung angesehene Verhalten, das der Arbeitgeber zum Anlass für die Abmahnung genommen habe, falle in den Schutzbereich dieses Grundrechts. Der Arbeitnehmer — damals freigestellter Betriebsratsvorsitzender — hatte einem Arbeitskollegen während dessen Arbeitszeit eine Druckschrift der Gewerkschaft Nahrung-Genuss-Gaststätten ausgehändigt. Sie

---

[478] Urt. v. 13.11.1991 – AP Nr. 7 zu § 611 BGB Abmahnung; bestätigt durch Urt. v. 10.11.1993 – AP Nr. 4 zu § 78 BetrVG 1972
[479] Urt. v. 14.11.1995 – AP Nr. 80 zu Art. 9 GG

enthielt einen Überblick über die gewerkschaftlichen Leistungen und ein Beitrittsformular. Der Arbeitgeber hatte ihm daraufhin eine Abmahnung erteilt.

> **HINWEIS**
> Im Schrifttum wird überwiegend die Ansicht vertreten, dass auch bei der Erteilung einer Abmahnung der Grundsatz der Verhältnismäßigkeit zu beachten sei.[480]

Fromm[481] weist zutreffend darauf hin, dass die Frage, ob sich eine Abmahnung auf eine nur geringfügige Pflichtverletzung bezieht, sehr strittig und „Quelle großer Unsicherheit" sein kann. Es sei zu berücksichtigen, dass der Arbeitgeber auch ein Leistungsbeurteilungsrecht habe. Dieses wirke sich so aus, dass nur „offensichtlich unverhältnismäßige" Abmahnungen unberechtigt seien.

Die Auffassung, die die Anwendung des Grundsatzes der Verhältnismäßigkeit der Abmahnung befürwortet, ist bedenklich. Eine Abmahnung ist (noch) keine Kündigung. Eine andere Frage ist, in welchem Maße eine Abmahnung im Rahmen eines Kündigungsschutzverfahrens zur Rechtfertigung der verhaltensbedingten Kündigung beitragen kann, wenn der Abmahnung lediglich ein geringfügiger Pflichtverstoß zugrunde liegt. Für den Ausgang dieses Verfahrens ist in erster Linie der zum Anlass für die Kündigung genommene Sachverhalt entscheidend.

Konsequenz: Es erscheint nicht gerechtfertigt, bei einem Prozess wegen Entfernung einer Abmahnung aus der Personalakte einen Prüfungsmaßstab anzulegen, der demjenigen im Rahmen des Kündigungsschutzgesetzes nahe kommt.

In diesen Fällen geht es nicht um die Beendigung des Arbeitsverhältnisses, sondern um eine im Ermessen des Arbeitgebers liegende arbeitsrechtliche Sanktionsmaßnahme, die eine möglicherweise notwendig werdende Kündigung lediglich vorbereiten soll. Das LAG Berlin hat in seinem Urteil vom 22.10.1984[482] zutreffend Folgendes ausgeführt:

„Es erscheint aber nicht geboten, betriebliches Geschehen bzw. Erklärungen des Arbeitgebers in so hohem Maße für justitiabel zu erklären. Vielmehr muss dem Arbeitge-

---

[480] Becker-Schaffner in DB 1985, 650, 653; ders. in ZTR 1999, 105, 111; von Hoyningen-Huene in RdA 1990, 193, 198; Kammerer in BB 1980, 1587, 1591; Hauer a.a.O. (= Fn. 226) S. 98 ff.; Schaub in NJW 1990, 872, 874; Wolf a.a.O. (= Fn. 226) S. 135 ff.; Koffka a.a.O. (= Fn. 226) S. 95 ff.; Adam in ArbuR 2001, 41, 42; die gegenteilige Ansicht vertreten Pflaum a.a.O. (= Fn. 221) S. 325 ff.; Berger-Delhey in PersV 1988, 430; Bader in ZTR 1999, 200, 204; kritisch ErfK/Müller-Glöge § 626 BGB Rn. 34

[481] DB 1989, 1409, 1415

[482] BB 1985, 271

Abmahnungsprozess

ber insoweit für missbilligende Äußerungen auf vom Arbeitnehmer zu verantwortende Pflichtverstöße ein Beurteilungsspielraum verbleiben. Dies gilt insbesondere deshalb, weil die Abmahnung als solche über die notwendige Warnfunktion hinaus keinerlei Auswirkungen darauf hat, ob die abgemahnte Pflichtverletzung als solche eine Kündigung rechtfertigt. Denn eine verhaltensbedingte Kündigung ist nicht allein im Hinblick auf die Abmahnung, sondern allenfalls wegen der jeweils zugrunde liegenden Pflichtverletzung gerechtfertigt. Das Gewicht dieser Pflichtverletzungen wiederum ist im Kündigungsschutzprozess jeweils unabhängig von dem Inhalt der ausgesprochenen Abmahnungen zu überprüfen.

Es erscheint deshalb allenfalls gerechtfertigt, das Missverhältnis von Abmahnungen zum Pflichtverstoß einer äußersten Missbrauchskontrolle des Inhalts zu unterwerfen, dass der Arbeitgeber nicht einen vollkommen lächerlichen Pflichtverstoß mit einer Abmahnung belegen kann."

Das LAG Schleswig-Holstein hat zutreffend darauf hingewiesen, dass der Grundsatz der Verhältnismäßigkeit zwar auch bei der Abmahnung zu beachten sei, aber aus deren Sinn und Zweck eine Modifizierung zu erfahren habe. Wenn der Arbeitnehmer seine Pflichten aus dem Arbeitsverhältnis verletzt habe, dann sei der Arbeitgeber auch rügebefugt. Auf die Qualität oder Quantität der Verletzung der arbeitsvertraglichen Pflicht komme es dabei nicht an.[483] Das Gericht kommt zu folgendem Ergebnis:

„Eine Abmahnung ist lediglich dann unverhältnismäßig, wenn sie durch ihre Form oder ihren Inhalt das Persönlichkeitsrecht des Arbeitnehmers verletzt. Sie ist es aber nicht, wenn sie sich auf den Vertragsverstoß, dessen sachliche Beanstandung und die Ankündigung von arbeitsrechtlichen Sanktionen für den Wiederholungsfall beschränkt."

Dieser rechtlichen Würdigung durch das LAG Schleswig-Holstein ist uneingeschränkt zuzustimmen. Es wäre unvertretbar, über den Grundsatz der Verhältnismäßigkeit Meinungsverschiedenheiten zwischen Arbeitgeber und Arbeitnehmer zu einem „vorweggenommenen Kündigungsschutzprozess" zu machen. Auch der Rechtsprechung des BAG lässt sich lediglich entnehmen, dass der Bestand einer Abmahnung dann nicht in Frage gestellt ist, wenn sie auf zutreffenden Tatsachen beruht und sachlich formuliert ist, also kein ehrverletzendes Unwerturteil über die Person des Arbeitnehmers enthält.

---

[483] Beschl. v. 31.7.1986 = LAGE § 611 BGB Abmahnung Nr. 6

> **TIPP**
>
> Der Arbeitgeber sollte sich auf die objektive Feststellung des Fehlverhaltens bzw. der Leistungsmängel beschränken und jegliche abwertende Äußerung über die Person des gerügten Arbeitnehmers unterlassen. Wertungen wie „Versager", „Nichtsnutz", „Trunkenbold", „Taugenichts", „Faulenzer" usw. sind in einer Abmahnung fehl am Platz und können zur Folge haben, dass trotz sachlicher Berechtigung die Abmahnung aus den Personalakten entfernt werden muss.

Dasselbe gilt, wenn in einer Abmahnung strafrechtliche Begriffe verwendet werden, obwohl dem Arbeitnehmer die Erfüllung des entsprechenden Straftatbestandes nicht zur Last gelegt oder nachgewiesen werden kann. So ist z. B. mit der Wertung „Betrug" in einer Abmahnung die Tatsachenbehauptung verbunden, der Arbeitnehmer habe den Arbeitgeber mit dem beanstandeten Verhalten in dessen Vermögen geschädigt. Kann der Arbeitgeber eine derartige Schädigung jedoch nicht dartun, darf die Wertung „Betrug" in der Abmahnung nicht verwandt werden. Dies hat das LAG Rheinland-Pfalz[484] entschieden. Es hat zutreffend darauf hingewiesen, ein solcher Vorwurf sei dermaßen gravierend, dass davon nur sehr zurückhaltend Gebrauch gemacht werden dürfe.

In einer früheren Entscheidung hatte sich das BAG mit einer Abmahnung zu befassen, in der der Arbeitgeber das beanstandete Verhalten ausdrücklich als „Verleumdung" gewertet hatte. Das BAG hat diesen Umstand zwar für „bedenklich" gehalten, da dem Arbeitgeber eine strafrechtliche Beurteilung nicht zugestanden habe. Gleichwohl hat das BAG die Abmahnung mit der Begründung bestätigt, der Arbeitgeber habe mit dieser Formulierung nur zum Ausdruck bringen wollen, dass der Kläger wider besseres Wissen eine falsche Darstellung verbreitet habe. Das Wort „Verleumdung" habe diesen Sachverhalt nur abkürzend wiedergeben sollen. So habe es ersichtlich auch der Kläger verstanden.[485]

Trotz dieser höchstrichterlichen Rechtsprechung sollte der Arbeitgeber mit Begriffen, die einen strafrechtlichen Aussagewert besitzen, im Rahmen einer Abmahnung nur mit Vorsicht umgehen.

Der Grundsatz der Verhältnismäßigkeit kann im Übrigen nur insoweit zum Tragen kommen, als eine offensichtliche Diskrepanz zwischen dem Fehlverhalten des Arbeitnehmers und der mit der Abmahnung verbundenen Kündigungsandrohung

---

[484] Urt. v. 13. 4.1989 = LAGE § 611 BGB Abmahnung Nr. 18; vgl. auch Teilurt. d. LAG Hamm v. 16.4.1992 = LAGE § 611 BGB Abmahnung Nr. 32; a.A. Kraft in NZA 1989, 777, 781

[485] Urt. v. 11.8.1982 – AP Nr. 9 zu Art. 5 Abs. 1 GG Meinungsfreiheit

Abmahnungsprozess

durch den Arbeitgeber festzustellen ist.[486] Ein verständiger Arbeitgeber wird völlig unerhebliche Pflichtverstöße nicht zum Anlass für eine Abmahnung nehmen. Er sollte von seinem Rügerecht nur nach sorgfältiger Abwägung aller Umstände des Einzelfalles Gebrauch machen. Wer einen Arbeitnehmer abmahnt, der nach zehnjähriger beanstandungsfreier Beschäftigungsdauer einmal morgens fünf Minuten zu spät zur Arbeit gekommen ist, ohne dass dies betriebliche Auswirkungen gehabt hat, macht sich als Arbeitgeber unglaubwürdig oder setzt sich unnötigerweise in Zugzwang, indem er bei gleich gelagerten Fällen entsprechend reagieren muss. Eine solche Abmahnung hätte nicht die Wirkung, die sie haben soll.

Andererseits kann es nicht Aufgabe des Arbeitgebers sein, im Vorfeld einer Abmahnung eingehend zu prüfen, ob diese gewissermaßen „sozial gerechtfertigt" ist. Die Abmahnung führt nämlich nicht zur Beendigung des Arbeitsverhältnisses. Es liegt allein am Arbeitnehmer, sein Verhalten nach erfolgter Abmahnung entsprechend einzurichten, um den „Wiederholungsfall" und damit die Gefährdung seines Arbeitsverhältnisses auszuschließen.

Dem Arbeitgeber steht also ein Beurteilungsspielraum zu, ob ein ausreichender Grund für eine Abmahnung vorliegt. Er sollte allerdings keine Belanglosigkeit abmahnen und nicht in jedem Fall die fristlose Kündigung in Aussicht stellen. Die ausdrückliche Androhung einer außerordentlichen Kündigung kann unter Umständen dann sinnvoll sein, wenn der Arbeitnehmer aufgrund tarifvertraglicher Vorschriften ordentlich nicht mehr kündbar ist.

Ein Antrag des Arbeitnehmers auf Feststellung, dass der Arbeitgeber aus einer Abmahnung nach der Entfernung aus der Personalakte keine Rechtswirkungen mehr herleiten kann, ist regelmäßig unzulässig.[487]

> **ZUSAMMENFASSUNG**
> Alle Pflichtverstöße berechtigen grundsätzlich zur Abmahnung.
> Herabsetzende Werturteile sind zu unterlassen.
> Bagatellen eignen sich nicht für Abmahnungen.

---

[486] ebenso Pflaum a.a.O. (= Fn. 221) S. 327
[487] Beschl.d. LAG Berlin-Brandenburg v. 26.7.2013 = ZTR 2014, 115 (L)

11.4 Teilbarkeit der Abmahnung?

Im Rahmen eines Abmahnungsprozesses kann ein weiteres Problem dann auftreten, wenn die Abmahnung mehrere Pflichtverletzungen zum Gegenstand hat und sich im Laufe des Verfahrens herausstellt, dass der Arbeitgeber nicht alle Pflichtverstöße nachweisen kann. In einem solchen Fall stellt sich die Frage, wie das Gericht über die Abmahnung zu entscheiden hat. Ist sie insgesamt unwirksam, teilweise wirksam oder uneingeschränkt deshalb bestandskräftig, weil dem Arbeitnehmer jedenfalls ein gerügter Pflichtverstoß vorzuwerfen ist?

Sowohl in der Rechtsprechung[488] als auch im Schrifttum[489] ist herrschende Auffassung, eine Abmahnung, in der mehrere Pflichtverletzungen des Arbeitnehmers gerügt werden, sei schon dann aus der Personalakte zu entfernen, wenn einer der Vorwürfe zu Unrecht erhoben worden sei. Dieser Ansicht ist im Grundsatz zuzustimmen.

Die Gerichte begründen ihre Rechtsprechung u. a. damit, es sei — im Gegensatz etwa zum Zeugnis — nicht Sache des Gerichts, die Abmahnung ggf. unter Neuformulierung in Teilen aufrechtzuerhalten, weil damit in unzulässiger Weise in das Rügerecht des Gläubigers, also des Arbeitgebers, eingegriffen werde.

Beantragt der Arbeitnehmer, ein Abmahnungsschreiben aus der Personalakte zu entfernen, so ist nach der Auffassung des LAG Düsseldorf ein Teilurteil, das lediglich einen von mehreren in dem Abmahnungsschreiben enthaltenen Vorwürfen betrifft, unzulässig.[490]

In diesem Zusammenhang wird ein grundlegender Unterschied zwischen Abmahnung und Kündigung deutlich: Während eine Kündigung, die auf mehrere Gründe gestützt ist, was sehr häufig der Fall ist, schon dann rechtswirksam sein kann und damit zur Beendigung des Arbeitsverhältnisses führt, wenn sich ein Grund als zutreffend erweist und geeignet ist, die Kündigung als sozial gerechtfertigt erscheinen zu lassen, handelt es sich bei der Abmahnung um ein ganz konkretes

---

[488] Urt. d. BAG v. 13.3.1991 – AP Nr. 5 zu § 611 BGB Abmahnung; LAG Baden-Württemberg: Urt. v. 17.10.1990 = LAGE § 611 BGB Abmahnung Nr. 25; LAG Düsseldorf: Urt. v. 18.11.1986 = LAGE § 611 BGB Abmahnung Nr. 7; LAG Hamm: Urt. v. 21.12.1990 = LAGE § 611 BGB Abmahnung Nr. 23; LAG Köln: Urt. v. 12.3.1986 = LAGE § 611 BGB Abmahnung Nr. 3; LAG Rheinland-Pfalz: Urt. v. 13.4.1989 = LAGE § 611 BGB Abmahnung Nr. 18

[489] ErfK/Müller-Glöge § 626 BGB Rn. 35a; Falkenberg in NZA 1988, 489, 493 a. E.; Molkenbur/Krasshöfer-Pidde in RdA 1989, 337, 346; Tschöpe in NZA Beil. 2/1990, S. 20; Wolf/Claes in PersR 1988, 62, 64; Koffka a.a.O. (= Fn. 226) S. 177 ff.; a.A. Schaub in NJW 1990, 892, 874; vgl. auch Wolf a.a.O. (= Fn. 226) S. 172 f.; Hauer a.a.O. (= Fn. 226) S. 175

[490] Urt. v. 13.8.1987 = LAGE § 611 BGB Abmahnung Nr. 8

Abmahnungsprozess

Schriftstück mit bestimmtem Inhalt, das den Streitgegenstand bildet. Da die Klage des Arbeitnehmers im Regelfall darauf gerichtet ist, den beklagten Arbeitgeber zur Entfernung der Abmahnung aus den Personalakten zu verurteilen, kommt auf den ersten Blick ein teilweises Stattgeben und Abweisen der Klage nicht in Betracht: Entweder ist die Abmahnung so, wie sie vorliegt, zu entfernen, oder sie hat in der Personalakte zu verbleiben.

> **TIPP**
>
> Dem Abmahnungsschreiben kommt — im Gegensatz zum Kündigungsschreiben — praktisch eine Beweisfunktion[491] oder auch Dokumentationsfunktion[492] zu, die im Rahmen eines Kündigungsschutzprozesses Bedeutung erlangen kann. Eine Abmahnung darf also nicht in der Personalakte enthalten sein, wenn sie teilweise auf Gründe gestützt ist, die der Arbeitgeber nicht darlegen oder beweisen kann.

Andererseits ist nicht zu verkennen, dass es aus prozessökonomischen Gründen durchaus sinnvoll erscheint, dem Arbeitgeber das Recht zuzugestehen, seine Abmahnung während des laufenden Verfahrens „auszuwechseln", um sie auf die unstreitigen oder nach Beweiserhebung bestätigten Punkte beschränken zu können.

Zur Vermeidung eines weiteren Abmahnungsprozesses bietet sich — wenn man der herrschenden Meinung nicht folgt, — auch die Verfahrensweise an, die sowohl das LAG Baden-Württemberg[493] als auch das Arbeitsgericht Trier[494] praktiziert haben: Der Arbeitgeber wurde jeweils zur teilweisen Rücknahme des Abmahnungsinhalts, aber zur Entfernung des Abmahnungsschreibens insgesamt verurteilt, wobei die Gerichte die Kosten dementsprechend zwischen Arbeitgeber und Arbeitnehmer verhältnismäßig geteilt haben. Gleichzeitig wurde in den Entscheidungsgründen darauf hingewiesen, dass der Arbeitgeber berechtigt sei, eine entsprechend geänderte Abmahnung erneut auszusprechen.[495]

Diese gerichtliche Praxis ist uneingeschränkt zu begrüßen. Sie verhindert unnötige Nachfolgeprozesse und verteilt die Kostenlast zwischen den Parteien gerechter. Die vom Arbeitgeber neu vorzunehmende Abmahnung darf allerdings nicht in der Weise erfolgen, dass die teilweise beanstandete Abmahnung lediglich hinsichtlich der fraglichen Passagen durch Schwärzen oder Überkleben unkenntlich gemacht

---

[491] Kammerer in BB 1980, 1587, 1588
[492] Leisten in ArbuR 1991, 206, 207 m.w.N.
[493] Urt. v. 18.6.1986 – 3 Sa 19/86 – n.v.
[494] Urt. v. 5.4.1989 – 3 Ca 946/88 – n.v.
[495] vgl. auch Schaub in NJW 1990, 872, 874

11 Teilbarkeit der Abmahnung?

wird.[496] Es ist vielmehr ein neues Schreiben zu verfassen, das keine Anhaltspunkte dafür erkennen lassen darf, dass wegen dieser Abmahnung ein Rechtsstreit geführt worden ist.

Die Gerichte müssen allerdings den in § 308 Abs. 1 Satz 1 ZPO enthaltenen Grundsatz beachten. Danach ist das Gericht nicht befugt, einer Partei etwas zuzusprechen, was nicht beantragt ist. Es ist deshalb nach zutreffender Ansicht des BAG nicht zulässig, dass das Gericht in einem Rechtsstreit über die Entfernung einer Abmahnung den beklagten Arbeitgeber ohne entsprechenden Antrag für berechtigt erklärt, erneut schriftlich abzumahnen.[497]

Solange eine Praxis besteht, Abmahnungen insgesamt für unwirksam zu erklären und den Arbeitgeber zur vollen Kostentragung zu verurteilen, kommen folgende prozessuale Lösungen in Betracht:

Der Arbeitgeber kann — im Gegensatz zu einer Kündigung — die dem Arbeitnehmer erteilte Abmahnung, die den Streitgegenstand bildet, ohne dessen Einwilligung zurücknehmen, um ihm eine erneute „reduzierte" Abmahnung zu erteilen. Das bisherige Klagebegehren findet dadurch seine Erledigung, da der Arbeitgeber nicht zu einer Leistung verurteilt werden kann, die er schon erbracht hat. Der Arbeitnehmer müsste folglich seine Klage unter Verwahrung gegen die Kosten zurücknehmen.

Allerdings ist es durchaus denkbar, dass er auch die neue, eingeschränkte Abmahnung nicht zu akzeptieren gewillt ist. In diesem Fall hätte er die Möglichkeit, seine Klage entsprechend umzustellen. Eine solche Klageänderung wäre in der Regel sachdienlich.

Sollte der Arbeitnehmer — aus welchen Gründen auch immer — mit einer solchen Verfahrensweise nicht einverstanden sein und das Gericht keine Sachdienlichkeit annehmen, bliebe dem Arbeitgeber die Möglichkeit, hilfsweise eine Feststellungswiderklage des Inhalts zu erheben, dass er berechtigt ist, dem Kläger eine geänderte Abmahnung zu erteilen.[498] Hierbei sollte der Arbeitgeber vorsorglich — ähnlich wie der Arbeitnehmer bei Klage auf Erteilung eines bestimmten Zeugnisses — den vollen Wortlaut der beabsichtigten Abmahnung in den Hilfsantrag aufnehmen, um Auslegungsprobleme zu vermeiden und einer Abweisung wegen mangelnder Bestimmtheit des Antrags vorzubeugen.

---

[496] Urt. d. LAG Köln v. 4.7.1988 = DB 1989, 636

[497] Urt. v. 14.12.1994 – AP Nr. 14 zu § 611 BGB Abmahnung; das BAG hat damit d. Urt. d. LAG Hamm v. 17.6.1993 = LAGE § 611 BGB Abmahnung Nr. 35 aufgehoben

[498] vgl. hierzu auch Tschöpe in NZA Beil. 2/1990, S. 19; Jurkat in DB 1990, 2218 ff.

Abmahnungsprozess

Auf diese Weise wäre sichergestellt, dass kein neuer Rechtsstreit geführt werden muss. Das Gericht könnte sich sogleich mit der weiteren Abmahnung befassen und hierbei die möglicherweise bereits aufgrund einer Beweisaufnahme gewonnenen Erkenntnisse verwerten.[499] Außerdem wäre damit dem auf § 308 ZPO beruhenden Einwand des BAG (Fn. 492) Rechnung getragen.

Um Zweifel hinsichtlich der Zulässigkeit der Feststellungswiderklage auszuräumen, ist unbedingt zu empfehlen, die „reduzierte" Abmahnung, deren Berechtigung der Arbeitgeber durch gerichtliche Feststellung bestätigt haben will, tatsächlich dem Arbeitnehmer gegenüber schon zu erklären. Andernfalls würde das Verfahren auf die Beurteilung einer abstrakten Rechtsfrage hinauslaufen. Das Feststellungsinteresse des Arbeitgebers setzt voraus, dass die Abmahnung tatsächlich erklärt ist und arbeitsrechtliche Wirkung haben kann.

TIPP
Bei teilweiser Unwirksamkeit der Abmahnung empfiehlt sich für den Arbeitgeber der Ausspruch einer geänderten Abmahnung oder die Erhebung einer entsprechenden Feststellungswiderklage.

11.5 Unwirksame Kündigung = Abmahnung?

Arbeitgeber, die im Rahmen eines Kündigungsschutzverfahrens unterlegen sind, stellen nicht selten die Frage, ob die für unwirksam erklärte verhaltensbedingte Kündigung wenigstens die Funktion einer Abmahnung hat. Hierbei ist wie folgt zu differenzieren:

Ist die Kündigung allein aus formellen Gründen für unwirksam erklärt worden, z. B. wegen unterbliebener oder fehlerhafter Beteiligung des Betriebsrates, sollte der Arbeitgeber zunächst prüfen, ob er unter Beachtung der entsprechenden Formvorschriften die Kündigung in formgültiger Weise wiederholen kann. Abgesehen davon kann eine unwirksame Kündigung nach der Rechtsprechung des BAG[500] durchaus Abmahnungsfunktion haben. Aus diesem Grund sollte der Arbeitgeber möglichst frühzeitig klarstellen, dass er sie als Abmahnung aufrechterhält. Selbstverständlich kann der Arbeitnehmer dagegen erneut Klage erheben.

---
[499] vgl. hierzu auch Pflaum a.a.O. (= Fn. 221) S. 333
[500] Urt. v. 19.4.2007 = NZA-RR 2007, 571; Urt. v. 19.2.2009 = NZA 2009, 895

11 Unwirksame Kündigung = Abmahnung?

Nach einem Urteil des BAG vom 7.9.1988[501] hat der Arbeitgeber sein Recht zur Abmahnung nicht durch eine zuvor ausgesprochene und vom Arbeitsgericht für unwirksam erklärte Kündigung verloren. Der Entscheidung lag folgender Sachverhalt zugrunde: Einer Kassiererin in einem Lebensmittelmarkt war ordentlich gekündigt worden, weil sie bei einem sog. Testkauf Waren im Einkaufswagen des „Testkunden" übersehen hatte. Die Kündigungsschutzklage hatte Erfolg; das erstinstanzliche Urteil wurde rechtskräftig. Daraufhin mahnte der Arbeitgeber die Kassiererin wegen der Vorfälle ab, die er vorher zur Begründung der Kündigung herangezogen hatte. Hiergegen klagte die Kassiererin erneut. Das BAG bestätigte die Entscheidung der Vorinstanz[502], wonach das Rügerecht des Arbeitgebers durch eine Kündigung des Arbeitsverhältnisses nicht verbraucht wird.

Das BAG hat zutreffend ausgeführt, die Unwirksamkeit der vorangegangenen Kündigung sei nicht gleichbedeutend mit der Unwirksamkeit der Abmahnung. Dem Arbeitgeber könne die Abmahnung nicht untersagt werden, weil die Arbeitnehmerin den Ausgang des Kündigungsschutzprozesses missverstehen könnte. Die Abmahnung habe sich auch nicht durch Zeitablauf erledigt, da sie nach der Rechtsauffassung des Arbeitgebers, der von der Beendigung des Arbeitsverhältnisses aufgrund der vorangegangenen Kündigung ausgegangen sei, zunächst entbehrlich gewesen sei.

Die vorstehenden Ausführungen gelten insbesondere dann sinngemäß, wenn das Arbeitsgericht die Kündigung mit der Begründung für unwirksam erklärt hat, wegen des zugrunde liegenden Fehlverhaltens habe zunächst eine Abmahnung des Arbeitnehmers erfolgen müssen. In diesem Fall hat der Arbeitgeber nämlich nicht nur arbeitsrechtliche Konsequenzen angedroht, was für die Abmahnung typisch und kennzeichnend ist, sondern er hat die arbeitsrechtliche Konsequenz bereits realisiert. Der Arbeitgeber hat damit in einer Form, wie sie deutlicher nicht sein kann, zum Ausdruck gebracht, dass er das Fehlverhalten des Arbeitnehmers nicht hinzunehmen gewillt ist.[503]

Anders ist die Rechtslage hingegen dann zu beurteilen, wenn der Kündigungsschutzklage mit der Begründung stattgegeben worden ist, der Arbeitgeber habe den der Kündigung zugrunde liegenden Sachverhalt nicht ordnungsgemäß dargelegt oder die kündigungsrelevanten Tatsachen nicht beweisen können. In diesem Fall kann die unwirksame Kündigung in der Regel keine Abmahnungsfunktion haben.

---

[501] AP Nr. 2 zu § 611 BGB Abmahnung mit Anm. v. Conze; zust. Hauer a.a.O. (= Fn. 226) S. 133; von Hoyningen-Huene in RdA 1990, 193, 208; Schaub in NJW 1990, 872, 876; vgl. auch Wolf a.a.O. (= Fn. 226) S. 169 ff.; Conze in DB 1989, 778, 779; Koffka a.a.O. (= Fn. 226) S. 138/139; Pflaum a.a.O. (= Fn. 221) S. 350 ff.

[502] Urt. d. LAG Baden-Württemberg v. 25.6.1987 = LAGE § 611 BGB Abmahnung Nr. 17

[503] vgl. hierzu Pflaum a.a.O. (= Fn. 221) S. 352

Abmahnungsprozess

Der Arbeitgeber, dem der Nachweis der Kündigungsgründe nicht gelingt, wird — von Ausnahmefällen abgesehen — auch die Berechtigung der Abmahnung nicht darlegen und beweisen können.

Das BAG hat in einer weiteren Entscheidung[504] bestätigt, dass eine frühere Kündigung die Funktion einer Abmahnung jedenfalls dann erfüllt, wenn der Kündigungssachverhalt feststeht und die Kündigung aus anderen Gründen, z. B. wegen fehlender Abmahnung, für sozialwidrig erachtet worden ist.

Koffka[505] folgert hieraus, eine unwirksame Kündigung könne bei feststehendem Sachverhalt in eine Abmahnung umgedeutet werden (§ 140 BGB), ohne dass es einer neuen ausdrücklichen Abmahnungserklärung des Arbeitgebers bedürfe.

Zur Vermeidung von Missverständnissen und im Interesse beiderseitiger Klarheit sollte der Arbeitgeber nach einem für den Arbeitnehmer erfolgreichen Kündigungsschutzverfahren in geeigneten Fällen schriftlich gegenüber dem Arbeitnehmer zum Ausdruck bringen, wie er die für unwirksam erklärte Kündigung rechtlich bewertet (vgl. das nachstehende Muster).

> **HINWEIS**
>
> Unwirksame Kündigungen können Abmahnungsfunktion haben. Dies ist in geeigneten Fällen klarzustellen.

Abmahnung nach klagestattgebendem Urteil im Kündigungsschutzprozess

Vorbemerkung: Der Arbeitgeber sollte nur dann in dieser Weise vorgehen, wenn er kein Rechtsmittel gegen die klagestattgebende Entscheidung einzulegen beabsichtigt.

> **MUSTERBRIEF**
>
> Abmahnung   Datum
>
> Sehr geehrte/r Frau/Herr ...,

---

[504] Urt. v. 31.8.1989 – AP Nr. 23 zu § 1 KSchG 1969 Verhaltensbedingte Kündigung; ebenso Urt. d. LAG Hessen v. 11.6.1993 = LAGE § 626 BGB Nr. 74; Urt. d. LAG Köln v. 1.6.1995 = LAGE § 611 BGB Abmahnung Nr. 42

[505] a.a.O. (= Fn. 226) S. 139

wie Sie wissen, hat das Arbeitsgericht / Landesarbeitsgericht / Bundesarbeitsgericht mit Urteil vom .... Ihrer Kündigungsschutzklage stattgegeben und die mit Schreiben vom .... zum .... erklärte ordentliche Kündigung für unwirksam erachtet.

Wenn auch der in diesem Schreiben geschilderte Sachverhalt hiernach nicht ausreicht, um eine Kündigung Ihres Arbeitsverhältnisses zu rechtfertigen, so stellt Ihr Verhalten[506] gleichwohl eine Verletzung Ihrer arbeitsvertraglichen Pflichten dar, die wir nicht billigen können.

Wir weisen Sie daher ausdrücklich darauf hin, dass durch die Entscheidung des Gerichts die Angelegenheit für Sie keineswegs erledigt ist, sondern dass Sie bei weiterem Fehlverhalten erneut mit einer Kündigung Ihres Arbeitsverhältnisses rechnen müssen.

Mit freundlichen Grüßen

11.6 Vergleich

Nach § 57 Abs. 2 ArbGG, der gemäß § 64 Abs. 7 ArbGG im Berufungsverfahren entsprechend gilt, soll während des ganzen Verfahrens die gütliche Erledigung des Rechtsstreits angestrebt werden. Dies führt in Abmahnungsprozessen nicht selten zu dem Vorschlag des Gerichts, die Parteien sollten sich dahingehend gütlich einigen, dass die vom Kläger angegriffene Abmahnung nach Ablauf einer bestimmten Frist aus seinen Personalakten entfernt werde.

Vor dem Hintergrund der sog. Emmely-Entscheidung des BAG[507] und der nachfolgenden Rechtsprechung zur Wirkungsdauer einer Abmahnung (vgl. hierzu Abschnitt 7.3) sollte hiervon jedoch nur äußerst zurückhaltend Gebrauch gemacht werden, da die Dokumentationsfunktion der Abmahnung nicht zu unterschätzen ist. Wenn sich der Arbeitgeber gleichwohl zu einem entsprechenden Vergleich durchringt, sollte darauf geachtet werden, dass ein solcher Vergleich sinngemäß etwa wie folgt formuliert wird:

„Die Abmahnung vom ... wird am ... ersatzlos aus den Personalakten des Klägers entfernt. Diese Verpflichtung des Beklagten entfällt, falls bis zu dem genannten Zeitpunkt weitere abmahnungs- oder kündigungsrelevante Umstände auftreten."

---

[506] Hier sind konkret die Punkte anzugeben, die die Abmahnung rechtfertigen, insbesondere die im Prozess bestätigten Punkte.
[507] Urt. v. 10.6.2010 = NZA 2010, 1227

Abmahnungsprozess

Fraglich ist, welche rechtlichen Auswirkungen ein derartiger Vergleich hat. Hierzu ist bislang — soweit ersichtlich — erst eine zweitinstanzliche Entscheidung bekannt geworden:

Klagt ein Arbeitnehmer auf Rücknahme einer Abmahnung und deren Entfernung aus der Personalakte und schließt er dann mit dem Arbeitgeber einen Prozessvergleich des Inhalts, dass die Abmahnung nach Ablauf eines Jahres seit ihrer Erteilung aus der Personalakte zu entfernen ist, so liegt darin nach Auffassung des LAG Hamm[508] mangels einer entsprechenden ausdrücklichen Erklärung des Klägers keine Anerkennung der Begründetheit der Abmahnung, weshalb das ihr zugrunde liegende Fehlverhalten in einem nachfolgenden Kündigungsprozess noch bestritten werden kann.

Diese Rechtsprechung lässt sich nicht ohne weiteres verallgemeinern. Es ist vielmehr auf die konkreten Umstände des Zustandekommens der einvernehmlichen Regelung abzustellen. Normalerweise wird ein solcher Vergleich zu einem Zeitpunkt vereinbart, in dem noch nicht streitig über die Abmahnung verhandelt worden ist oder gar eine Beweisaufnahme stattgefunden hat. In diesem Fall wird man nicht annehmen können, dass der Kläger, der sich auf einen Vergleich einlässt, damit die Abmahnung inhaltlich anerkennt, so dass im Falle einer späteren Kündigung ohne weiteres von der Wirksamkeit der Abmahnung ausgegangen werden könnte.

Es sind jedoch durchaus auch andere Fallgestaltungen denkbar. Sind z. B. schon tatsächliche oder rechtliche Feststellungen getroffen, die Rückschlüsse auf die Wirksamkeit der Abmahnung zulassen, muss das Interesse der Parteien darauf gerichtet sein, im Falle eines Vergleichsabschlusses für entsprechende Klarstellungen im Text zu sorgen, um die Reichweite des Vergleichs möglichst zweifelsfrei zu bestimmen.

Der Arbeitgeber sollte in jedem Fall bedenken, dass eine einvernehmliche Regelung später im Bedarfsfall die Beweisführung unter Umständen erheblich erschweren kann, wenn der Abmahnungssachverhalt nicht im Rahmen des Abmahnungsprozesses, sondern erst geraume Zeit später während eines Kündigungsschutzverfahrens (als Vorfrage) geklärt wird und ggf. hierüber Beweis erhoben werden muss.

---

[508] Urt. v. 5.2.1990 = LAGE § 611 BGB Abmahnung Nr. 20

> **TIPP**
> Ein Vergleich im Abmahnungsprozess bedarf einer sorgfältigen Überlegung und Formulierung, um Auslegungsschwierigkeiten und spätere Auseinandersetzungen zu vermeiden.

11.7 Streitwert

Literatur: Bader/Jörchel, Vereinheitlichung der arbeitsgerichtlichen Streitwerte, NZA 2013, 809; Willemsen/Schipp/Reinhard/Meier, Der Streitwertkatalog für die Arbeitsgerichtsbarkeit — Eine kritische Stellungnahme des Deutschen Anwaltvereins, NZA 2013, 1112

In Rechtsstreitigkeiten über die Wirksamkeit einer Abmahnung kann nur dann Berufung eingelegt werden, wenn sie in dem Urteil des Arbeitsgerichts zugelassen worden ist oder der Wert des Beschwerdegegenstandes 600 EUR übersteigt (§ 64 Abs. 2 Buchst. a und b ArbGG).

Nach herrschender Auffassung ist der Streitwert bei Prozessen um die Rücknahme von Abmahnungen und ihre Entfernung aus den Personalakten auf ein Monatseinkommen festzusetzen.[509] Dies wird in der Regel damit begründet, die Abmahnung sei gewissermaßen eine „Vorstufe" der Kündigung, für die § 42 Abs. 2 GKG als Höchstwert den Vierteljahresverdienst, also üblicherweise drei Monatsgehälter festlegt. Der Regelstreitwert für die Abmahnung entspricht auch der Verständigung einer Streitwertkommission, deren Einrichtung aufgrund eines Beschlusses der Präsidentinnen und Präsidenten der Landesarbeitsgerichte im Mai 2012 zustande kam. Danach wird eine Abmahnung — unabhängig von der Anzahl und der Art der Vorwürfe — mit einer Monatsvergütung bewertet (vgl. Bader/Jörchel, NZA 2013, 809).

Die vom LAG Baden-Württemberg vertretene Ansicht, bei Streitigkeiten über Abmahnungen sei nicht von § 42 Abs. 2 GKG auszugehen, sondern der Wert sei vielmehr nach § 3 ZPO nach freiem Ermessen zu bestimmen, und die darauf beruhende Streitwertfestsetzung sind nach der Auffassung des BAG[510] nicht offensichtlich unrichtig.

---

[509] vgl. nur LAG Köln, Beschl. v. 11.9.2003 = ZTR 2004, 99 (L); LAG Sachsen-Anhalt, Beschl. v. 25.1.2013 = NZA-RR 2013, 314 (L); LAG Baden-Württemberg, Beschl. v. 26.8.2013 = NZA-RR 2013, 550; ErfK/Koch § 12 ArbGG Rn. 21 m.w.N.

[510] Beschl. v. 16.5.2007 – AP Nr. 15 zu § 61 ArbGG 1979 m.w.N.

Abmahnungsprozess

Wenn Gegenstand des Rechtsstreits **mehrere aufeinander folgende Abmahnungen** sind, gilt nach Ansicht des Hessischen LAG[511] Folgendes: Die erste und zweite Abmahnung werden jeweils mit dem Betrag eines Bruttomonatsverdienstes bewertet. Weitere Abmahnungen innerhalb eines Zeitraums von sechs Monaten ab dem Zugang der ersten Abmahnung werden jeweils mit einem Drittel des Betrags eines Bruttomonatsverdienstes angesetzt.

Das LAG Berlin[512] geht demgegenüber davon aus, dass in einem solchen Fall jede Abmahnung für sich zu bewerten und anschließend ein Gesamtstreitwert zu bilden ist. Es sei dabei in der Regel ohne Belang, in welchem zeitlichen Abstand die Abmahnungen ausgesprochen worden seien.

Das LAG Sachsen-Anhalt[513] vertritt die Auffassung, wenn mehrere Abmahnungen relativ kurzfristig aufeinander folgen, sei die erste regelmäßig mit einem Bruttomonatsverdienst und jede weitere mit einem Drittel des Bruttomonatsverdienstes zu bewerten. Eine Ausnahme hiervon gelte dann, wenn zwischen den Abmahnungen ein enger zeitlicher, wirtschaftlicher und tatsächlicher Sachzusammenhang bestehe, was insbesondere dann der Fall sei, wenn sie auf einen einheitlichen Lebenssachverhalt gestützt werden. In diesem Fall könnten die Folgeabmahnungen auch mit einem geringeren Streitwert als jeweils einem Drittel bewertet werden.

Das LAG folgt damit dem Votum der Streitwertkommission (s.o.). Danach werden mehrere Abmahnungen unabhängig davon, ob sie in einem oder in unterschiedlichen Verfahren geltend gemacht werden, mit einem Drittel einer Monatsvergütung für jede folgende Abmahnung bewertet. Jedoch findet im Hinblick auf § 42 Abs. 2 GKG eine Deckelung auf maximal die Vergütung für ein Vierteljahr statt. Im Einzelfall kann auch (z. B. bei der völligen Gleichartigkeit der Abmahnungsvorwürfe) von der Drittelmonatsvergütung nach unten abgewichen werden.

Das LAG Nürnberg[514] hat „im Interesse an einer Vereinheitlichung der Spruchpraxis" seine bisherige Rechtsprechung aufgegeben und sich den Beschlüssen der Streitwertkommission angeschlossen. In dem konkreten Fall war über zwölf Abmahnungen zu entscheiden, die zwar in getrennten Schreiben, aber alle an demselben Tag erfolgt sind. Die erste Instanz hatte einen Verfahrensstreitwert von 4,66 Monatsgehältern angenommen (nämlich ein Monatsgehalt für die erste Abmahnung und jeweils ein Drittel für die elf weiteren). Das LAG hat den Streitwert auf drei Monatsgehälter korrigiert (im Hinblick auf § 42 Abs. 2 GKG).

---

[511] Beschl. v. 24. 5.2000 = NZA-RR 2000, 438
[512] Beschl. v. 28.4.2003 = LAGE § 8 BRAGO Nr. 54
[513] Beschl. v. 25.1.2013 = NZA-RR 2013, 314
[514] Beschl. v. 30.7.2014 = NZA-RR 2014, 561

Die Bewertung der Streitwertkommission für mehrere Abmahnungen hat nicht nur Zustimmung gefunden. Das LAG Baden-Württemberg[515] meint zu Recht, jede weitere Abmahnung sei grundsätzlich geeignet, die Bestandsgefährdung des Arbeitsverhältnisses erheblich zu erhöhen. Deshalb sei eine regelmäßige Absenkung des Werts für die zweite und jede weitere Abmahnung verfehlt.

Kritik in mehrfacher Hinsicht haben auch Willemsen/Schipp/Reinhard/Meier (NZA 2013, 1112) geäußert. Zum einen sei zwingend danach zu differenzieren, ob die Entfernung mehrerer Abmahnungen in einem oder in unterschiedlichen Verfahren geltend gemacht werde. Zum anderen sei auch inhaltlich zu unterscheiden: Schlicht wiederholende Abmahnungen zu demselben Fehlverhalten (z. B. zur Vermeidung von Formfehlern) seien völlig anders zu bewerten als Abmahnungen wegen unterschiedlicher Sachverhalte, die jede für sich im Wiederholungsfall bereits eine Kündigung rechtfertigen könne.

11.8 Einstweilige Verfügung

Für einen Antrag auf Erlass einer einstweiligen Verfügung, mit der dem Arbeitgeber untersagt werden soll, dem Arbeitnehmer eine Abmahnung zu erteilen, gibt es im Zweifel keinen Verfügungsanspruch. Jedenfalls fehlt es regelmäßig am Verfügungsgrund.[516] Die engen Anspruchsvoraussetzungen der §§ 935 bzw. 940 ZPO, die nach § 62 Abs. 2 Satz 1 ArbGG auch im arbeitsgerichtlichen Verfahren Anwendung finden, liegen im Zweifel nicht vor, wenn der Arbeitnehmer meint, durch eine Abmahnung in seinen Rechten verletzt worden zu sein.

11.9 Zwangsvollstreckung

Die Vollstreckung eines titulierten Anspruchs auf Entfernung von Abmahnungsunterlagen richtet sich bei allein vom Schuldner (= Arbeitgeber) befugt zu führenden Personalakten ausschließlich nach den Grundsätzen über die Vollstreckung bei unvertretbaren Handlungen (§ 888 ZPO).[517] § 894 ZPO, wonach die Willenserklärung, zu deren Abgabe der Schuldner verurteilt worden ist, als abgegeben gilt, sobald das Urteil Rechtskraft erlangt hat, ist im Rechtsstreit um die Wirksamkeit einer Abmah-

---

[515] Beschl. v. 26.8.2013 = NZA-RR 2013, 550
[516] Urt. d. LAG Köln v. 19.6.1996 = ARSt. 1996, 259 (L)
[517] Beschl. d. LAG Hessen v. 9.6.1993 = NZA 1994, 288 (L); vgl. auch Germelmann in RdA 1977, 75, 78

Abmahnungsprozess

nung nicht anwendbar. Der Arbeitgeber wird nämlich im Falle seines Unterliegens nicht zur Abgabe einer Willenserklärung verurteilt, sondern zur Entfernung der Abmahnung aus der Personalakte des Arbeitnehmers.

Ob sich der arbeitsrechtliche Anspruch des Arbeitnehmers auf Entfernung eines Abmahnungsschreibens aus der Personalakte auch auf andere Akten des Arbeitgebers erstreckt (z. B. Prozessakte), ist nach Auffassung des LAG Köln[518] im Prozess über den Entfernungsanspruch zu entscheiden; diese Entscheidung kann nicht im Zwangsvollstreckungsverfahren nachgeholt werden.

11.10 Aussetzung eines Abmahnungsrechtsstreits

Von einem vorgreiflichen Rechtsverhältnis im Sinne des § 148 ZPO für eine Klage auf Entfernung einer Abmahnung aus der Personalakte ist nur auszugehen, wenn der Kläger im Falle des Obsiegens im Kündigungsschutzprozess einen Anspruch auf Entfernung der streitigen Abmahnung hätte. Dass er einen solchen Anspruch in der Regel nicht hat, wenn sein Arbeitsverhältnis inzwischen durch Kündigung aufgelöst worden ist[519], genügt nach der Auffassung des LAG Berlin-Brandenburg[520] dagegen nicht.

---

[518] Beschl. v. 20. 3.2000 = NZA 2000, 960 (L)
[519] vgl. hierzu 10.1 und Urt. d. BAG v. 14.9.1994 – AP Nr. 13 zu § 611 BGB Abmahnung
[520] Beschl. v. 26.3.2012 – 6 Ta 402/12

12 Abmahnung durch Arbeitnehmer

Nicht nur der Arbeitgeber ist berechtigt oder verpflichtet, Abmahnungen auszusprechen. Auch für den Arbeitnehmer kann im Einzelfall Veranlassung bestehen, seinem Arbeitgeber eine Abmahnung zu erteilen.[521] Diese Fälle haben aber nur eine geringe praktische Bedeutung.

Das BAG hat die Notwendigkeit der Abmahnung ursprünglich aus § 326 BGB a.F. abgeleitet (Fn. 521). Diese Vorschrift besagte, dass bei Verzug des einen Vertragspartners der andere eine Frist setzen und erklären kann, dass er nach dem Ablauf der Frist die Annahme der Leistung verweigert. Da der Arbeitnehmer nicht nur Schuldner, sondern auch Gläubiger des Arbeitsvertrages ist, nämlich z. B. hinsichtlich des ihm zu zahlenden Arbeitsentgelts, steht auch ihm dieses Recht zu.[522]

Nach einem aktuellen Urteil des BAG gelten für die Kündigung des Arbeitnehmers hinsichtlich des wichtigen Grundes im Sinne von § 626 BGB dieselben Maßstäbe wie für die Kündigung des Arbeitgebers.[523]

Ebenso wie der Arbeitnehmer nicht von einer Kündigung überrascht werden soll, mit der er nicht rechnen konnte, soll der Arbeitgeber nicht mit der plötzlichen Beendigung des Arbeitsverhältnisses durch den Arbeitnehmer konfrontiert werden.[524]

Da der Arbeitgeber — im Unterschied zum Arbeitnehmer — jederzeit mit einer fristgerechten Beendigung des Arbeitsverhältnisses rechnen muss, ist eine Abmahnung seitens des Arbeitnehmers nur im Fall seines vorzeitigen Ausscheidens geboten, wozu nicht nur die fristlose Kündigung gehört.[525] In diesen Fällen kommt es nämlich nicht selten vor, dass der Arbeitgeber auf der Einhaltung der Kündigungsfrist durch den Arbeitnehmer besteht und Schadenersatzansprüche für den Fall des sofortigen Ausscheidens androht oder geltend macht. Dem Arbeitnehmer wird nur in besonderen Ausnahmefällen das Recht der außerordentlichen Kündigung zugebilligt, ohne dass er zum Schadenersatz verpflichtet ist.

---

[521] so schon Urt. d. BAG v. 19. 6.1967 – AP Nr. 1 zu § 124 GewO mit Anm. v. Hueck; vgl. ferner Rewolle in DB 1976, 774; Berger-Delhey in PersV 1988, 430, 432

[522] ähnlich Hunold in BB 1986, 2050, 2051

[523] Urt. v. 12.3.2009 = NZA 2009, 840

[524] Urt. d. LAG Baden-Württemberg v. 10. 10.1990 = BB 1991, 415 (L)

[525] vgl. auch Schaub in NJW 1990, 872, 873; Walker in NZA 1995, 601, 603

Abmahnung durch Arbeitnehmer

Als Beispiele für nicht vertragsgemäßes Verhalten des Arbeitgebers, bei dem eine vorherige Abmahnung durch den Arbeitnehmer angebracht sein kann, seien folgende Fallgestaltungen genannt:

- nicht ordnungsgemäße oder verspätete Lohnzahlung;[526]
- Nichteinhaltung vertraglich zugesicherter Sonderleistungen (z. B. Nichtzahlung der im Arbeitsvertrag vereinbarten Umzugskosten);
- wiederholtes Verlangen unzulässiger Über- oder Mehrarbeit;[527]
- Verstöße gegen Arbeitsschutzvorrichtungen (z. B. Unfallverhütungsvorschriften);
- nicht vertragsgemäße Überlassung einer Werkswohnung bzw. Nichtbehebung von erheblichen Mängeln der Werkswohnung;
- Fehlen entsprechender Schutzvorrichtungen für das eingebrachte Eigentum (z. B. das Fehlen von abschließbaren Spinden).

Das Unterlassen einer gebotenen Abmahnung durch den Arbeitnehmer kann zur Folge haben, dass ihm gem. § 628 Abs. 2 BGB kein Anspruch auf Schadenersatz zusteht.[528] Nach dieser Vorschrift ist der Vertragspartner zum Ersatz des durch die Aufhebung des Arbeitsverhältnisses entstehenden Schadens verpflichtet, der durch vertragswidriges Verhalten die Kündigung des anderen Vertragspartners veranlasst hat.

---

[526] Urt. d. BAG v. 26.7.2001 – AP Nr. 13 zu § 628 BGB; Teilurt. d. BAG v. 17.1.2002 = NZA 2003, 816 (L); Urt. d. BAG v. 12.3.2009 = NZA 2009, 840; Urt. d. LAG Köln v. 23.9.1993 = LAGE § 626 BGB Nr. 73; Urt. d. ArbG Trier v. 15.8.2013 = NZA-RR 2014, 17 (für den Fall eines Auszubildenden)

[527] Urt. d. BAG v. 28.10.1971 – AP Nr. 62 zu § 626 BGB; Urt. d. LAG Hamm v. 18.6.1991 = LAGE § 626 BGB Nr. 59

[528] Urt. d. LAG Düsseldorf v. 31.7.1980 = BB 1980, 1526

Abkürzungsverzeichnis

a. A.	anderer Ansicht
a.a.O.	am angegebenen Ort
Abs.	Absatz
a. E.	am Ende
a. F.	alte Fassung
AGG	Allgemeines Gleichbehandlungsgesetz
AiB	Arbeitsrecht im Betrieb (Zeitschrift)
allg.	Allgemein
Anm.	Anmerkung
AP	Arbeitsrechtliche Praxis (Nachschlagewerk des Bundesarbeitsgerichts)
APS	Ascheid/Preis/Schmidt, Kündigungsrecht, 3. Aufl. 2007
ArbG	Arbeitsgericht
ArbGG	Arbeitsgerichtsgesetz
ArbuR	Arbeit und Recht (Zeitschrift)
ARSt.	Arbeitsrecht in Stichworten (Zeitschrift)
Art.	Artikel
Aufl.	Auflage
BAG	Bundesarbeitsgericht
BAT	Bundes-Angestelltentarifvertrag
BB	Betriebs-Berater (Zeitschrift)
BBG	Bundesbeamtengesetz
BBiG	Berufsbildungsgesetz
BDO	Bundesdisziplinarordnung
BEEG	Bundeselterngeld- und Elternzeitgesetz
Beil.	Beilage
BErzGG	Bundeserziehungsgeldgesetz
Beschl.	Beschluss
BetrVG	Betriebsverfassungsgesetz
BGB	Bürgerliches Gesetzbuch
BGH	Bundesgerichtshof
Bl.	Blatt
BMI	Bundesministerium des Innern
BMT-G	Bundesmanteltarifvertrag für die Arbeiter gemeindlicher Verwaltungen und Betriebe
BPersVG	Bundespersonalvertretungsgesetz
BRRG	Beamtenrechtsrahmengesetz

Abkürzungsverzeichnis

BT-V	TVöD — Besonderer Teil Verwaltung
BVerfG	Bundesverfassungsgericht
BVerwG	Bundesverwaltungsgericht
BZRG	Bundeszentralregistergesetz
bzw.	beziehungsweise
DB	Der Betrieb (Zeitschrift)
ders.	derselbe
d. h.	das heißt
DM	Deutsche Mark
EFZG	Entgeltfortzahlungsgesetz
EGMR	Europäischer Gerichtshof für Menschenrechte
Entsch.	Entscheidung
ErfK	Erfurter Kommentar zum Arbeitsrecht, 15. Aufl. 2015
EUR	Euro
EzBAT	Entscheidungssammlung zum BAT
ff.	Folgende
FPfZG	Familienpflegezeitgesetz
Fn.	Fußnote
GewO	Gewerbeordnung
GG	Grundgesetz
ggf.	Gegebenenfalls
GKG	Gerichtskostengesetz
HGB	Handelsgesetzbuch
krit.	Kritisch
KSchG	Kündigungsschutzgesetz
L	Leitsatz, Leitsätze
LAG	Landesarbeitsgericht
LAGE	Entscheidungen der Landesarbeitsgerichte
LKW	Lastkraftwagen
LohnFG	Lohnfortzahlungsgesetz
LPersVG	Landespersonalvertretungsgesetz
LPVG	Landespersonalvertretungsgesetz
MTArb	Manteltarifvertrag für Arbeiterinnen und Arbeiter des Bundes und der Länder
MTL	Manteltarifvertrag für die Arbeiter der Länder
MuSchG	Mutterschutzgesetz
m.w.N.	mit weiteren Nachweisen
NPersVG	Niedersächsisches Personalvertretungsgesetz
NJW	Neue Juristische Wochenschrift
Nr.	Nummer
n.v.	nicht veröffentlicht
NZA	Neue Zeitschrift für Arbeits- und Sozialrecht

Abkürzungsverzeichnis

NZA-RR	NZA-Rechtsprechungs-Report Arbeitsrecht
öAT	Zeitschrift für das öffentliche Arbeits- und Tarifrecht
o.g.	oben genannt
OVG	Oberverwaltungsgericht
PersR	Der Personalrat (Zeitschrift)
PersV	Die Personalvertretung (Zeitschrift)
PflegeZG	Pflegezeitgesetz
R	Rückseite
RdA	Recht der Arbeit (Zeitschrift)
Rn.	Randnummer
Rz.	Randziffer
RzK	Rechtsprechung zum Kündigungsrecht (Entscheidungssammlung)
S.	Seite(n)
SAE	Sammlung Arbeitsrechtlicher Entscheidungen (Zeitschrift)
SchwbG	Schwerbehindertengesetz
SeemG	Seemannsgesetz
SGB	Sozialgesetzbuch
sog.	so genannte(r)
StGB	Strafgesetzbuch
TVK	Tarifvertrag für Musiker in Kulturorchestern
TV-L	Tarifvertrag für den öffentlichen Dienst der Länder
TVöD	Tarifvertrag für den öffentlichen Dienst
Urt.	Urteil
usw.	und so weiter
v.	von
VG	Verwaltungsgericht
vgl.	vergleiche
z. B.	zum Beispiel
ZPO	Zivilprozessordnung
ZTR	Zeitschrift für Tarif-, Arbeits- und Sozialrecht des öffentlichen Dienstes
zust.	zustimmend

Stichwortverzeichnis

A

Abmahnung 11
   Abmahnungsberechtigter Siehe dort 141
   Änderungskündigung 121
   Androhung von Konsequenzen 135
   Ankündigungsfunktion 14
   Anzahl 163
   Arbeitnehmer, Abmahnung durch 231
   Aufbewahrungsdauer 154
   ausländischer Arbeitnehmer 143
   Auszubildender 119
   automatischer Entfernungsanspruch 154
   Begriff 12
   Beteiligung des Betriebs- bzw.
   Personalrats 169
   Betriebsbuße 145, 185
   Betriebsratsratsmitglieder 180
   Beweisfunktion 220
   Beweissicherung 139
   Bezeichnung als Abmahnung 140
   Definition 14, 124
   Delegation der Abmahnungs-
   befugnis Siehe dort 141
   Dokumentationsfunktion 220
   Elternzeit 128
   Fälle 24
   fehlende Erfolgsaussichten 117
   Form 139
   formularmäßige 134
   Funktion 133
   gesetzliche Grundlagen 11
   Gespräch, Bezugnahme auf 133
   Gleichartigkeit der Vertragsverstöße 159
   Grundsätze 15
   Information des Betriebs- bzw.
   Personalrats 176
   Klagefrist 201
   klagestattgebendes Urteil, Muster 224
   Kleinbetriebe 127
   Konsequenzen, Androhung von 135
   krankheitsbedingte Fehlzeiten 21
   Kündigungsverbot 128
   Kündigungsverzicht 167
   Kündigung, Unterschied zur 219
   letztmalige 163
   letztmalige, Muster 166
   mehrere 163
   mehrere Abmahnungsgründe 134, 219
   Mitbestimmung Siehe Betriebsrat,
   Personalrat 169
   mündliche 139
   Muster, allgemeines 131
   Mutterschutz 128
   Nachschieben von Abmahnungs-
   gründen 210
   notwendiger Inhalt 131
   Notwendigkeit 21
   Personalratsmitglieder 180
   Probezeit 124
   Rechtsprechung 12
   Rundschreiben, allgemeines 145
   schlagwortartige Bezeichnung der
   Rüge 132
   Schriftform 139
   Schwarzes Brett, Aushang am 145
   Strafcharakter 185
   strafrechtliche Begriffe 217
   tarifliche Ausschlussfrist 202
   Teilbarkeit der 219
   Tilgung 153
   treuwidrige Vereitelung des Zugangs 144
   Umsetzung 123
   unbehebbare Leistungsmängel 21
   unberechtigte Abmahnung 191

Stichwortverzeichnis

unwirksam	16
Verhaltensbereich, Störungen im	22
Verhältnismäßigkeit	212
Versetzung	122
Verzicht auf Kündigung	167
vorweggenommene	151
vorweggenommene Siehe Vorweggenommene Abmahnung	28
Warnfunktion	14
wiederholte	163
wiederholte, Muster	165
Wirksamkeit	16
Wirksamkeitsdauer	154
Wirkungsdauer	137, 153
Zeitpunkt der	147
Zeugnis, Erwähnung im	146
Zugang	139, 143
Zweck	14, 133

Abmahnungsbefugnis

Siehe Abmahnungsberechtigter	141

Abmahnungsberechtigter 141

Bankdirektor	141
Bürgermeister	141
Chefarzt	141
Delegation der Abmahnungsbefugnis	141
Fertigungsmeister	141
Firmeninhaber	141
Geschäftsführer	141
Kündigungsberechtigter	141
leitende Angestellte	141
Meister	141
Muster einer Delegation der Abmahnungsbefugnis	142
Vorstandsmitglied	141

Abmahnungsfälle 24
Abmahnungsfunktion der Kündigung 222
Abmahnungsgründe, Nachschieben von 210
Abmahnungsprozess 209

Aussetzung des Rechtsstreits	230
Darlegungs- und Beweislast	209
Feststellungswiderklage	221
Klageänderung	221
Klagerücknahme	221
Prüfungsumfang der Gerichte	211
Streitgegenstand	211
Streitwert	227
Teilurteil	219
Vergleich	225

Alkoholabhängigkeit 25
Alkoholbedingtes Fehlverhalten 24

Abgrenzung zur Alkoholabhängigkeit	25
Muster	25

Alkoholmissbrauch 25
Amtsärztliche Untersuchung, Weigerung 26

Muster	27

Änderungskündigung

Abmahnung vor	121
Leistungsmängel	121
verhaltensbedingte Kündigung	121

Androhung von Konsequenzen 135
Anhörung 16
Antizipierte Abmahnung

Siehe Vorweggenommene Abmahnung	153

Anzahl der Abmahnungen 163
Anzeigepflicht, Verletzung der

Muster	30

Arbeitnehmer

Abmahnung durch	231

Arbeitnehmerrechte

öffentlicher Dienst, Anhörungsrecht	196
unberechtigte Abmahnung, Entfernung	191
Verwirkung des Entfernungsanspruchs	203, 205

Arbeitsniederlegungen 31

beharrliche	32
Muster	32

Arbeitsordnung

vorweggenommene Abmahnung	151

Stichwortverzeichnis

Arbeitsplatz
   eigenmächtiges Verlassen des -es 32
Arbeitsunfähigkeitsbescheinigung, Fälschen der 38
Arbeitsunfähigkeit, Verhalten während der 33
   Muster 37
Arbeitsverhältnis, Beendigung des -ses
   Anspruch auf Entfernung der Abmahnung 193
Arbeitsvertrag
   vorweggenommene Abmahnung 152
Arbeitsverweigerung 39
   beharrliche 32, 40
   Muster 40
Arglist
   Prozessgegner 205
Ärztliches Attest
   Siehe Arbeitsunfähigkeitsbescheinigung 38
Attest
   Siehe Arbeitsunfähigkeitsbescheinigung 38
Aufbewahrungsdauer 154
Aufsichtspflicht, Verletzung der 41
   Muster 42
Auskunftsanspruch 178
Ausländischer Arbeitnehmer
   Zugang der Abmahnung 143
Auslandsurlaub
   Erkrankung im Anschluss 29
Außerdienstliches Fehlverhalten 43
   Muster 48
Ausweichprinzip 214
Auszubildende
   Muster einer Abmahnung 120

B
Bankdirektor 141
Beendigung des Arbeitsverhältnisses
   Anspruch auf Entfernung der Abmahnung 193

Beförderungssperre 188
Begriff der Abmahnung 12, 14, 124
Beleidigung 49
Benehmen, schlechtes
   Muster 51
Benehmen, ungehöriges
   Siehe Benehmen, schlechtes 50
Berichtshefte
   Nichtvorlage 119
   verspätete Vorlage 119
Beschäftigtenschutzgesetz 94
Betriebe mit fünf oder weniger Arbeitnehmern 127
Betriebsaushang
   vorweggenommene Abmahnung 151
betriebsbedingte Kündigung 21
Betriebsbuße 145
   Abgrenzung zur Abmahnung 185
   Definition 186
   Entzug einer Vergünstigung 187
   gemeinschaftswidriges Verhalten 187
Betriebsrat
   Abmahnung von Betriebsratsmitgliedern 180
   Auskunftsanspruch 178
   Beteiligung des -s 169
   Einigungsstelle 178
   Information über Abmahnung 176
   Schweigepflicht 178
Betrug 52, 217
Beweisführung
   erleichterte 205
Beweisfunktion der Abmahnung 220
Beweislast 139
Beweissicherung 139
Bezeichnung als Abmahnung 140
Bundeserziehungsgeldgesetz 128
Bürgermeister 141
Bußordnung 186

Stichwortverzeichnis

C
Chefarzt ... 141

D
Darlegungs- und Beweislast ... 139
Datenschutz, Verletzung des ... 53
Definition der Abmahnung ... 12, 14, 124
Delegation der Abmahnungsbefugnis ... 141
   Muster ... 142
Demonstration, Teilnahme an ... 54
   Muster ... 54
Diebstahl ... 55
Dienstkleidung ... 68
Direktionsrecht des Arbeitgebers
   Delegation der Abmahnungsbefugnis ... 141
   Versetzung des Arbeitnehmers ... 123
Disziplinarmaßnahme ... 188
Dokumentationsfunktion der Abmahnung ... 220

E
Einigungsstelle
   Zuständigkeit bei Abmahnung ... 178
einstweilige Verfügung ... 229
Elternzeit
   Abmahnung während ... 128
E-Mail-Nutzung
   private ~ ... 66
Emmely-Entscheidung ... 9, 52, 55, 56, 156, 160
Entfernungsanspruch
   automatischer ... 154
   klageweise Geltendmachung ... 205
   unberechtigter Abmahnungen ... 154
   Verwirkung des -s ... 203, 205
Entziehungskur ... 26

F
Familienpflegezeitgesetz ... 128
Fehlende Erfolgsaussichten ... 117
Fehlen, unentschuldigtes
   Siehe Unentschuldigtes Fehlen ... 102
Fehlzeiten
   krankheitsbedingt ... 15

Fertigungsmeister ... 141
Feststellungswiderklage ... 221
Firmeninhaber ... 141
Form der Abmahnung ... 139
Formularmäßige Abmahnung ... 134
Fristen ... 16
Führerscheinprüfung während der Arbeitsunfähigkeit ... 36
Fürsorgepflicht des Arbeitgebers ... 191

G
Gaststättenbesuch während der Arbeitsunfähigkeit ... 35
Gegendarstellung
   Anhörungsrecht im öffentlichen Dienst ... 200
Gehaltsdaten
   unerlaubter Einblick in die ... 53
Geschäftsführer ... 141
Gesetzliche Grundlagen der Abmahnung ... 11
Gespräch, Bezugnahme auf ... 133
Gesundheitsamt, Untersuchung durch das ... 26
Gewaltanwendung
   Siehe Tätlichkeiten ... 100
Gewerkschaften
   Siehe Gewerkschatliche Werbung ... 61
Gewerkschaftliche Werbung ... 61
   Muster ... 62
Gruppenarbeit ... 63
   Muster ... 63

H
Handgreiflichkeiten
   Siehe Tätlichkeiten ... 100

I
Inhalt der Abmahnung, notwendiger ... 131
   Muster ... 131
Interessenabwägung
   zwischen Abmahnung und Versetzung ... 122

Stichwortverzeichnis

Internet	66
Internetnutzung	
private Internetnutzung	67

K

Kirchlicher Dienst, Arbeitnehmer im	48
Klageänderung	221
Klagefrist	
Abmahnung	201
Klagerücknahme	221
Klagestattgebendes Urteil	
Muster einer Abmahnung	224
Kleinbetriebe	
Abmahnung in -n	127
Konkurrenztätigkeit	75, 112
Konsequenzen, Androhung von	135
Kopfbedeckung	
religiöse	68
Kopftuch	68
Krankfeiern, Androhen des -s	70
krankheitsbedingte Fehlzeit	21
Krankschreibung	
Siehe Arbeitsunfähigkeit, Verhalten während der	34
Kündigung	15
Abgrenzung zwischen personen- und verhaltensbedingter -	21
Abmahnungsfunktion	222
Abmahnung, Unterschied zur	219
betriebsbedingte Siehe Betriebsbedingte Kündigung	21
formell unwirksame	222
Gleichartigkeit der Vertragsverstöße	159
personenbedingte Siehe Personenbedingte Kündigung	21
unwirksame	222
verhaltensbedingte Siehe Verhaltensbedingte Kündigung	21
Verzicht auf - durch Abmahnung	167
Kündigungsberechtigter	141
Kündigungsschutzgesetz	127
Kündigungsschutzprozess	209
Darlegungs- und Beweislast	139
Rechtsschutzbedürfnis	193
Kündigungsverbot	
Abmahnung während	128

L

Landespersonalvertretungen	11, 169
Landespersonalvertretungsgesetze	
Mitbestimmung bei Abmahnung	169
Leistungsbereich, Störungen im	22
Änderungskündigung	121
Leistungsmängel	
unbehebbare	21
leitende Angestellter	141
Letztmalige Abmahnung	163
Muster	166
Lohnpfändungen	72
Muster	73

M

Manipulation der Zeiterfassung	115
Maßregelungsklausel	98
Mehrere Abmahnungen	163
Mehrere Abmahnungsgründe	134
Meister	141
Minderleistung	87
Mitbestimmung	
Siehe Betriebsrat, Personalrat	169
mündliche Abmahnung	139
Muster	
alkoholbedingtes Fehlverhalten	26
allgemeines	131
amtsärztliche Untersuchung	27
Anzeigepflicht, Verletzung der	30
Arbeitsniederlegungen	32
Arbeitsunfähigkeit, Verhalten während der	37
Arbeitsverweigerung	40
Aufsichtspflicht, Verletzung der	42
außerdienstliches Fehlverhalten	48
Auszubildende	120

Stichwortverzeichnis

Benehmen, schlechtes 51
Delegation der Abmahnungsbefugnis 142
Demonstration, Teilnahme an 54
Führungseigenschaften, fehlende 60
gewerkschaftliche Werbung 62
Gruppenarbeit 63
Internetnutzung, private 67
klagestattgebendes Urteil 224
letztmalige Abmahnung 166
Lohnpfändungen 73
Nachweispflicht, Verletzung der 31
öffentlicher Dienst 200
politische Betätigung, unerlaubte (öffentlicher Dienst) 80
politische Betätigung, unerlaubte (Privatwirtschaft) 80
Rauchverbot, Verstoß gegen 84
Reisekostenabrechnung, unrichtige 85
Sparsamkeit, Verstoß gegen 95
Streik, Teilnahme an 99
Telefongespräche, private 101
unangemessene Kleidung 69
unentschuldigtes Fehlen 104
unerlaubte Nebentätigkeit 76
Unpünktlichkeit 105
Urlaubsantritt, eigenmächtiger 109
wiederholte Abmahnung 165

Mutterschutz
Abmahnung während 128
Mutterschutzgesetz 128

N
Nachschieben von Abmahnungsgründen 210
Nachweispflicht, Verletzung der 28
Muster 31
Nebenbeschäftigung
während Arbeitsunfähigkeit 33
Nichtraucherschutz
Siehe Rauchverbot 82
Nötigung 77
Notwendigkeit der Abmahnung 21

O
Öffentlicher Dienst
Anhörungsrecht 196
Muster einer Abmahnung 200

P
Personalakte 155
Anspruch auf Entfernung der
Abmahnung aus der 191
Führung der 199
unerlaubter Einblick in die 53
Personalgespräch 123
Personalrat
Abmahnung von Personalratsmitgliedern 180
Beteiligung des -s 169
Disziplinarmaßnahme, Mitbestimmung bei 188
Information über Abmahnung 176
Mitbestimmung bei Abmahnung nach den Landespersonalvertretungsgesetzen 169
Schweigepflicht 178
personenbedingte Kündigung 21
Persönlichkeitsrecht des Arbeitnehmers 145, 191
Mitbestimmung 178
Persönlichkeitssphäre, Missachtung der 53
Pflegezeitgesetz 128
Pflichtverletzung 15
Politische Betätigung, unerlaubte 77
Muster (öffentlicher Dienst) 80
Muster (Privatwirtschaft) 80
Politische Treuepflicht 78
Politsche Aktivitäten
Siehe Politische Betätigung 78
Probezeit
Abmahnung 124
Prognoseprinzip 40
Provision 90
Prozessgegner
Arglist 205

Stichwortverzeichnis

Prozessvergleich	225
Prüfungsumfang der Gerichte	211

R
Raucherpausen	83, 116
Rauchverbot, Verstoß gegen	81
Muster	84
Raufereien	
Siehe Tätlichkeiten	100
Rechtfertigungsgründe	209
Rechtsprechung	
Entwicklung der	12
Religion	68
Rufbereitschaft	40
Rügen	
konkrete Bezeichnung der	132
schlagwortartige Bezeichnung der	132
Rüge- und Dokumentationsfunktion	154
Rundschreiben	
allgemeines Rundschreiben	145

S
Sachbeschädigung	111
Schlägereien	
Siehe Tätlichkeiten	100
Schlagwortartige Bezeichnung der Rüge	132
Schlechtes Benehmen	
Siehe Benehmen, schlechtes	50
Schlechtleistungen	86
Schmiergelder, Annahme von	89
Schreiben, früheres	
Verweisung auf	133
Schriftform der Abmahnung	139
Schwarzes Brett, Aushang am	145
Schweigepflicht, Verletzung der	90
sexuelle Belästigung	91
Solidaritätsstreik	97
Sparsamkeit, Verstoß gegen	95
Muster	95
Spielbank, Besuch einer	43

Sport während der Arbeitsunfähigkeit	35
Stalking	94, 96
Störungen im Leistungs-, Vertrauensbereich, betrieblichen Bereich	
Siehe dort	22
Strafbare Handlung, Verdacht	109
Strafcharakter der Abmahnung	185
Strafrechtliche Begriffe in der Abmahnung	217
Streik, Teilnahme an	97
Maßregelungsklausel	98
Muster	99
Solidaritätsstreik	97
Warnstreik	97
Streitgegenstand	211
Streitwert	227

T
Tarifliche Ausschlussfrist	
Abmahnung	202
Tätlichkeit	100
Teilbarkeit der Abmahnung	219
Teilurteil	219
Telefongespräche, private	
Muster	101
Tilgung der Abmahnung	153
Treuepflicht, Verletzung der	102
Treu und Glauben	13, 39
Androhung von Konsequenzen	137
fehlende Kenntnis von Abmahnungsinhalt	143, 144
Fürsorgepflicht des Arbeitgebers	191
Unzumutbarkeit des abgemahnten Verhaltens	150
verspätete Abmahnung	147
Zugangsvereitlung	144

U
ultima-ratio-Prinzip	13
Arbeitsverweigerung	40
Störungen im Vertrauensbereich	22

Stichwortverzeichnis

Umsetzung	123
Unentschuldigtes Fehlen	102
Muster	104
Verletzung der Anzeige- und Nachweispflicht	30
Unpünktlichkeit	105
Muster	105
Unsittliches Verhalten	
Siehe Sexuelle Belästigung	106
Untätigbleiben des Arbeitnehmers	206
Unterschlagung	
Siehe Diebstahl	106
Urkundenfälschung	38
Urlaubsantritt, eigenmächtiger	
Muster	109
Urlaubsreise während der Arbeitsunfähigkeit	35

V

venire contra factum proprium	
Androhung von Konsequenzen	137
Verdachtsabmahnung	109
Verdachtskündigung	109
Verdacht strafbarer Handlung	109
Vergleich	225
Vergünstigung	90
Vergünstigung, Entzug einer	187
verhaltensbedingte Kündigung	21
Verhaltensbedingte Kündigung	
Änderungskündigung	121
Verhalten, unsittliches	
Siehe Sexuelle Belästigung	106
Verhältnismäßigkeit, Grundsatz der	212
Betriebsbuße	189
mehrere Abmahnungen	164
unerhebliche Pflichtverstöße	217
Verkehrsunfall	110
Verleumdung	217
Versetzung	
Abmahnung	122

Vertrauensarzt, Untersuchung durch einen -	26
Vertrauensbereich, Störungen im	22
Verwertungsverbot	198
Verwirkung des Entfernungsanspruchs	203, 205
Definition	205
Untätigbleiben des Arbeitnehmers	206
Vorstandsmitglied	141
Vorweggenommene Abmahnung	151
Arbeitsvertrag	152
Betriebsaushang	151
Verletzung der Anzeige- und Nachweispflicht	28

W

Wahrheitspflicht, Verletzung der	111
Warnfunktion	155
Warnfunktion der Abmahnung	14
Warnstreik	97
rechtmäßiger	97
Wettbewerbsverbot, Verstoß gegen	112
Whistleblowing	113
Wiederholte Abmahnung	163
Muster	165
Wirksamkeitsdauer	154
Wirkungsdauer der Abmahnung	137, 153

Z

Zeiterfassung	
Manipulation der	115
Zeiterfassungskarte	182
Zeitpunkt der Abmahnung	147
Zeugnis	
Erwähnung der Abmahnung im	146
Zugang der Abmahnung	139, 143
ausländischer Arbeitnehmer	143
Zwangsvollstreckung	229

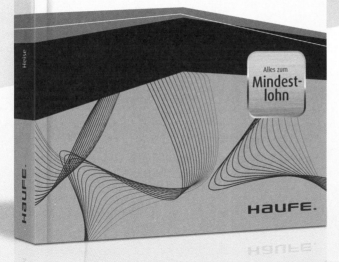

Der Überblick über Vergütungssyteme

Beim Thema Lohn und Gehalt haben Arbeitgeber diverse Gestaltungsmöglichkeiten. Dabei sind jedoch zahlreiche Gesetze und Rechtsvorschriften zu beachten. Dieses Buch erklärt die arbeitsrechtlichen Grundlagen und beantwortet alle Fragen zur Entgeltgestaltung auf dem neuesten Rechtsstand.

Jetzt bestellen!
www.haufe.de/fachbuch (Bestellung versandkostenfrei),
0800/50 50 445 (Anruf kostenlos) oder in Ihrer Buchhandlung

HAUFE.